東方語言學

第二十辑

《东方语言学》编委会
上海师范大学语言研究所

上海教育出版社
SHANGHAI EDUCATIONAL
PUBLISHING HOUSE

目 录

黄陂话音变构词例释

——核心词裂变的一个样本 …………………………………………………… 黄树先 （ 1 ）

同源异境视野下台湾客家方言 b-声母的来源与扩散 ………………………… 陆 露 （30）

元音松紧与动词的体 ……………………………………………………………… 金理新 （38）

中国境内名词短语语序的地理类型和区域类型格局 ……………… 柳 俊 金立鑫 （51）

嘉戎语表趋向的状语及前缀:语法化与语法功能 …………………………… 林幼菁 （77）

再探台湾南岛语言中的作通格现象 ………………………………………… 潘家荣 （92）

南亚语的范围和地位 ………………………… ［法］André G. Haudricourt 撰 郑伟译 （101）

老派宁波方言同音字汇

——基于《宁波方言词典》的字音汇编与校释 ………………… 盛益民 马俊铭 （112）

黄陂话音变构词例释*

——核心词裂变的一个样本

首都师范大学　黄树先

内容提要　核心词是语言里最重要的部分，语言里的核心词不断向外发展，就是我们所说的词义派出。派生出来的这些词，构成了庞大的词汇系统。以前我们讲词语的派出、派进，使用的是书面材料，是不同时代、不同地域堆积起来的材料，难免芜杂。我们收集了黄陂话里的词语发展，考察的主要是音变构词。音变构词，汉语界研究比较多，大多也是就书面语来展开的。本文专门研究黄陂话的音变构词，是一个共时语言的音变解剖。

关键词　核心词；黄陂话；音变构词；派出；派进

语言里的词量尽管很庞大，但经常使用的词语却有限。这些经常使用的词语，基本上都是由核心词构成的。我们设想，语言里最初的词语是很有限的。这些有限的词语派生出别的词语，一起构成庞大的词汇系统（黄树先 2011）。

早期汉语是有形态的，这从文献记载以及早期藏缅语的情况就可以看出。原始的语言，形态完整丰富，随着语言的演化，形态变得越来越简单。英语曾经拥有复杂的形态变化，近两百年的变化，英语变得跟现代汉语一样，已经是一种孤立型的语言了（伯纳德·科姆里《语言共性和语言类型》）。

利用语音的变化来表达词义的演变，是一种很常见的音变现象。前人研究四声别义，成果很多。但是这些研究，利用的大多是累积起来的材料，是不同时代、不同地域材料的堆积，并非单纯的共时材料。共时材料的变读，放在一起研究，其意义和学术价值，跟共时平面的材料，是不同的。我们收集黄陂话的音变材料，结合文献，对黄陂话的音变构词进行系统的研究，以期深化汉语的音变构词研究。

读音的改变，可以区别不同的词义，在黄陂话里十分普遍。借用不同的声调，更为常见。这些音变构词，都是利用语言里最常见的词语，改变其读音，表达不同的语义。

我们挑选黄陂话里最常用的近 150 个词语，可以看出方言里最常用的词语是如何利用音变来表达不同意思的。

在日常生活中，同类或者类似的东西，语言里也会尽量加以区别，使表达更加精细。比如：

“皮”꜁phi，皮肤，植物的外皮，也指某些薄片状的东西，如“千张皮”；酥脆的东西受潮后变

---

*　基金项目：国家社科基金“冷门‘绝学’和国别史等研究专项”项目“汉藏语基本词词库建设”（项目编号：2018VJX074）。

韧也说“皮”，如“果子放皮了，一点也不焦”；（脾气）温和，如“他蛮皮，冇得脾气”。酥脆的东西受潮后变韧这个意思，读꜁phi，也读꜂phi。

同样是薄的东西，厚薄也有差异，黄陂话把阳平变读为上声，表示极薄的薄皮，如“洋铁皮子”，就读“皮”꜂phi。“锅皮子”，煮粥时，锅边凝结物；衣物上类似东西，如说“衣裳高头起了皮子”（此义也说“浆子”）。这几个词均读上声。

“肉皮子”zou꜆ ꜁phi · tsɿ，食用的猪肉皮子，如说“大椒炒肉皮子”。读 zou꜆ ꜂phi · tsɿ，极薄的肉皮，如说“他地日子过得苦，菜窦的看不倒一点肉皮子”。武汉作“肉痞子”（《武汉方言词典》238 页），也读上声。

生活里各种方式、行为动作，也要加以区分。黄陂话经常变读来区别。比如：

“炸”꜁tsa，把食物放在油里煎炸，如“她又待炸萝卜圆子吃”。去声读“炸”tsa꜄，把肥肉等放到锅里煎炸，使肥油沥出来，如“你先把锅烧红，把肥肉炸下子，再把萝卜倒进去”。也指把油烧开，如“菜油要炸下子炒菜才香”。物体爆裂等也读这个音。

黄陂话有很多很生动的动词，使用频率高，生动传神。不少都是从别的词变读过来的。举几个例子。比如：

“咕”꜂ku，拟声词，如“咕咚，掉待塘的去了”。也可作动词，含水动腮，如“含一口水咕几下，再吐出来”。“咕”ku꜄，（猛）喝，如“他一回来就咕了一碗冷开水”“咕了几口酒”；吞咽发出的响声，如“他喝几口水吞得咕”。这个动作只能读去声。

下面是我们收集到的黄陂话常用词语的变读。每一对（组）词语，均标注黄陂话读音，并举方言例句。

1. 治꜁tshɿ，tsɿ꜅。

“治”꜁tshɿ，剖开，复合词有“治鱼”“治鸡”“治肠子”等；用刀剪开，如“把裤子脚治了它”。文献或作“迟”，本当芟除讲，王粲《七哀诗》：“百里不见人，草木谁当迟。”章樵注：“迟与治同，皆平声，谓芟除也。”字或作剚，《字汇》陈知切。

“治”tsɿ꜅，处置，惩治，医治，如“我治理不了他”“治病”。

2. 痴꜀tshɿ，tshɿ꜅。

“痴”꜀tshɿ，傻傻地呆在某地，如“你痴待那的作么事啊”？复合词“痴呆呆”꜀tshɿ꜀tai · tai，傻呆的样子，如“你看他个痴呆呆的样子”“老人天每痴呆呆的坐待门口”。

当指使、把某人怂恿到某个地方讲的“痴”，读꜀tshɿ，也读 tshɿ꜅，如“你把咧个苕伢痴待我那的去做么事？”

“痴”tshɿ꜅，呆傻，反应慢，如“他脑筋不好，痴得很”。也说“痴巴”。“痴巴人”，不灵活的人，痴呆者，如“他是个痴巴人，只晓得做事，动不了脑筋”；“痴巴事”，“痴巴活”，不动脑筋的活计，粗笨的体力活，如“他不操心，只做个痴巴事”。“巴”，轻声，读与第 3 调同。

3. 食 sɿ꜅，꜁sɿ。

“食”sɿ꜅，动物的食物，特指猪的食物，如“猪待叫，要吃食”“钓鱼，鱼不吃食物”。“食料”，猪食料，如“喂猪冇得食料猪也长不大”。

“食”꜁sɿ，“食品”，计划经济年代出售计划猪肉等物质的单位，如“他往日待街上食品的做事，要卖肉就去找他来后门”。“食堂”，集体供应膳食的地方，如“往日农忙的时候队的就开食堂，每家每户自家拿米去蒸钵子”“他待学校的吃食堂”。底下的几个意思，读阳平，在一些词组里，变读为轻声。粮食，如“往日产量抵，粮食总不够吃”。也指食物，饭菜，如“北方人吃面食,个子个个高”。

4. 湿 sɿ꜆,㬤 tshɿ꜆。

湿 sɿ꜆,㬤 tshɿ꜆,使干燥。

“湿”sɿ꜆,潮湿,不干,如“柴还是湿的,烧不着”“干苍蝇,湿蚊虫”;打湿,沾湿,如“落雨把衣裳只湿了”。

“湿”通“㬤”,干燥。《王风·中谷有蓷》:“暵其湿矣。”王引之《经义述闻》:“此湿与水湿之湿异义,湿亦且干也。《广雅》有㬤字,云暴也。《众经音义》引《通俗文》曰:欲燥曰㬤。《玉篇》:㬤,邱立切,欲乾也。古文假借,但以湿为之耳。”黄陂话这个意思,还很常用:“㬤”tshɿ꜆,把湿衣物等放到干火灰中,吸干其水分,如“把絮裤拿去㬤一下”“湿衣裳待身上～干了”;呆在冰凉潮湿地方,身体受凉,如“他有凉气病,小时候㬤了的”。

黄陂周边方言,有相同的说法。《武汉方言词典》(4 页)也写作“㬤”。“湿”,《小雅·无羊》:“尔牛来思,其耳湿湿。”《释文》处立反。

5. 皮꜁phi,꜂phi。

“皮”꜁phi,皮肤,植物的外皮,也指某些薄片状的东西,如“千张皮”;酥脆的东西受潮后变韧,如“果子放皮了,一点也不焦”;(脾气)温和,如“他蛮皮,冇得脾气”。酥脆的东西受潮后变韧这个意思,读꜁phi,也读꜂phi。

“皮”꜂phi,极薄的薄皮,如“洋铁皮子”。“锅皮子”,煮粥时,锅边凝结物;衣物上类似东西,如说“衣裳高头起了皮子”(此义也说“浆子”)。

“肉皮子”zou꜆꜁phi·tsɿ,食用的猪肉皮子,如说“大椒辣椒炒肉皮子”。读 zou꜆꜂phi·tsɿ,极薄的肉皮,如说“他地日子过得苦,菜窦的看不倒一点肉皮子”。武汉作“肉痞子”(《武汉方言词典》238 页),也读上声。

6. 背꜀pei,pi꜄,pi꜅。

“背”꜀pei,用脊背背负,如“细伢不想走路,要人背”。(电力、线路等)负荷,如“电线太细了,怕是背不起”。欠钱,负债,如“身上背了不少债”。

“背”pi꜄,背后,背上,如“他背上又长个火嘴子”。衣物的背部,如“他总待挑哇驮的,背上总是磨破了”。器物的背后,如“刀背”。复合词有“背心”“背脊”“背影”。

“背”pi꜅,背后,私下,如“我又冇当倒他的面说,我背地说的”“他怕媳妇,背地偷倒把几个钱待老娘用”。隐瞒,躲避,如“他做事总不背倒我”。背诵,如“他看的书一笔到流的哈背下来了”。听觉不灵,如“他的耳朵有点背,你跟他说话生气放大点”。倒霉,如“人又待背时”。蔽塞,偏僻,如“她走的是个背路,平常冇得人走”。复合词“背人”(避开别人)、“背后”等,均读 pi꜅。

7. 系 tɕi꜄,ɕi꜅。

“系”tɕi꜄,打结,扣上,如“伢还不会系鞋带”;拴上,如“他把牛系待牛栏的了”。

“系”ɕi꜅,农具上用来提、挑的绳索,如“箩筐系、扁担系”。动词也当连缀、捆绑讲,如说“你把绳子系得箩筐高头”“他把绳子系待树上晒被窝”。

8. 浮꜁phu,phu꜅。

“浮”꜁phu,煮滚的液体溢出,如“火小一点,莫煮浮了”。关于这个意思的本字,有很多说法,有的追溯到《说文》里,并不可信。本书写作“浮”,黄陂话这个字仍读重唇音。

“浮”꜁phu,是煮沸,溢出来的意思,如果要强调液体已经溢出,则读阳去,请看这个例子:“煮的粥浮(꜁phu)了,米汤下浮(꜁phu)出来了,浮(phu꜅)得一灶。”如果只说煮沸了,快要溢出来了，一般不读 phu꜆。

9. “咕”꜁ku。

“咕”꜁ku，拟声词，如“咕咚，掉待塘的去了”。响含水动腮，如“含一口水咕几下，再吐出来”。

“咕”ku꜂，(猛)喝，如“他一回来就咕了一碗冷开水”“咕了几口酒”；吞咽发出的响声，如“他喝几口水吞得咕”。

10. 踮꜀ku，꜄khu。

“踮”꜀ku，蹲，猫，躲藏，如“几个细伢踮待墙脚的躲风”“我踮得石头后头看倒他”。闲居，呆着，如“天道冷，他踮得屋的不出门”。

“踮”꜄khu，两脚弯曲像坐的姿势，蹲，如“细伢要踮倒屙尿”“踮倒茅斯不屙屎”。黄侃《蕲春语》：“今吾乡谓蹲曰踮，一曰蹲。”《广韵·模韵》：“踮，蹲貌。”

11. 糊꜀xu，꜄xu，xu꜆。

“糊”꜀xu，涂抹，如“他是臭泥巴糊不上墙，你帮他也冇得用”；用面糊等粘合，如“人就是纸糊的灯笼，一戳就穿”。

“糊”꜄xu，用较浓的糊状物涂抹窟窿或平面，如“你把老屋的墙高头糊一层白石灰”“把灰面调好，往锅的一糊就成了一块饼子”。

“糊”xu꜆，稠，黏，如“他爱吃糊面，你莫把水放多了”；黏的食物，如“糊汤”。糊涂，使糊涂，如“你说的几句话把我搞糊了”。复合词“糊头糊脑”，(汤等)稠的样子，如“他煮的稀饭糊头糊脑的，吃了经饿”；糊涂的样子，如“他病得糊头糊脑，随么事只不晓得”。

12. 呜꜀u，u꜂。

“呜”꜀u，拟声词，发出呜呜声，如“风吹得呜呜之叫”“他有一点么事就吹得呜”。表示快速，如“他跑得直呜的”。这几个意思也读去声，如“吹得呜”“呜呜之叫”，都可以读平声，也读去声。读去声似乎有特别强调的意思。

用作动词，表示快速，一般只读去声，如“车子一开，一呜就到了，冇得几远”“细伢会走路，一呜不就到了哉”。这种动词的用法，都读 u꜂。

13. 锯 tɕy꜂，ke꜂。

“锯”tɕy꜂，锯子，如“手锯、吊锯”“人情一把锯，你不来我不去”。

“锯”ke꜂，用锯子锯，如“你去拿个锯来把门口的树锯它”“歪把葫芦锯 sa꜆瓢”。用毛巾在背后拉扯，以去掉身上的污渍，如“你洗澡要架手帕把背上锯一下”。“锯琴”，演奏(胡琴等乐器)。复合词“锯细锯”，用小的锯子锯，或拉锯的幅度小，比喻在小的地方斤斤计较，如“他爱锯细锯，发不了个大财”，也指啰唆，嘀哆，如“我不跟锯细锯，只拣(꜁kan)点的跟你说”。“锯反锯”，唱反调，如“你总是跟我锯反锯，要跟我憋倒来”。“锯白”，说谎，撒谎，如“你莫听他的，他是待锯白”。“锯直板子”，说直话，如“我不怕他不爱，我锯了他的直板子”。“锯匠”，(把大木料)锯开的木工。

14. ꜀pa，꜀pha，pha꜆。

“扒”꜀pa，抓住(可依附的东西)，如“几个细伢扒待树上玩”。拆毁，推倒，如“我要把三间破屋扒了重做”；强行脱掉，如“你把他的衣裳跟他扒它，叫他早点去睡”；撕，揭，如“纸粘得门高头，扒只扒不掉”。分开，如“你把帐子扒开把蚊虫赶下子”“你把窗子扒开朝屋的望

(uāŋ꜅)之”。

“扒”꜀pha，刨，用手刨，如“怪物的些细伢总爱扒队的苕吃”“把田缺扒开放水”；用手或筷子一类工具把东西散开，如“你去把沥的饭扒散”；拨拉，用筷子把饭拨倒口里，如“你快点把几粒饭扒待口的去上学”；扒窃，如“我袋的几块钱叫白撮子扒去走了”。

“扒”pha꜅，努力寻找门路，如“他早早的就把路子爬倒”“你要跟我扒个路子，跟我找点事来做”。

15. 把꜀pa，pa꜄。

“把”꜀pa，搁置，放，如“把盐”“把油”。递给，赠送，如“他把东西得我，我冇要”。复合词“把得”读꜂pa，如“你把东西把得我”。“把得”作被动的标记，如说“地的菜下把得鸡吃了”。

“把”꜀pa，给，递给，送给，如“你的钱莫把他，你自家留倒用”“你把点东西得我吃下子”。“把”后面不接“得”读꜀pa。

16. 搭 ta꜆，ta꜄。

“搭”ta꜆，修建简易建筑，如“搭个茅司”“搭个猪圈”，也指连接在一起。

“搭”ta꜄，用手等去拉扯，跟“够”意思相同，表示用(手等)伸向不易达到的地方去取拿，如“太远了，手搭不够”“你取拿个篙子把树杪子高头的丝瓜搭下来”。用手、耙等去(随意)梳理，如说“他拿个哈耙去搭点柴”“她不晓得是几忙，出门也不拿个梳子把自家的头发搭一下”。也指占别人便宜，如“他总想搭别个地一点东西”。

17. 抹꜀ma，ma꜆。

“抹”꜀ma，(随意)擦，揩拭，如说“抹嘴巴”“抹头发”；抹去，去掉，不计算在内，如“你跟我把零头抹掉了它”；免除，去掉，如“别个把他的队长抹了”。

“抹”ma꜆，擦，揩拭，使干净，如“抹桌子吃饭”(这些都不是一下就能完成的)；擦洗，如“抹澡”(游泳)。

18. 那哪꜂na，na꜅。

“哪(那)”꜂na，疑问代词，如“你要找哪个啊?”“你不管哪天来哈可得”。

“那”na꜅。那(远指)，指示或代替比较远的人、事物或处所。“那”跟“叻”用法大体一样：“咧檐下的人我认得，长岭那的人我就不认得。”

19. 炸(煠)꜁tsa，tsa꜄。

“炸”꜁tsa，把食物放在油里煎炸，如“她又待炸萝卜圆子吃”。

“炸”tsa꜄，把肥肉等放到锅里煎炸，使肥油沥出来，如“你先把锅烧红，把肥肉炸下子，再把萝卜倒进去”。也指把油烧开，如“菜油要炸下子炒菜才香”。物体爆裂，如“炮仲一点就炸了”“莫叫灯花炸了，小心火星”；用炸药等爆破，如“有人就怕把大坝炸了”；(痱子)发作(痒、难受)，如“人又热又痒，痱子也待炸”；心颤，毛发张开，表示害怕，如“我一个走夜路，吓得人心炸”“吓得寒毛直炸的”。

20. 眨 tsa꜆，꜂tsa。

“眨”tsa꜆，眼睛开合，如“眨个眼睛伢就跑不见了”“咧个细伢看电视看得眼睛只不眨”。“眨眼宝”，眼睛不停地眨巴的人。

“眨”꜂tsa，眼睛难受，有眼疾，眼睛睁不开，如“他昨日冇睡好，眼睛熬眨了，睁只睁不开”。复合词“眨巴”，有眼疾，眼睛睁不开，烂眼眶，如“鲊巴豢瞎子，一代不如一代”，也说“眨巴眼”，如“他年轻就是个眨巴眼，看人也看不清”。

21. 挱꜀sa，sa꜄，sa꜅。

《集韵·麻韵》:“挱,挓挱,开貌。”师加切。

“挱”,꜀sa,张来,伸开,如“鸡把翅巴毛挱倒飞”;事情黄了,完结,如“咧个事挱了,搞不成”。张来,伸开义也读 sa꜄。但在“撒手撒脚”里读 sa꜄,不读꜀sa。这个词当手脚张开的样子讲,如“伢撒手撒脚的睡倒,睡得着蓬的”。

“挱”sa꜄,高兴的样子,如“他喜挱了”。这个意思也读 sa꜄。

“挱”sa꜅,蹎,跑(贬义),如“咧个伢不落屋,一天到煞黑就待外头去挱”。歪斜,不正,如“她脚有点毛病,一走一挱的”。

22. 撒/樧꜂sa，sa꜆。

“撒樧”sa꜆,散落,洒:如“雷打三世仇,不打三岁伢撒饭”。这个意思,文献本作“樧”,《集韵·曷韵》桑割切。或写作“杀”,《晏子春秋·谏下六》:“穗乎不得获,秋风至兮殚零落,风雨之拂杀也。”孙星衍注:“杀读如樧。”

“撒”꜂sa,抛洒,如说“撒谷种”“他的个人大手大脚的,抓一把撒一把的”。

23. 家꜀ka。

“家”꜀ka,外祖父母,如“大家、细家”,分别指外祖父、外祖母。“你朗家”(您)、“胡家田”(村庄名)读·ka。村名也读·tɕia,如“孙家庄”。

“家”꜀tɕia,住房(多说“屋”),如“回家”;饲养的,如“家鱼”;动物饲养后驯服认家,如“狗子喂家了”;人工驯化的,如“咧颗李子是家的,还是野的啊?”

24. 嘎꜂ka，ka꜅。

“嘎”꜂ka,说话、做事不到位,不干净利落,如“她说话做事下嘎不抻抖”。横七竖八,乱糟糟,如“屋的东西满踏嘎倒是的”。被杂事缠住,如“嘎待屋的去了,几天冇出门”;乖僻,脾气不好,如“他的脾气嘎得很”。

复合词有“嘎巴”,做事无条理,不精明,不好,如说“他是个嘎巴人,家务(老婆)也嘎巴得很,饭也不会舞,餐餐顿顿吃的都是个嘎巴饭”。纠缠不清、乱七八糟的,如“屋的嘎巴事蛮多,做不完”。“嘎巴子”,喜欢插手、添乱、办事能力差的人,如“他是个嘎巴子”。“嘎佬”꜂ka no꜄,也说“嘎啦”꜂ka na꜄,均指侉子,讲外乡话的人,外乡人,如“老爹爹待安徽做官,带回来个嘎啦婆婆”。“嘎啦”又指像外乡人那样讲话,胡言乱语,如说“你待那的嘎啦嘎啦的做么事啊?哪个要你说话啦?”

“嘎”ka꜅,(瞎)说,瞎掺和,如“别个做事,你莫待那的去嘎”。

25. 掐꜀kha/꜀tɕhia，kha꜆，tɕhia꜆，ka꜆/tɕhia꜆。

“掐”꜀kha/꜀tɕhia,用手按住、卡住,如“他架手掐我的颈坎子,差一点叫他掐死了的”。欺压,压迫,如“他蛮恶的,总是掐倒别个玩”。

“掐”的上述几个意思,꜀kha/꜀tɕhia,基本可以随意来读,但底下几个复合词一般要读꜀tɕhia,不读꜀kha:“掐不住”,承受不了,难以忍受,如说“我的瞌睡来,掐不住,要去睡”“他的活太重了,人掐不住”。“掐人”,依仗势力挟制他人,如“他爱掐人,总是掐倒人玩”,也指让人害怕,如“要我吃咧大一钵子饭,该是几掐人”。

“掐”kha꜆,用手指截取或截断,如说“掐豇豆宴”;用两个指甲壳把跳蚤等夹死,如说“拿指甲壳把虼蚤掐死它”,从别人的利益里掰下部分,如“总想掐别个的一点赢,占别个的香隐”。

“掐”ka꜆/tɕhia꜆,剪,剪断,如说“他要几拐有得几怪,他趁我地冇得人待屋的,把我地闭路也掐了”“她把辫子掐了,蓄了个短搭毛”。

26. 腌臢꜀ŋa·tsa。

“腌臢”꜀ŋa·tsa,轻声接近上声。肮脏,如“屋的搞得腌臢流的”。复合词“腌臢话”,无中生有的混账话,如“你总是说那些个腌臢话做么事呢”!

“腌臢”ŋa꜄·tsa,轻声接近阳去。灰尘,(落叶等)垃圾,如“风一吹,腌臢吹得我的眼睛窦的去了”“你去把地下的腌臢扫下子”。灰尘等进入眼里,如“眼睛腌了,睁不开眼睛”。

27. ŋa꜄,꜂ia。

“哑”ŋa꜄,无法说话,如“他又聋又哑”。嘶哑,如“他的声气哑了”。

“哑”꜂ia,脆的食品变得疲软,如“炒好的焦花生米放哑了”。复合词“哑炮”“哑谜”,均读꜂ia。

28. □tɕia꜅,tɕhia꜅。

“□”tɕia꜅,(鸟)鸣叫,童谣“鸦雀□,□竹桠,年来了,是冤家”。

“□”tɕhia꜅,(人)啰嗦,唠叨,如“她又待□么个啦?是哪个又khuan꜅倒她了呢”。吵吵嚷嚷,如“几个伢待屋的□么事啦,吵死个人的”。

29. 卡꜂kha,kha꜅,꜁tɕhia,꜂tɕia,꜂tɕhia。

“卡”꜂kha,夹在中间,不能动,如“鱼刺卡了伢的喉咙”。阻挡,限制,如“他把别个卡倒,叫别个升不上去”。夹在中间,如说“卡手”“喉咙的卡了个鱼刺”。掌握好(时间)常说“卡好时间”。“卡”现在也读꜂tɕhia。

“卡”kha꜅,挤,如“你莫往人窦的卡”。拥挤,堵塞,如“房子小了,东西又多,屋的有点卡”“鞋小了,有点卡脚”“放个大桌子把堂屋(thau꜆)的卡倒去了”。“占卡”,看到别人得到好处而心态失衡,嫉妒,如“她地个小的有点占卡,看倒大的扯了件新衣裳他也想要”。

“卡”꜁tɕhia,卡在中间,困在中间,如“边下两块地,当中的个地卡待当中得”。搅和在一起,纹缠,如“两个屋做卡了”“两个事搞到一坨去了,搞卡了”。

□꜂tɕhia,꜂tɕia。北京“渣”,tʂha[214],走泥泞的道路而脚陷烂泥。西南官话相同(许宝华1989:6691)

“□”꜂tɕhia,走在泥泞里,“叫你莫待泥巴窦的卡,把裤子只卡湿了”“落雨就卡水”。也指把泥泞带到干的地方,如“进进出出的人,把屋的卡得切湿”。

“□”꜂tɕia,用手捏洗猪肠等物,如“把肠子卡一下”“猪肚子冇卡干净,有点骚味”。

30. 爪꜂tsua/꜂tsau,꜁tsua,tsua꜅。

“爪”꜂tsua,爪子,动物有尖甲的脚,如“鸡爪子”“狗爪子”;手指(贬义),如“你把你的个爪子好好的洗下(xān꜅)子”。也读꜂tsau,“五爪子猪”“八卦爪子”(乌黑的手指。“八卦”是乌龟)。

“爪”꜁tsua,把脚趾弯曲着走路,如“外头待落雨,你要爪倒脚走,奈不是跶倒去了”。踢,如“他不信话,我爪了他一脚”。

“爪”tsua꜅,手指脚趾弯曲,伸不直,如“我的手冻爪了,抻只抻不直”;手指脚趾有毛病,伸不直,如“他是个爪子”。复合词“爪手爪脚”,手指、脚趾不能伸直,转指人手脚不灵便,如“你爪手爪脚的,么样在做事”。“爪子手”,手指有毛病,手伸不直,如“他小时候得了脑膜炎的,人冇死,成了个爪子手”。也说“爪子”,手指有毛病,手伸不直的人。

31. 胯꜂khua,kha꜄,꜁kha。

“胯”꜂khua,胯子,大腿,如“我走一天路,把人的大胯也走痛(thōŋ꜄)”;挎(胳膊弯起来提东西)，如“手上胯个篓子”。“胯子”，整条腿。为了分别，大胯常说“胯子高头”，“胯子豚下”指小腿。

“胯”kha꜄，裆，裤子的裆，如“细伢总是把胯撕破了”；阴部，生殖器，俗语“娘的妈(ma꜄)好，媳妇的胯好”，是说人娶了媳妇不认娘。

“胯”(跨)꜁kha，抬起一只脚，向前或左右迈一步，如“跨门坎”；两腿分开蹲着：“跨倒茅斯不屙尿”；骑，如“跨待牛背上”“跨待别个脑壳高头屙屎屙尿”。复合词“跨骚”，提腿跨过别人的头，旧时小孩子间常见的开玩笑方式，有时大人也把腿绕过小孩的头，逗小孩玩，俗语“细伢跨骚不肯长，大人跨骚不发财”。

32. 聒 khua꜅，khua꜆。

“聒”khua꜆，闲聊，随意说话，如“他的个嘴巴也讨人嫌，总爱瞎聒”。复合词“聒天”，闲谈，聊天，如“几个老人坐待碓边下聒天”。“聒聒”，话多，喜欢闲聊的人，如“他是个聒聒，坐待哪的就紧说”。

“聒”khua꜅，数落，批评，如“不听话你地妈又要聒你”“他的个嘴巴连妇联只不如，絮聒得很”。

33. 挖꜀ua，ua꜆。

“挖”꜀ua，用手指抓，如“奶伢的个指甲壳不能太长了，奈不是把脸上挖得稀烂”。盘剥，榨取，如“他总想挖别个地一点，搭(ta꜄)别个一点”。复合词“挖肉补疮”“挖空心思”，均读꜀ua。

“挖”ua꜆，刨，挖掘，如“挖柴”“挖花生”。

“挖”也表示琢，用手指敲打，读꜀ua，也读 ua꜆，如“他挖了我一栗壳子”。

34. 哕꜀ya，꜂ya，ya꜄，ya꜅，ye꜄。

“哕”꜀ya，哭，哭叫，如“伢饿了，又待哕”。这个意思也读 ya꜄，如“一个伢穿个红褂，掉待地下蹥得一哕”。

“哕”꜂ya，作呕，欲吐，如“心的作烦，待打哕，吐又吐不出来”。

“哕”ya꜅，随口说，信口开河，如“他说话也是随口一哕”。

“哕”ye꜄，喊叫，大声喊，如“你去哕他回来吃饭”“你莫待那的哕，我一刻古就过来的”“他地个伢苕得哕”。

35. 摸꜀mo，mo꜄。

“摸”꜀mo，轻轻接触，抚摸，如“我摸倒伢有点烧”。取，拿，发展出悄悄拿走，偷，可以读꜀mo，也可以读 mo꜄，但“抚摸；探，掏；在黑暗中摸着走；摸索，琢磨”等意思，只能读꜀mo，不可以读 mo꜄。

36. 磨꜁mo，mo꜅。

“磨”꜁mo，磨擦，如“把刀磨快些好切菜”。

“磨”mo꜅，磨子；碾碎，如“磨粉子”；移动，如“来把那个大石头磨待一边”。

37. 乐 no꜆，io꜆。

“乐”no꜆，快乐，高兴，如说“他乐得回去”。

“乐”io꜆，音乐；姓氏，亦作地名，塔尔河东有“乐家田”湾。

38. ꜁to，tho꜅。

“夺”꜁to，强取(权利、职位)，如“别个夺了他的权”。

“夺”tho꜅，从别人手中强取，强抢，如“大伢把细伢的糖夺跑了”“弟兄伙的要打架，我把他者手上的扁担夺下来了”。

39. ꜀tho，tho꜄。

“拖”꜀tho，拉扯，如“把他拖回去”。身体后面奄拉着，如“衣裳待地下拖”。挨日子，如“他冇得钱上医院，就待屋的架拖”。由挨日子这个意思发展出艰难抚养、喂养，如“她待屋的拖几个伢，蛮造业”。

艰难抚养、喂养，读 tho꜄，艰难地养活，如“把几个伢拖大了”“往日冇得吃的，一年还要拖个猪”。“拖子”，货车、拖拉机后面的车厢，如“那个货车带了两个拖子”。

40. 左꜂tso，tso꜄。

“左”꜂tso，左边，左手；倾斜，没对齐，如“扣(khɯ꜄)扣左了”；傻，呆，如“那个伢生得蛮左，不灵光”。

“左”tso꜄，“左手”꜂tso꜂sou，左边的手，也指左边。读 tso꜄꜂sou，用左手做事，如“左手做事不顺手”，也指左撇子，如说“他是个左手，吃饭只不用右手”。

跟“左手”类似的，还有“左眼”，读꜂tso꜂ien 是左边的眼睛；读 tso꜄꜂ien，如说“见不得他，我左(tso꜄)眼只不瞄他”，这个句子中的“左眼”，可能有特殊的含义，犹言瞎眼。

黄陂话有个□꜁tso，又读 tso꜆，两边不对称，畸形，或衣物袖子、裤管等开口过小，如“裤子脚做□了”。可能就是“左”字。

41. 搓꜀tsho，꜁tsho。

“搓”꜀tsho，两个手掌反复摩擦，如“你把手搓热再跟伢穿衣裳”“脚坐麻了，你跟我搓一下”“搓麻绳”；手洗衣物，如“我待搓衣裳，搓再去汕”。

“搓”꜁tsho，用脚蹬，如“咧个伢睡瞌睡爱搓被窝”。把萝卜、红薯等放在筐子里来回摇晃，使其相互碰撞，达到清洗的目的，如“你把苕拿待塘的去搓干净”；互相攻击，诋毁，压制，如“搓来搓去的，两个人下冇当成”，俗语“麻布袋子统甲鱼——鳖搓鳖”，“鳖搓鳖”就是窝里斗。

42. 可꜂kho，kho꜄。

“可”꜂kho，表示同意，许可，如“我叫他去打工，他不可”“我问她可得啵，她说可得”。

“可”kho꜄，的确，确实，如“他可聪明啊”。一定，千万，表示叮嘱，如“你可是要记倒，莫忘了哟”。“可是”“可要”均读 kho꜄。

43. 嗑 kho꜆，kho꜅。

“嗑”kho꜆，牙齿咬开带壳的东西，如“嗑瓜子”。闲聊，搭白，说笑，如“我跟他也不是说的真的，是嗑倒好玩的”。这两个意思也读 kho꜅。“嗑嘻”(搭白)、“嗑腰子”(搭白，说笑)、“嗑心”(说笑话，开玩笑)均读 kho꜆，不能读 kho꜅。

“嗑”kho꜅，啰唆，不停地数落，如“你莫待那的嗑”；抱鸡带小鸡时，嘴里发出声音，找到食物后，在食物旁发出声音，让小鸡吃，如“抱鸡婆又待嗑”。又叫“嗑儿”。嗑牙，磨牙，睡着后牙齿摩擦发出声音。这几个意思只能读 kho꜅，不能读 kho꜆。

44. 活꜁xo，xo꜅。

“活”꜁xo，生存，有生命(跟死相对)，如“活鱼活虾”“养活自家”“冇得钱活不下去”；活计，活路，如“过年就要出去找活做”；活动，灵活，如“活水不臭”；真正，简直，如“他活像个苕”。

“活”xo꜅，活过来，如“树栽活了”(这个字也读꜁xo)。刚砍下的、湿的柴草，新鲜蔬果，如“柴是活的，烧不着”“活黄花吃不得，吃了就要拉稀的”。也指刚做好的，如“活豆子”，刚摊熟未晾干的豆丝，如“活豆子炒倒宴酒”。常说的复合词有“活柴”，刚砍下的湿柴草，俗语“晚娘不如亲叔，活柴不如新竹”。“活树”，刚砍下的树，如“咧是活树打的家�，一干就要裂的”。

45. 和꜁xo，xo꜃，xo꜄，꜀xo，o꜄。

“和”꜁xo，（加水）搅拌，如“和面”“和泥巴印砖”；和睦，友好，如“兄弟伙的不和”。连同，如“一篓子白菜，和篓子把得他去了”。

“和”xo꜃，哄骗，蒙哄，如“他是和你的，莫信他的”“你莫总是和我社”。文献里，“和”当蒙哄，欺骗讲，陈子昂《感遇》诗之十二：“呦呦南山鹿，罹罟以媒和。”陈诗和、科、何、罗、蛾、柯押韵，似读平声。《西厢记》第二本第三折：“黑阁落甜话儿将人和。”蒋礼鸿先生说，“和”当欺骗讲，六朝已然。“和”的哄骗义，应该是从应和的意义来的，因为骗人必须应和所骗者的意旨（《敦煌变文字义通释·释事为》“和”字条，181—182页）。

跟哄骗义有关联的，可能还有“和”꜀xo，当巴结、讨好讲，如“她把干部和得好，得了几多好处哟”；套近乎，哄骗，如“他是个拐人，要把他和倒一点”。这个意思许多方言都有，一般写作“呵”。

“和”xo꜄，附和，随声应和，如“他说一句，你就和一声，你想搞么事啦”；伙同：如“几个伢和得一起玩”；掺和，混入，如“菜油跟花生油和得一路吃”。复合词“和肉”，也叫扣肉，是宴席主菜。“和菜”，杂烩菜。

“和”o꜄，混合，混杂，如“两样米和得一路煮”“泥鳅和倒鳝鱼卖，三十块钱一斤”。“打和”，读꜂ta꜁xo，是“匹配，般配”的意思，如“你跟他说的个么亲呢，两个人不打和嘬”，还有和睦，亲密；往来，交往的意思。“打和”读꜂ta o꜄，是“混淆，混合在一起而分辨不清”的意思，如“两个人的东西打和，分也分不清楚”“她地几个伢下是奓耳洞，不得跟别个地打和的”。

46. 我꜂ŋo，꜀ŋo。

“我”꜂ŋo，第一人称代词，用于类似英语主格、宾格的位置，如“人敬我一尺，我敬他一丈”。

“我”꜀ŋo，表示我家，变读为平声，如“我地事不要外人来管”。“我地”꜀ŋo ti꜄，我们家，我家，如“我地屋的蛮多事，我还要回去做事，不能再抹了”。“我的”꜀ŋo꜂ti，我自己的，如“红笔是我的”。“地”“的”可能是轻声，调值分别接近阳去，上声。

47. 遮꜀tse，tse꜄，tsa꜄。

“遮”꜀tse，掩盖，如“一白遮百丑”“你莫把事情遮倒盖倒，莫怕别个晓得”。

遮挡，也读tsa꜄，如“你把亮（niãŋ꜄）遮倒，莫叫风吹熄了”“你打个伞遮雨”。这个意思也读tse꜄，tsa꜄，可以自由变读，不影响交际。

复合词“札阴”tsa꜄꜀in，遮盖阳光，如“莫把院子肚的树椏枝剁了，留倒札个阴”。“札阴”也读tse꜄，tsa꜄。

“遮子”tsa꜄·tsɿ，小灌木。“遮叶”tsa꜄·iɛ，指落叶，树叶，俗语“遮子掉下怕打破了头”。这两个词只能读tsa꜄。

48. 车꜀tshe，tshe꜃。

“车”꜀tshe，车子，如“汽车、粪车”；转动（身体），如“他车身就走了”“你车个脑壳看之我社”；离开，如“他不管咧个事，车身不耳”；移动，如“你把桌子高头的菜碗车下子，把牛肉车待伢面前”；撤回，如“你把桌子高头的空碗车回来”；用缝纫机等缝，编制，如“她把衣裳裁好，要去找个人车下子”“他卖了个机械车袜子”；用车床加工，如“他车的零件总不合格”；车水，用水车提水，如“天道干，队的几部车子车水”；借钱，如“我要下汉口，要找个人车几块钱做盘缠”；换钱，如“你个大钱我找不开，你拿得街上去车下子”；打耳光，抽打，如“他甩手就车了咧个伢一巴掌”。

“车”tshe꜄，躲闪，隐身，如“他蛮远看倒我就车去走了”“看倒老娘住院要用钱，弟兄几个下车得一边不耳”。

49. 蚀꜀se，꜁se，se꜅。

“蚀”꜀se，糟糕，完结，如“蚀了，我的钱不见了”。

“蚀”꜁se，亏损，折本，如“她不会做生意，一做就蚀本”。复合词“蚀财”，损失钱财。“蚀秤”，货物等没有原来的多。“蚀人”是丢人的意思。

“蚀”se꜅，减少，如“好多时冇落雨，门前塘的水也蚀了”“缸的米吃蚀了”。

50. 奢꜀se，se꜄。

“奢”꜀se，张开，裂开，如“衣裳奢了个口子”；咧嘴笑，如“你莫光顾倒奢，有么事快点说”“他奢奢笑笑的，蛮合心的（随和）”。

“奢”se꜄，咧嘴，张口，如“辣得人奢口”“喝药喝得口奢”。玩笑，嬉闹，如“你莫去跟个细伢去奢”。

51. 搭꜀khe，꜂khe，khe꜄。

“搭”꜀khe，掐，握，抓住，如“把鱼搭紧，莫叫它跑”“你莫把我的颈坎子搭倒社，气只喘不过来”；控制，掌控，如“他把权哈搭得在家手上”。

“搭”꜂khe，（过分）节俭，节约，如“她不晓得是几做人家，搭得很”。这个意思也读 khɛ꜄。

“搭”khe꜄，勒紧，如“绳子太细了，提倒把手也搭痛了”；勒出的痕迹，如“他把篓子从畈的提回来，手上有一道搭”；过分节俭，如“要吃饱，莫搭自家”“他地一了日只是搭倒过日子”“她的几个钱哈是搭下来的”。

52. 鐅꜂phiɛ，phiɛ꜄，phiɛ꜅。

“鐅”꜂phiɛ，敞口，口沿向外翻转延伸，如“他吃饭就掇个大鐅口蓝花碗”“鐅口大盘子”。“鐅”，文献中指煮盐用的敞口浅锅，方以智《物理小识·金石类》：“过宿掠上铁鐅。”字或作“鐅”。甓，《通雅》匹结切。陶制扁形盛茶、酒之器，例出邵雍《小车吟》、周密《武林旧事·进茶》。

“鐅”꜂phiɛ，折，掰，如“她把树丫子鐅断了”“她把粑粑鐅一半待伢吃”，俗语“抱鸡婆不抱，不能鐅倒脚抱”。崴，扭伤，如“她把脚鐅了”“腰鐅了”。歪邪，不正，如“他是个八字脚，鞋穿几天就穿鐅了”。后面两个意思也读 phiɛ꜅。

“鐅”phiɛ꜅，崴，扭伤，如“把脚鐅了”。不顺手，如“他蹩倒了不好做事”。“左撇子”，习惯用左手做事的人：他是个蹩子手。复合词“蹩子”，习惯用左手的人，如说“左蹩子”。“蹩子手”，习惯用左手的人，如“他是个蹩子手，吃饭只是架左手”。

“鐅脚”phiɛ꜅·tɕio，能使鞋子弯曲变形的脚，如“他是个鐅脚，随么事鞋到他脚上叫穿歪了”。小偷一类的人，叫“鐅脚”，也说“鐅脚子”，俗语“强头遇到鐅脚子”，大意是说，大家彼此彼此，做的都不是什么光彩事。

当歪邪，不正讲的“鐅”，一般读꜂phiɛ，也读 phiɛ꜄，如“她把个鞋穿鐅了”。故意作对，如“你么有总是跟我鐅倒来呢”？

复合词“鐅脚”phiɛ꜅ tɕio꜆，鞋子使脚扭曲不舒服，如“我穿不惯皮鞋，穿倒鐅脚”。读 phiɛ꜅ tɕio꜆，可能就有两个意思，①扭伤脚腕：他蹩脚，不能出门。②鞋子不合格，使脚难受或受伤，如“她不会做鞋，穿倒蹩脚”。

53. 刮꜀tɕiɛ，꜀tɕhiɛ，tɕhiɛ꜅。

“刮”꜀tɕiɛ，(声音)尖锐，尖利，如“细女伢的个声气晓得是几刮”。刺，扎，如“手叫刺刮了”。刺激，如“她的话听起来刮耳洞”。复合词“刮声气”“刮喉咙”，都指尖嗓门，声音尖厉，如“她的个大刮声气，吵得人睡不着瞌睡”。武汉话作“嗟”(《武汉方言词典》135页)

“刮”꜀thɕiɛ。上面读꜀tɕiɛ的这几个意思，也读꜀thɕiɛ。“刮”꜀thɕiɛ又指言语讥讽，如“她说话就刮人”。这个意思不能读读꜀tɕiɛ。

“刮”tɕhiɛ꜅，讥讽，讥讽，如“她又待刮别个”。

复合词“刮人”，可以有两个意思：读꜀tɕiɛ・zen，刺人，扎人，如“毛线衣穿倒晓得是几刮人”；꜀tɕhiɛ・zen，言语讥讽，如“她说话就刮人”。

54. 袋tai꜅，tãn꜅。

“袋”tai꜅，变读为(tɛ꜅)，口袋，袋子，如“塑料袋(tɛ꜅)”“拿个袋(tɛ꜅)来统东西”；量词，一袋子，如“他卖了两袋(tɛ꜅)糯谷”。

“袋”tãn꜅，衣服口袋，荷包，如“搜人家的袋(tãn꜅)，冇得玩伴”。量词，(一)荷包，(一)口袋，如“他统了一袋(tãn꜅)红钱”。

55. 裁꜁tshai，tshai꜄。

“裁”꜁tshai，折磨，虐待，如“她到别个屋的就受婆婆的裁”。这个意思也读阳去。

“裁”tshai꜄，辛苦养育，艰难抚养，这个意思只能读阳去。如说“她把几个伢一个个下裁大了”。也指操劳，磨练，如说“她的伢多，屋的条件差，咧几年裁得不像个良心”“他地条件不好，往日小的时候受了裁的”。

56. 跩꜀tsuai，꜂tsuai，tsuai꜄。

“跩”꜀tsuai，弯曲，窝在一起，如“袖子跩待窦的去了，我跟你扯抻抖”。蹲，窝，如“他一天到煞黑总跩得屋的不出来”。崴，扭伤，如“她把脚跩了”。复合词“跩人”，人觉得憋屈，不舒展，如“坐得屋的一天，不晓得是几跩人，我要出去转下子”。“拽子”，手有残疾的人。

“跩”꜂tsuai，傲慢，摆架子，如“他当个小官，晓得是几跩，不耳人”。复合词“拽味”，傲慢，摆架子，如“他回待湾的来还是拽味”；有派头，风光，如“你今朝穿个新衣裳，走得街上晓得是几拽味哟”。“拽文”，咬文嚼字来显示自己，如“你莫拽文，照直快点说”。“拽排场”，讲排场，摆阔气，如“他做事就是爱拽排场”。“跩架子”，摆架子，如“他走得哪的只是跩架子”。“跩牌子”，显摆，炫耀。

“跩”(拽)tsuai꜄，拉扯，用力拉，如“我一把就把他的个领口拽倒了”；(脾气)拧，固执倔强，如“他的个脾气拽得很，不信人说”。复合词“拽人”，倔强的人，如“他是个拽人，他要做的事，八头牛只拉不回”。

57. 踹꜁tshuai，tshuai꜄。

“踹”꜁tshuai，踢，猛踢，如“他踹了伢几脚”“他几脚就把个门踹开了”。折腾，破坏，如“咧个伢啰，莫把个东西瞎踹社，要爱惜东西”。艰难地过活，如“他把几个伢还慢慢的踹大了”。这几个意思，也读tshuai꜄。

“踹”tshuai꜄，压抑，压制，欺负，如“他脾气不好，总是爱踹伢”“别个是外地人，你莫总是踹别个”。这个意思一般不读꜁tshuai。

58. 乖/拐꜀kuai，꜂kuai。

乖跟拐的关系，“乖”，乖离；乖巧。普通话只有平声一读，黄陂话分成两个读音。比较“最喜小儿无赖”。

“乖”꜀kuai，乖巧，小孩听话，不调皮，如“好乖的个伢”；嘴甜，会迎合人，如“咧个伢嘴巴子乖得很”；精明，机灵，如“跟倒他，人也学乖了”。

“拐”꜂kuai，调皮，如“细伢晓得是几拐”。坏，恶，如“他人蛮拐，良心不好”。糟糕，如“事情搞拐了，办不成”。

“乖人”，读꜀kuai ꜀zen，机灵的人；读꜂kuai ꜀zen，坏人，恶人。

59. 坏꜀xuai，xuai꜄。

“坏”xuai꜄，品质恶劣，如“他坏得很”“好人说不坏，水退石头待”。变坏，变质，如“饭放坏了”。夭折，如“她坏了几个伢，咧是个最小的”。用在动词后，表示程度深，如“为了一张口，忙坏脚跟手”。

“坏”꜀xuai，劣，差，不好，缺点多，如“他的手艺蛮坏，屋做得坏，舞的菜也坏，不好吃”。复合词“坏手艺”，技术差，如“他是个坏手艺，做的东西不像个样”。“坏货”，差，不好，如说“他是个坏货人，买了个坏货东西”“坏货酒坏货烟”。

60. 歪꜀uai，꜂uai，uai꜄。

“歪”（竵）꜀uai，不正，偏斜，如“房子歪了”。斜躺，如“待床上歪一下”。倒下，“他歪待地下去了”。死亡，如“爹爹一歪，婆婆就蛮遭罪”。胡乱，如“歪掰”。

“歪”꜂uai，摇晃，如“她一走一歪”“桌子不稳，活活动，一歪一歪的”。慢慢走，如“我自家慢慢的歪回去”。扭伤，如“你慢点走，莫把脚歪了”。拿腔作势，如“有点本事的就是爱歪”。复合词“歪屌”，故意拿腔作势、很傲慢的样子，如“他有点手艺，总是歪屌”。“歪将”，（象棋）出老将，移动主帅。

“歪”uai꜄，躺，倒下，俗语“跛子拜年——就地一歪”。拉扯，艰难地活着，如“她一个人把几个伢歪大了”“爹爹一死，她就一个人待边下歪，不跟倒伢们”。

61. □꜀yai，yai꜄。

□꜀yai，倒下、歪倒，如“他有个僵症，一搞就□得地下去了”，转指病、死亡，如“两个老的活倒还有个照应，一个□了，那一个就不好搞了”。

□yai꜄，赖在地下不起来，如“他待耍赖，□得地下不起来”。也指苦苦支撑、艰难度日，如“男的一死，她还把几个伢～大了”。

62. 跪꜂khuei，kuei꜄。

“跪”kuei꜄，下跪，如“伢不信话他就罚跪”“他跟别个作揖下跪也不管用”。这个意思又读khuei꜄，如说“细伢总是待地下跪，把裤子下跪破了”。复合词“打跪”꜂ta khuei꜄，走路时脚发软。

“跪”꜂khuei，用膝盖抵，如“架（拿）塞头包一跪，柴就捆紧了”。

63. 铇 pau꜄，刨꜀phau。

“铇”pau꜄，字也写作“刨”，刨子，木工刨平木材的工具：博士的工具就是刨子、斌戮、锯。用刨子削平木器，如“咧个面子冇刨平”。“刨子”，刮平木料的传统工具。

“刨”꜀phau，用削果皮的刨子削皮，如“架瓷刮子刨丝瓜皮”除掉，如“把吃饭的钱刨开”。“刨子”，削果皮的工具。“刨皮”，用削果皮的刨子削皮，如“葫芦要刨皮”。

64. 捞꜀nau，꜀nau，nau꜄。

“捞”꜀nau，掏，取，如“他把袋（tān꜄）的钱下捞出来了”；拿，握在手上，如“他待门空的捞个扁担要打我”；遇见，碰到，如“他捞倒个么事就像买”“他手上捞倒个么事就拿么事打伢，一点也不晓得轻重”。

“捞”꜁nau，从水里或其他液体里取出，如“把门前塘的鱼捞起来”。复合词“捞鱼”，用网捕鱼，俗语“捞鱼摸虾，失误庄稼”。“捞苕片”，把红薯片放进滚水里煮熟，捞起晒干。春节期间，把晒干的捞苕片暴晒后爆炒或油炸，即为传统食品“苕片”，如“冬天道要捞苕片”。

“捞”nau꜄，(使劲)拖，拉，如说“他睡得地下，我捞只捞不动”。俗语“船到舵也到，无故受点捞”，“无故”是大不了的意思。这句俗语是说尽管由于能力等原因，落在他人之后，但别人先做完某事，或先享用，自己亦能紧随其后。

65. 淘꜁thau，tau꜄。

“淘”꜁thau，淘洗，用水冲洗，如说“淘米舞饭”。

刨土取物也读꜁thau，如“淘花生”“淘苕”。旧时在花生、红薯收获后，用扒锄翻土，找寻遗落在地里的零星花生、红薯。这个意思也读 tau꜄，但淘洗却不能读去声。

66. 抄꜀tshau，tshau꜄。

“抄”꜀tshau，抓起，拿；查抄。去声 tshau꜄，翻动，翻起，如说“你去把锅的菜抄一下，莫搭了锅”“箱子窦的衣裳叫他抄得稀乱”。“抄”(钞)《广韵》初教切，读去声。

67. 绕꜂zau，zau꜅。

“绕”꜂zau，不直接从正面过去，走曲折迂回的路，如说“他绕远了，走了不少冤枉路”。这个意思也读 zau꜅。

“绕”zau꜅，哄骗，如说“他是绕你的，你莫信他的”；晃动，摇动，如“你莫把个棍子绕来绕去的，奈不是把人绕倒去了”；游荡，闲逛，如“他不做事，总待外头去瞎绕”。这几个意思不能读 zau꜅。

68. 敲꜀khau(꜀tɕhiau)，khau꜄。

“敲”꜀khau，新派多读꜀tɕhiau，一般意义上的敲打，如“敲锣”“敲鼓”，也指敲竹杠。

“敲”khau꜄，《广韵·效韵》苦教切，字后作“拷”，《集韵·晧韵》苦浩切。《广韵》训“击也”，跟读平声的“敲”似乎没有区别。黄陂读去声的“敲”，语义跟读平声的不同。读平声是一般意义上的敲打，读去声强调敲掉、敲打而使之脱落，“敲谷”“敲椅子脚”“好吃就敲他的牙齿”，强调的是敲打而使之脱落。

69. 好꜂xau，xau꜄。

“好”꜂xau，佳，优秀，优异；友好，和睦；健康，(疾病)痊愈均读꜂xau。

“好”xau꜄，喜爱，喜欢，如“好吃懒做”。

70. 爊꜀ŋau，꜁ŋau。

“爊”꜀ŋau，一般指在微火上长时间煮，煨，炖，复合词有“爊汤”“爊汤”“爊肉”“爊稀饭”。

“爊”꜁ŋau，一般写作“熬”。忍受，煎熬，如“往日冇得吃得喝的，日子难得熬”“她一点也不禁熬，三十抹边的人，看倒就像个老婆婆”。复合词有“熬夜”、“熬火”(柴火耐烧)、“熬油”(点灯火，浪费灯油)、“熬糖”(熬麦芽糖，用大米熬制白糖)。

71. 漂꜀phiau，꜂phiau。

“漂”꜀phiau，漂浮，如“水把树叶子漂去走了”；漂泊，流浪，如“他待外头到处漂”；悬浮，没落实，如“事情冇落实，还漂了待”。

“漂”꜂phiau，把东西浸泡在水里，如“把吓人衣裳漂一下再洗”“猪血要架清水漂下(xãn꜅)

子，再洗干净”。漂白，清洗，除掉衣物等中的杂质，使之变白，如“把衣裳拿待塘的去漂干净”。

72. 飘꜀phiau，phiau꜄。

“飘”꜀phiau，风吹，飘扬，如“风一吹旗子就飘起来了”。腿部发软，如“他昨日冇睡好，走路脚打飘”。轻，不重，如“咧东西不多，提起来轻飘的噻”。轻浮，不稳重，如“他蛮浮，说话做事飘得很”。得意洋洋，忘形，如“你莫考好一次就飘起来了”。

“飘”phiau꜄，雨雪斜着飞进，如“把窗子干好，奈不是把雨漂进来了”。“飘雪”，雨斜着飞进来。

73. 调꜂thiau，thiau꜅，꜁thiau。

“调”tiau꜅，调动，分派，如“他又调（tio꜅）个工作，又轻散又有钱”。互换，如“你者两个人调个位子坐”。调查，如“入党要去外调”。腔调，调子，如“他唱歌就跑调（tio꜅）”。得罪，不和，如“两个人讲架的，又调（tio꜅），冇说话”。

“调”꜂thiau，调换，如“跟别个去调点谷种来”。《现代汉语词典》6版1293页有“斢”字。

“调”thiau꜅，调换，如说“你要说你的事不好做，我跟你来调”“你咧是个破钱，劳你跟我调一张”。复合词“调钱”，把整钱换成零钱，如“咧个钱太大了，我找不开，我去找个人调钱”。

“调”꜁thiau，①配合得均匀合适，如“风调雨顺就有饭吃”“菜窦的加点味精调个味”。②调整，调换，如“你莫总是把个频道调来调去的社”。复合词“调羹”（陶瓷汤匙）、“调味”、“调养”等，均读꜁thiau。

74. 浇꜀tɕiau，꜂tɕiau。

“浇”꜀tɕiau，浇灌，如说“浇花”；淋，洒，如说“把水浇水待脑壳上把你的个脑壳一洗”。

“浇”꜂tɕiau，用手或盆等把水舀起泼掉，如说“你去把氹的水浇干”“沟的水浇干了好捉鱼”。

75. 嚼꜁tɕiau/꜁tɕio，꜂tɕiau，tɕiau꜅，tɕhio꜄。

“嚼”有五个读音，另加一个不区别意思的变读。不同的意思，以及不同的词语（词组）中，读音不同，不能混读。

“嚼”꜁tɕiau，也读꜁tɕio，唠叨，骂詈，如“你又待嚼（꜁tɕiau）我的个么事呢”？复合词“嚼人”꜁tɕiau・zen，唠叨，骂人，如“他总待嚼人”。唠叨，骂詈义，也读꜁tɕio。

“嚼”꜂tɕiau，回嘴，顶嘴，如“你说她几句吧，她还要嚼”；风吹，刮，如“风把晒的东西下嚼了”。复合词“嚼嘴”，回嘴，顶嘴，如“大人说你几句，你就不能嚼嘴”。“嚼扫”，喜欢回嘴，顶嘴，如“咧个女的不晓得是几嚼扫，嘴尖毛长的”。这几个意思只能读꜂tɕiau，没有꜂tɕio音。

“嚼”tɕiau꜅，上下牙齿磨碎食物，如“白菜太老了，嚼也嚼不动”。胡说，如“瞎说乱嚼，睡倒屙尿”“他能够把稻草嚼成金条”。这两个意思不能读tɕhio꜅，不能说“白菜太老了，嚼（* tɕhio꜅）也嚼（* tɕhio꜅）不动”，也不能说“瞎说乱嚼（* tɕhio꜄）”。复合词“嚼过誉”tɕiau꜅ko꜄y꜅，后人不长进，没有出息，通常会被人认为是其父母对人苛刻，批评别人太多，如“她真是嚼过誉了，养的几个伢个个冇得用”“咧真是嚼过誉了哇，我么样养了恩亮的东西呢”。

“嚼”tɕhio꜄，磨牙，如“细伢肚子的有蛔虫，睡瞌睡爱嚼牙齿”。啰唆，数落，如“老娘又待嚼我”“你莫冇得事就嚼”。复合词“嚼人”tɕhio꜅・zen，唠叨，骂人，如“个媳妇一天到煞黑就爱嚼人”。这个意思也读tɕiau꜅・zen，数落人，批评人，如“她总是爱嚼人，一点个事就紧嚼（tɕhiau꜅）”。

76. 翘꜀tɕhiau，꜁tɕhiau，tɕhiau꜄。

“跷”（翘）꜀tɕhiau，举足，抬起脚，如“把脚翘得别个凳高头不讲礼”；物体表面凸起，如“桌子跷起来了一大块”；翻转，翘起，如“你莫把板凳踩翘了”“他火气起来了，嘴边高头翘起来一块皮子”；粘贴的东西脱落，如“他粘的个信封子又翘了”；招，讨，如“翘死”“翘贱”。

“翘”꜁tɕhiau，（木板等）卷曲不平，如“天道干，桌子只翘了”“木脚盆晒翘了，不浸一下子就漏水”；植物干枯，如“瓜藤晒翘（꜁tɕhio）”。不和，关系紧张，如“他者两个人搞不好的，咧些时又搞翘了”。复合词“翘气”꜁tɕhiau tɕhi꜄，生气，不高兴，如“她爱翘气，一搞就调了”。“翘倒翘气”，爱生气，容易闹情绪，如“他翘倒翘气的，一搞就耳人”。文献里“乔性”，任性，任性易怒。

“翘”tɕhiau꜄，向上昂起，如“他的尾巴翘得天上去了”；撅嘴，如“他嘴巴一翘就走了”；生气，怄气，不高兴，如“你把他说翘了”。

77. 秃 thou꜅，thou꜆。

“秃”thou꜆，头上无发，如“他脑壳高头的头发掉秃了”；钝，不锐利，如“笔写秃了”。复合词“秃子”，脱发的人。“秃尾巴”，尾巴毛少而短，如“我地个秃尾巴叫黄鼠狼拖走了”。“秃顶”，头顶脱发，如“他不到四十岁就秃顶”。

“秃”thou꜅，过短，如“把指甲壳剪得太秃了”“韭菜割秃了难得长起起来”。愈合功能不好，如“我的肉蛮秃，破了皮就灌，难得好”“他是个狗肉，肉一点也不秃”。自私，容不得他人，跟人难以搞好关系，如“他的个人不晓得是几秃，哪个只跟他搞不好”。复合词“秃人”，自私，容不得他人的人，如“他是个秃人，跟哪个只搞不好”。“秃肉”，愈合功能不好的皮肉，如“他是个秃肉，一破皮就灌”。

78. 搂꜀nou，꜂nou。

“搂”꜀nou，往自己这边聚拢，如“人哈是往自家身上搂好处”；搜刮，占有，如“他总想搂别个的一点好处”；得到好处、利益（多用于羡慕），如“他咧会赚钱赚饱，赚搂了”“几个伢待石头凼的捉了半提桶喜头鱼，搂了”；撩起，扯上，如“伢的裤子要掉，你跟他往高头搂一点”；托起，如“他睡待床上动不了，架手把他搂起来”。“搂钱”，赚钱，设法弄钱，如“过年他就要出去搂钱”。

“搂”꜂nou，搂抱，如“你抱伢要把伢的腰搂倒”。

79. 瞅꜂tshou，tɕhiou꜄。

“瞅”꜂tshou，看，眯着眼看，如“我瞅了半天，也冇认出来是他”。“瞅倒”，盯着，如“我瞅倒看，也冇看清楚他的个脸”；估计，琢磨，如“他瞅倒他迟早就要出事的。”“瞅死”，估计准了，如“我瞅死了他冇得个么出息”。

“瞅”tɕhou꜄，眼睛眯缝，如“我恶他恶得瞅”。近视，视力不好，如“他是个瞅眼睛”。“瞅眼睛”，近视；近视的人，如“他是个瞅眼睛”。眼睛细小眯缝的人，如“他地媳妇是个瞅眼睛”，也说“瞅子眼”、“瞅瞅眼”，均指近视眼、近视的人、眼睛细小眯缝的人。

80. 数꜂sou，sou꜄。

“数”꜂sou，计算，查点，如“数数”（꜂sou sɯ꜄）。比较起来，如“几个伢就数他信话些”。数落，数说，如“你有苦也莫待我面前数”。

“数”sou꜄，数字，如“她不识数（sɯ꜄）”。

81. 抠꜀khou，꜀ŋou。

“抠”꜀khou，꜀ŋou，两个读音语义不同：꜀khou，꜀ŋou，前者是表层，如说“抠（꜀khou）痒”，“抠（꜀ŋou）”是深入其间，如“抠（꜀ŋou）藕”，是把藕从泥中挖出，不能说꜀khou 藕。“抠雪花膏”，如果读꜀khou，指一般的取一点；要是读꜀ŋou，多强调取得很多，如“他抠了一大坨雪花膏，擦得脸上香蓬的”。

“抠”꜀khou，用手往外掏，挖，如“几个伢待地下抠了个洞”“抠点泥巴来糊灶”。抓，搔，如“痒死了(꜂so)，胯子抠得放血还是痒”。

“抠”꜀ŋou，把手伸进物体里面，再掏出来，如“明朝要找几个人把田的藕哈抠了它”。“抠藕”只读꜀ŋou。

吝啬，小气，读꜀khou，也读꜀ŋou。积攒，如“他咧几年抠了几个钱”；克扣，占便宜，如“你的秤不能够抠我的”“他总想抠别个地一点好处”。

82. 扣 khou꜄，khɯ꜄。

“扣”khou꜄，器物口朝下放置，盖上，如“拿碗把盘子的菜扣倒”。把扣子扣上，如“扣扣(kou꜄kɯ꜄)”。戴上；扣留，羁押；扣掉，减去，均读 khou꜄。

“扣”，khɯ꜄，名词，纽扣。本读 khou꜄，读 khɯ꜄是名词的变读，黄陂话以前不说“扣子”，名词不读 khou꜄。同音的“筘”只能读 khou꜄，不能读 kɯ꜄。复合词“扣脑壳”(像扣子那么小的脑袋)、“扣眼”，均读 khɯ꜄。

83. 吼꜂xou，xou꜄。

“吼”꜂xou，大声吼叫，大声说话，如“豺狗待山上吼”“人说话就好好的说社，莫总是吼”。“吼雷”，打雷，如“天上又待吼雷，要落雨”。“吼声吼气”，说话声音大，如“说话要好好的说社，莫吼声吼气的”。

“吼”xou꜄，训斥，大声斥责，如“莫总是吼细伢”“他一搞就诟他地娘，又诟又骂的”。“吼人”，斥责人；“吼狗子”，叱骂狗子，比喻无情地训斥人，如“他总是诟他地老的，就像诟狗子的”。

84. 萩꜀tɕhiou，tɕhiou꜄。

“萩”꜀tɕhiou，烟熏，冒烟，如说“萩烟”“稻草烧得萩人，萩得人眼粒流”，也指用小火烧，火小而烟大，如“柴是湿的，烧一早晨，才把点稀饭萩好”“看倒火要熄，风一吹，一刻又萩着了”。“萩鼎罐”，老人跟成年子女分灶单过。

“萩”tɕhiou꜄，用小火烧，火小而烟大这个意思，读平声，也读去声。濒临死亡又活过来，或艰难地活着，如说“秧干死了，落点雨又萩活了”“他得病，又萩了几年”。也指希望，盼头，如“你叫他再莫去找别个，咧个事冇得萩”。

85. 求꜀tɕhiou，꜂tɕhiou，꜁tɕhiou。

“求”꜁tɕhiou，追求，要求，如“将本求利”。攀，抓，如“细伢待树高头求倒待”。

“求”꜀tɕhou，赖，待，停留，如“他求得我的屋的不走”。

“求”꜂tɕhiou，巴结，纠缠，希望得到，如“我哄倒他，是想求倒做点事”。

“求”tɕhiou꜄，濒临死亡又活过来，或艰难地活着，如“秧干死了，落点雨又求活了”“他得病又求了几年”。也指慢慢地走过来，慢慢聚拢，如说“天道一黑，几个后人就求得她屋的，陪老人说话”。渺茫的希望，如“你叫他再莫去找别个，咧个事冇得求”。

86. 纠꜀tɕiou，꜂tɕiou，tɕiou꜄。

“揪”꜀tɕiou，紧紧地抓，拧，如“咧个细伢把大人的衣裳揪得紧紧的”。翘起，如“细伢脑壳一揪就爬起来坐倒”。采摘，分离，分开，如“我待菜地的去揪点白菜回来”。

“纠”꜂tɕiou，拧(盖子、螺丝等)，如“纠瓶盖子”。编制(草缨子等)，如说“纠缨子捆草头”。衣物扭结，穿得不整齐，如“你么样把裤子穿纠了呢”?

“纠”tɕiou꜄，拧（盖子等），如“瓶子纠不开，我冇得劲”。卷曲，弯曲，如“他是个纠毛”“树长得纠头纠脑的”。

87. 溜꜀niou，niou꜄，niou꜅。

“溜”꜀niou，开溜，如“会还冇开完，他就溜了”。垂落，如“秤杆是溜的，分量不足”。倾斜，如“他的个肩好溜哇，穿衣裳也不好看”。量词，一溜，一排，如“桃园岗上有一溜地”“地边下有一溜松树”。这几个意思只能读阴平。

滑落，掉下，可以读꜀niou，也可读 niou꜄。但语义有些差别，如“针溜得地下去了，冇看倒”“你把伢看好，莫叫他溜待床底下去了”。这几个句子的滑落，指一般的滑落，一般读阴平。“溜”niou꜄，滑落，滑下来，如“他一下（xān꜅）从草垛子高头遛下来了”，有快速、意想不到等意思。

“溜”niou꜅，往下流动，如“水往下溜走了”。重复，如“你把他说的话再溜得我听下（xān꜅）子下（xān꜅）”。“溜话”，重复别人的话，传话，如“他爱溜话，你说的话他一刻古就说出去了”。“溜涎”，老是重复某件事或某句话，让人厌烦，如“你说话该是几溜涎哟，总提它做么事呢”“他喝酒就溜涎，总是叨几句话”。

88. 扭꜂niou，niou꜄

“扭”꜂niou，拧，如“把螺丝扭紧”。缠绕，扭结，如“两个铁丝扭待一路去了”。拉扯，推迟，如“你莫扭，快点坐待桌子高头”。因转动不慎而扭伤，如“把腰扭了”。这个意思也读 niou꜄。

“扭”niou꜄，扭动，摇摆，如“咧个伢冇得个样范，走路也待扭”。弯曲，如“路是扭的，人是直的”。草书叫“扭字”。

89. 拌 pan꜅（pen꜅），꜂phan。

“拌”pan꜅，搅合，调匀，如“拌猪食喂猪”。“拌”，更常见是读 pen꜅。《蜀语》：“和物曰拚。拚音坌”。《集韵·恨韵》：“拚，蒲闷切。手乱貌。”“拚饭”，拿汤汁和大米饭搅拌在一起，如“细伢就爱拚饭吃”；“拚碗”，拿大米饭在菜碗或蒸鸡蛋的碗里搅拌后拿来吃，如“蒸个鸡蛋，一个伢一调羹，最小的拚碗”。

“拌”꜂phan，摊开，如“把豆子拌开晒”；拌，搅和，如“把酒曲拌待饭里”。

90. 绊 phan꜄，phan꜅。

“绊”phan꜄，挡住，缠住，使跌倒或行动不便，如“路上有个大石头，把我绊倒了”“绊了三跤，才晓得天有几高”。系，缠，如“丝瓜藤下绊待树上去了”。用来拴东西的绳索、布条等，多读鼻化音，如“才捉回来的鸡，脚上还系了绊（phān꜄）”“你要跟伢的鞋高头著个绊（phān꜄）”。比喻阴谋，圈套，如“他又待跟别个下绊（phān꜄）”。

“绊”phan꜅，碰，弄，接触，比如“你走路过点细，莫把桌子高头的碗绊掉了。”这个意思很少读鼻化音。

读阴去的“绊”是指挡住或纠缠，使跌倒或行走不方便，如说“绊倒跶倒了”。这个意思，跟脚有关。读阳去的，跟脚没有关系，语义或者更为抽象。“绊”phan꜅，读阳去的意思指主动去触动，招惹，如“穷人下不敢绊他”（湖北大鼓《冇得人味》）；“你莫把蜂子窠绊动了，奈不是蜂子锥人”“他得了癌症，开刀绊动了，冇几多时就走了”。

91. 断 tan꜄，tan꜅。

“断”tan꜄，判决，评判如说“清官难断家务事”；“他一个人坐待屋的，自说自断的”。

“断”tan꜅，折断，断绝，如说“跟他地断了关系”。

还有一个读上声的词，可能也应该写作“断”，读꜂tan 的“断”，有两个主要意思，第一是拦截、劝阻，如说“你把他断倒，莫叫他回去”；第二个意思是把蔬菜放到沸水中略煮，比如把新鲜豇豆放在沸水里，晒成干斗角，这就叫“断豇豆”。

92. 站 tsan꜄，tsan꜅。

“站”tsan꜄，黄陂站立叫“徛”，不说“站”。“站”指立足、站点，如“他移民到武湖，别个欺负他，他站不住又搬回来了”“收购站”。

“站”tsan꜅，停留，歇息，俗语“不怕慢就怕站”。住下，歇息，滞留，如“她要到姑娘的去要站几天”“我还要站一下，你先回去”。驿站最初可能是读阳去的，地名“黄陂站”原本读阳去。但“车站”等读阴去。

93. 闪꜂san，꜁san。

“闪”꜂san，避让，闪避；扭伤；闪电。晃动，如“他做的肉糕闪闪神，好吃得很”。

“闪”꜁san，摇晃，晃动，如“走待桥上桥口起来了”。衣着洋气，时尚，如“她总是穿得蛮闪”。后一个意思一般读阳平。

94. 散꜂san，san꜄。

“散”꜂san，松开，如“绳子散了”“鞋带子散了”。不受约束，自由，如“一个人过还松散些”。闲散，没有固定的事情做，如“他是个散人，冇得么事要做”。零散，零碎，如“袋(tān꜅)的只有几张散钱”。

“散”san꜄，分发，如“往日农村的有喜事兴散糖，散果子”；间苗，如“散萝卜菜”；分散，如“人住得蛮四散”。

复合词“散烟”꜂san꜀ien，没有包装的香烟，也指给客人分发的(零星的)香烟，如“一个师傅一盒烟，还得不少的散烟”。“散烟”san꜄꜀ien，给客人分发香烟，如“把人倒茶，还要把人散烟”。

“散席”꜂san꜁ɕi，不重要的客人安排在较偏的席位上，或不同的客人坐在一个席上，如“我坐的是个散席，几个人哈不认得”。“散席”san꜄/sān꜄꜁ɕi，宴会结束，宾客离席，如“农村的过客，扣肉一出，放(fāŋ꜄)炮仗就散(sān꜄)席”。

“散场”，比赛或表演结束，读꜂san꜂tshāŋ，如“看戏的人哈散场꜂sān꜂tshāŋ”，也读 sān꜄꜂tshāŋ。

95. 间꜀kan/꜀tɕien，kan꜄。

“间”꜀kan，꜀tɕien，中间，如“中间(·kan)腰的肉跟我砍一刀”。房间，“房间(꜀kan)”“车间(꜀tɕien)”。

“间”kan꜄，间隔，隔开，如“他待间墙，把个通房间成两小间”。错开，间隔，如“她先生个儿，落了又生个姑娘，是间倒生的”。“间倒走”，路泥泞、有积水时，挑选好走的地方走；“间两天”，隔几天，如“他间两天就要去看下子他地老娘”。

“间墙”kan꜄꜁tɕhiaŋ，把房间隔开：他待印砖，要间墙(꜁tɕhiāŋ)。“间墙”kan꜄·tɕhiāŋ，房间内部用砖砌成的起间隔作用的墙壁，如“房的间墙高头钉一排钉子挂东西”。

96. 偏꜀phien，phien꜄。

“偏”꜀phien，偏僻，如“咧个地方蛮偏”。歪，倾斜，不公正，偏袒，如说“偏心”。

“偏”phien꜄，躲避，躲闪，让开，如“湾的人看倒他就偏倒他走”“你莫往菜地的走，偏倒走”。绕开，如“把门口的水偏开”。

97. 片꜂phien，phien꜄，phiēn꜄/phiɛ꜄。

“片”phien꜄，薄片，如“木片”“苕片”。

“片”phien꜄，旧时用的尿布，一般读鼻化 phiēn꜄，也读 phiɛ꜄。也指布片，俗语“女人头上搭块片，说起话来不断纤”。

“片”ᶜphien，切成薄片，又特指横着切成薄片，如说“把豆腐片成小块”。

98. 碾ᶜnien，nienᵓ。

“碾”ᶜnien，碾子，碾碎谷物的石制器具，字或作“研”，黄陂有研子镇，得名于旧时当地有大的石碾子。“碾磙”，碌碡。碾压，如“把稻场碾了，好晒谷”。

“碾”nienᵓ，打滚，如“草碾破了，牛不吃，马不尝”（楚剧《翠花女检过》）。极艰难地生活，拉扯，如“她把几个伢碾大了”。

99. 煎꜀tɕien，tɕienᵓ。

“煎”꜀tɕien，用油炕，如“煎鱼莫煎煳了”。复合词“煎豆腐”，用油炕豆腐。黄安人总是痞黄陂人，说“黄陂人煎又煎，一块豆腐宴三天”，你看一小块豆腐莫有能够宴三天呢，就是说黄陂人尖，小气。

“煎”tɕienᵓ，用水熬汤，如“煎中药”“煎生姜水喝”。复合词“煎古煎开”，水烧开翻滚的样子，如“水烧得煎古煎开的，你快点去灌开水瓶”。“煎水”，用水熬汤，如“凉了就待后头禁山去拣个马拉古回来煎水喝”“她的几个钱舍不得用，巴不得要拿去煎水喝”。

100. “扦”꜀tɕhien，ᶜtɕhien，tɕhienᵓ。

“扦”꜀tɕhien，细而尖的竹木、金属条，如“柿子未成熟，擦上芝麻秆做的扦子”。也指用于撬土石的铁杠，也叫“铁钎子”。

“扦子”ᶜtɕhien · tsɿ，扎进人身体里的小的竹木片，如“他手上有个扦子，我去拿个针跟他挑出来”。

“扦”tɕhienᵓ，“扦子”tɕhienᵓ · tsɿ，指甲边翘起的小皮，如“他冇吃青菜，手上待长扦子”。也叫“倒扦”，如“大人总是说手上的倒扦不能扯，奈不是灌脓。”

“扦”tɕhienᵓ，用小扦子剔除，如“细伢不能扦牙齿”。

101. ᶜɕien，ɕienᵓ。

“显”ᶜɕien，表现，露出，如“效果还不明显”“八仙过海，各显神通”。

“显”ɕienᵓ，有意表现，显摆，如“他待湾的者死了，显他有几个钱”。“显手艺”，卖弄技艺，如“他说他活做得好，那你就叫他来显个手艺嘢”。也指（字迹等）显现，明显，如“笔冇得墨，写的字一点也不显”。

102. 掩ᶜien，ien⊇。

“掩”ᶜien，遮盖，遮蔽，如“你快点把衣裳掩倒，莫感冒”“你说话莫遮倒掩倒，有么事说么事，照直说”。让人难堪，也说“掩人”，如“他说话该是几掩人”。“掩一鼻子灰”，指没讨到好结果而灰溜溜，如“我去找他，他掩了我一鼻子灰，把我驱了一顿”。黄陂以外的其他方言，说“抹一鼻子灰”，想讨好而结果落得没趣。

“掩”ien⊇，拿灰、细土等把湿的地方弄干：“伢屙了巴巴，掩点灰一扫”。把粉末药物敷在伤口处。复合词有“掩灰”，拿干燥的尘土或草木灰、石灰等垫在潮湿的地方；“掩药”，把粉末药物敷在伤口处；“掩尿”，拿干燥的土垫在小孩拉尿的地方；“掩巴巴”，拿干燥的土垫在小孩拉尿的地方。

103. 转ᶜtsuan，tsuanᵓ。

“转”ᶜtsuan，改变位置、方向等，如“他车转身子就会去了”“天道冷，睡待半夜还冇转热”。

“转”tsuanᵓ，旋转，如“车子的个坨转得是快”。闲逛，溜达，“待檐（⊆ŋan）下转下（xān⊇）子，莫走远(ᶜyān)”。

“转弯”ᶜtsuan꜀uan，拐弯，如“你走待巷子的前头就转弯”“车到山前必有路，船到弯处自转弯”。这个意思只读上声。

“转弯”tsuan⊇uan，(病情)好转，如“他的病待转弯”。这个意思只读去声。

“转弯”，也表示妥协，让步；带和，调解，如“他自家转的弯(꜀uān)”“他者两个人待讲架，我去转个弯”。这几个意思读ᶜtsuan，也读tsuanᵓ。

104. 圈꜀tshuan，tshuan⊇。

“圈”꜀tshuan，圆圈，如“他待地下画个圆圈”“拿铁丝做个圈”；围起来，圈占，划定，如“把咧棵枣树圈待院子窦的”“半架山哈叫他圈起走了”。

“圈”tshuan⊇，猪圈，猪舍，如“鸡无栏圈”。复合词有“圈粪”，猪圈里沤制成的土粪。

105. 奔꜀pen，penᵓ。

“奔”꜀pen，向，走到，如“奔三十岁的人”。

“奔”penᵓ，竭力挣扎，如“鱼奔去跑了”。努力，拼搏，俗语“越有越奔，他蛮会奔，越奔越发，混得还蛮好”。作翻腾、努力讲的“奔”，甫闷切，臻合一去慁帮。元曲《灰栏记》第二折“搽旦逩脱”。黄陂话可写作“逩”，在字形上跟奔跑的“奔”区别开来。

106. 闷 menᵓ，men⊇。

“闷”menᵓ，沉默，不做声，如“你闷倒莫做声，看他么样说”“有么事莫闷得心下的”。“闷倒古”，是沉默不说话的人。低下(头，沉默)，如“他闷倒脑壳吃饭”。私下，悄悄，如“他把事闷倒搞了”。训斥，斥责，“我闷了他几句，他也冇做声”。

“闷”men⊇，密闭，不透气，如“屋的闷人，要出去换个气”。烦闷，闷闷不乐，如“待屋的把人关倒闷死个人”“算一个命，三天闷”。

107. 墩꜀ten，ᶜten。

“墩子”꜀ten，土堆，如说“土墩子”。或作地名，环城新村大队有“大程家墩”湾，系龙山文化遗址，1980年发现。古代报警用的烟墩，设有墩台，是明代开始设立的报警台，环城五里大队有“五里墩”，距县城五华里，曾设有报警的烟墩，因名(《地名志》288页)。

“墩子”꜀ten·tsɿ，土堆，特指用来种植南瓜等的圆形土堆，如说“用大粪窖瓜墩子”。上声读ᶜten·tsɿ，则比较高的台子，如说“路边下几个大水泥墩子|大桥的石墩子”，也指块头大的人，如说“咧个伢长得像个墩子”。

108. “称”꜀tshen，用秤称量，如“你去拿个秤来称好些，不能过估”。购买，如“他待街上称盐去了”。

“秤(称)”tshenᵓ，衡器，特指木杆秤，如“老秤是十六两”“人好不好别个心的下有一杆秤”。

109. 牚 tshenᵓ，tshen⊇。

“牚”tshenᵓ，器物上起支撑这样的木条，如“椅子脚高头有四个牚”。抵，顶，如“把门牚倒睡瞌睡”。(言语)顶撞，如“你莫总是牚你的老子”。

“牚”tshen⊇，撑，撑，抵，如“我手把地下牚倒，才冇倒”。摩擦，如“衣裳待地下牚破了”。《蕲春语》：“其用力支持谓之樘，病而强起亦谓之樘。”这个意思就是“牚”字的变音。黄季刚先生所言甚是。

110. 审ᶜsen，senᵓ。

“审”ᶜsen，小心、谨慎地试探着做某事，如“你挖那个树篼子要审倒一点，莫瞎用劲，奈不是把锄头把挖断了”。详究，细查，如“审查”。

“审”sen꜄，过于小心的sen꜄就是“審”。古汉语“审”就要慎重，审慎的意思，《韩非子·存韩》：“兵者凶器也，不可不審用也。”还有谨慎的“慎”。过于小心，犹豫不决，如“还审个么事呢！快点拍板”；也指有所顾忌、害怕，如“他怕我，有点审我”。

111. 生꜀sen，sen꜄。

“生”꜀sen，人生育，如“她进门就生个儿，一屋人喜坏了”。

“生”sen꜄，鸡鸭等禽鸟、昆虫产卵，俗语谓鸡“吃年饭，生一年蛋”的说法。昆虫产卵叫“生籽”。复合词有“生肠”，母鸡下蛋的肠子。

112. 埂꜂ken，ken꜄。

“埂”꜂ken，堤，坝；种农作物的垄，如说“苕埂子”。

“埂”ken꜄，痕迹，伤痕，如说“打待身上下是埂子”。

113. 硬꜂ŋen，ŋen꜄。

“硬”ŋen꜄，坚硬，结实；强硬，也指冷酷无情，如“他的个心硬得很，一点也不下不得别个”。

“硬”꜂ŋen，硌，触到凸起的硬东西觉得不舒服或受到伤害，如“床上有铺稻草，蛮硬人”，亦读阴去。比较北京官话“硌”，来自表示硬的“㮧”。

114. 钉꜀tin，tin꜄。

“钉”꜀tin，钉子，俗语“好男不当兵，好铁不打钉”。

“钉”tin꜄，把钉子等敲打进物体中，如“墙太硬，钉子定不进去”。缝缀，如“你去跟伢钉个扣”。

115. 挺꜀thin，꜂thin。

“挺”꜂thin，腆，伸直或凸出（身体或身体的一部分），如“她挺倒个大肚子也要下畈做事”。复合词“挺尸”，睡觉（骂人）。

“挺”꜀thin，勉强支撑，如“他有病还硬挺倒上班”。僵持，如“他者挺得那的，个个哈不说话”。豁出去，如“就叫他打，我挺倒把得他打”。

116. 亲꜀tɕhin，tɕhin꜄。

“亲”꜀tɕhin，亲属，亲戚，父母亲。黄陂岳父母称“亲娘”꜀tɕhin·niaŋ，“亲爷”꜀tɕhin·iɛ。娘家的人也把女儿的公公婆婆叫“亲爷”“亲娘”。

“亲”tɕhin꜄，“亲家”，儿女婚姻中儿子的岳父母，或女儿的公婆，如说“他者是儿女亲家”“他的亲家来了”。“亲家婆”，亲家母。也指干亲，朋亲，如说“他者两个人一了日就厚道，多年就搭了个亲家”，也叫“干亲家”。

117. 清 tɕhin꜄，꜀tɕin，tɕin꜄。

“清”tɕhin꜄，去声是感到寒冷，去声又分阴阳，用不同的读音，分别表示水冷、天气冷、让人感到害怕。

“清”tɕhin꜄，寒冷，天冷，如“天道蛮冷清，莫待外头去”。《礼记·曲礼》上：“冬温而夏清。”

“清”tɕin꜄，天气寒冷，使人感到寒冷。复合词“清人”，使人感到寒冷，俗语“三伏天不热有点闷人，三九天不冷有点清人”；让人感到害怕，如“一个人走夜路有点清人”“一个人待树林子的有点清人”。

“清”꜀tɕin，水冰凉，使人感到寒冷，如说“水清手”。复合词“清人”，让人感到冰凉，如说“冷水清人”（读去声的“清人”是天冷、害怕）。“清骨头”，形容水极凉，冷彻肌肤，如“水冷得清骨头”。

“清”꜂tɕin，因寒冷而打哆嗦，打寒颤，字一般写作“凚”，如说“冷得人打冷凚”。”“尿凚”是尿急时发生颤抖，如说“伢待打个尿凚，怕是要屙尿哇”。

118. 兴꜀ɕin，ɕin꜄。

“兴”꜀ɕin，时兴，流行，如“黄陂兴五月十五的过大端午”“黄陂是早晨吃年饭，不兴夜些吃”。当“不必，不屑”讲的“不兴”读轻声，调值接近上声，如“你不兴说得”。种植，如“兴菜”“兴花”。

“兴”ɕin꜄，高兴，兴奋。“兴坨”，高兴的样子，如“他兴坨的跑得来了”。

119. 荫꜀in，in꜄。

“荫”꜀in，树荫，没有阳光的地方，如“栽棵树好蓄荫”“人的名，树的荫”；荫凉地；藏起来，如“你把东西荫倒，莫叫他看倒去了”。没有阳光的地方叫“荫处”，也叫“荫场”。

“荫”in꜄，没有太阳晒着的、凉爽的，复合词“荫凉”，如“树底下蛮荫凉的，你快点过来”；“荫静”，如“他地屋的不热，六月家坐倒荫静得很”。遮盖，隐蔽，如“菜地边下的个树把菜荫住去了，菜不肯长”。

“荫清”꜀in tɕhin꜄，没有阳光、阴冷，阴森森，如“咧间屋朝北，荫清得很”。

120. 棒 paŋ꜄，paŋ꜆。阴去跟阳去对立，区别词义/名词，名词派生出来的相应动词。

“棒”paŋ꜆，木棒，木棍，复合词“棒子”，粗棍子，大木棒；“棒棰”，木槌，专指傻子，呆子，如“他真是个棒棰啊”。

“棒”paŋ꜄，敲打，用棍棒打人，如“再怪物就棒人的”。坚硬，强硬，如“他是个硬人”。莽撞，生硬，如“他说话棒得很”。

121. 挡꜂taŋ，taŋ꜄，꜂tan。

“挡”꜂taŋ，拦住，拦截，如“把他挡倒”“一龙挡住千江水”。遮蔽，遮挡，如“毛线衣不挡风”。

阻挡这个意思也读 taŋ꜄，阻碍，阻挡，占据，如“好狗莫挡路”“你莫挡（tāŋ꜄）我的场，我不好做事”。读去声的“挡”还发展出拦截并慢慢地撵，如“一个人把一群细鸡挡待屋的去了（tɕhio꜄）”。复合词“挡羊”，赶羊，把羊挡住，比喻抵挡某人，如“我叫他者莫扯莫打，像挡羊的也挡不住”。后面这个意思，只读去声。

黄陂话拦截，劝阻，也读꜂tan，如说“你把他短倒，莫叫他回去”“他短倒不要我说”。

122. 凼 taŋ꜄，taŋ꜆。

“荡”，（浅水）湖泊，王安石《东陂》诗：“荷叶初开笋渐抽，东陂南荡正堪游。”“宕”，坑洼，徐光启《农政全书》卷十五：“分工定宕，第从土方。”俗字作“凼”“氹”。黄陂话，“凼”有两个读音。

“凼”taŋ꜆，指水坑，小坑。由“凼”组成的复合词有“石头凼”、“沁水凼”、“凼凼”、“酒醉凼”（脸上的酒窝）等，一般鼻化。“凼子”，不鼻化。

“凼”taŋ꜄，一般鼻化。黄陂乡下民居，门面用来倾倒生活用水的坑，也叫“热水凼”。垫上泥土，一段时间后，即可成为农家肥。本世纪以来。一般农家都没有热水氹。由“凼”组成的词，有“褙凼”（往热水凼里填土、倾倒垃圾）、“出凼”（把沤好的肥料清理出来）、“凼粪”（热水凼里沤制的农家肥）等。

123. 汤꜀thaŋ，thaŋ꜄。

“汤”꜀thaŋ，是汤水，名词；“烫”thaŋ꜄，是温度高，或高温而灼伤。

“清汤”꜀tɕhin꜀thaŋ，指白的汤水，白水，如说“清汤面”。“清烫”꜀tɕhin thaŋ꜄，指汤水清清的，不干，是形容词，如说“咧个豆折煮得～的，就是好吃”，也说“清烫烫”，如说“咧个天道冷，早晨爬起来吃了两小碗清烫烫的苕稀饭，怪熨帖的呢”。

124. 狼꜀naŋ，꜁naŋ。

“狼”꜀naŋ，“狼子”，黄鼠狼。也说“黄鼠狼”。“狼”꜁naŋ，虎狼之“狼”读阳平是借进来的，因为黄陂说“豺狗”，以前不说“狼”。

125. 掌꜂tsaŋ，踔꜀tsaŋ。

《字汇补》指昌切。

“掌”꜂tsaŋ，巴掌、脚掌，如“手掌心”；鞋掌，如“絮鞋要打个掌”；钉掌，如“要待街上去把鞋掌一下”；握，抓，如“你走路把棍子掌倒，莫跶倒去了（tɕio꜄）（去了的合音）”；用手掌打，如“好吃要掌嘴巴”。

“掌”꜀tsaŋ，踹，用脚掌蹬，如“他一下就把门踔垮了”。

126. 长꜁tshaŋ，꜂tsaŋ。

“长”꜁tshaŋ，距离、时间不短；长度；长处，优点。

“长”꜂tsaŋ，生长。跟普通话相同。

127. 涨꜂tsaŋ，tsaŋ꜄，tsaŋ꜅。

黄陂话去声分阴阳，去声字再分化，表达不同的意思。同类的分化还有“凼”，分出小坑、热水凼两个意思。

“涨”꜂tsaŋ，升高，提升，如“落雨塘的水就涨”“水涨船高”“又要涨价”。复合词有“涨水”“涨价”等。

“涨”tsaŋ꜄，膨胀，鼓胀，如“米泡涨（tsāŋ꜄）”；因激动、用力等而面部充血变红，如“伢的个脸涨得通红”。

“涨”tsaŋ꜅，添加，如“他只有半把缸水，再涨一点”“他只吃了一碗饭，我再去跟他涨半碗”；外加，饶，如“买你咧多菜，再涨一点”。

128. 钢꜀kaŋ，kaŋ꜄。阴平跟阴去对立，区别词义/词性，名词派生出动词。

“钢”꜀kaŋ，铁和碳的合金。

“钢”kaŋ꜄，古浪切。在刀口加点钢，重新打造，使更加锋利，如说“钢锄头”。硬，不软，如“她的饭又煮钢了”。（声音）嘶哑，如“六哥，你的个声气么样钢了呢？”

129. 讲꜂kaŋ，꜂tɕiaŋ。k-～ tɕ-，声母颚化，不同层次的读音。表达不同的意思。

“讲”吵架，争吵，俗语“请客莫请女客，五十当一百，上席一抢，下席一讲”。复合词有“讲架”、“讲嘴”，吵架，吵嘴。

“讲”꜂tɕiaŋ，说话，言语；商量，商议。复合词有“讲味口”（要颜面，讲面子）、“讲礼”“讲礼性”“讲理”“讲究”“讲道理”“讲经”（信迷信）、“讲迷信”“讲狠”（斗狠）“讲脸”“讲蛮”“讲俏”（爱美）、“讲文在理”“讲交情”“讲情”“讲瘦礼”（虚套，过于客气）、“讲价”等。

130. 囥꜂khaŋ，khaŋ꜄。

“囥”꜂khaŋ，盖，掩盖，如说“囥锅垛子”。物品长期盖住，掀开后发出的霉气，黄陂话叫“囥气”。

“囥”khaŋ꜅，（随意）搭建，如说“囥间灶房”，男女条件都不好，结合在一起，俗语就说“瘪瘪锅，扛个歪歪灶”。

131. 唱꜀ŋaŋ，ŋaŋ꜄。

“唱”꜀ŋaŋ，叫喊，嚷：如“你～一下，看她屋的有人吗”。说，讲话，如“你有事就唱一声”。黄陂人常说“苦得嗝”，字面意思就是苦得人直叫唤（比较“苕得唠”，“唠”也是喊叫的意思）。“嗝苦”是很苦，极苦的意思，我们怀疑“苦”前的这个“嗝”来自喊叫。

“嗝”ŋaŋ꜄，猪等叫唤，也指小孩哭泣，如“伢也待嗝”。

132. 穰꜁zaŋ，꜂zaŋ。

“穰”꜁zaŋ，软，不硬，如“扁担太穰了”弱，不强，如“几个人下都太穰了，做事不中”。“穰草”，软和的草。“穰秆子”，本指不硬的棍子、杆子，又当服软，认输讲，如“他到落了还不穰秆子”。《蜀语》：“细苗及细毛皆谓之醸。音汝阳切，音穰。”

“穰”꜂zaŋ，只用在“穰草”“穰柴”“穰毛”等词里。“穰毛”，很柔软的毛发，一般只读上声。

133. 夯꜀xaŋ，xaŋ꜅。

“夯”xaŋ꜅，砸实地基的工具，黄陂有“木夯”、“石夯”，复合词“打夯”。

“夯”꜀xaŋ，用力打、砸，如“拿东西夯人”。

134. □ tiaŋ꜄，tiaŋ꜅。

“□”tiaŋ꜄，缺欠，缺少（食物），如“猪□食得，长得不快”；吊胃口，如“先莫急倒把得他，把他□倒”。复合词有“□食”“□饭”，分别指猪等牲口、人缺少食物。

“□”tiaŋ꜅，踱，慢行，如“我者先慢慢的往前头□，待前头去等他者”。“□”也读 thiaŋ꜅，如“他慢慢的往屋的□”。

135. 浆꜀tɕiaŋ，꜂tɕiaŋ。

“浆”꜀tɕiaŋ，磨好的米浆、豆浆等较浓的液体，如“磨浆打豆折（tse꜅）”；浆洗，如“用米汤浆被窝”。

“浆”꜂tɕiaŋ，糊，粘，如“他吃了饭也不洗碗，下甩得锅的浆倒”“汗衣裳浆待身上几不舒服喂”。纠缠，拖累，如“满踏的人下跑得来浆倒我”。

136. 降 tɕiaŋ꜄，古巷切，江开二去绛见，降꜁ɕiaŋ，“投降”读꜁tɕhiaŋ。下江切，江开二平江匣。

“降”tɕiaŋ꜄，下降，落下，如“气温要降，明朝要多穿件衣裳再出门”。

“降”꜁ɕiaŋ，《说文》作“夅”，云“服也”，段注：“夅服之意也。凡降服字当作此。降行而夅废矣。”投降，如“他是宁死也不得投降（꜁tɕhiaŋ）的”。降服，使驯服，欺凌，如“你降不住他就莫跟他去战（tsan꜄）”。难为，难住，如“咧点个事降不倒他”。堵塞，围困，如“我的老屋边下哈做了新房子，把我的个老屋降死了”。复合词有“降人”，降服人，欺凌人，如“你莫跟她做事，她总爱降人”。事情难做，让人觉得为难，如“嗯大一碗饭，蛮降人的，我怕吃不完”。

137. 量꜁niaŋ，niaŋ꜅。

“量”꜁niaŋ，丈量，测量；协商，商量。

“量”niaŋ꜅，估量，认准，如“我量死了他今朝不得来”“人难量，水难欺，他么样能够作估人呢”。

138. 娘꜁niaŋ，·niāŋ。

“娘”字使用频率高，意思多，音变极其复杂。

“娘”꜁niaŋ，母亲，“娘老子”，父母亲，一般不鼻化。

“娘娘”꜁niāŋ·niāŋ。婶娘，用于面称、背称。迷信认为，孩子金贵，或命相以为母子不合，或把妈改称“娘娘”。轻声调值接近阳去。

“娘娘”꜁niaŋ·niaŋ，皇后、妃子：皇上娘娘。某些女神，如观音娘娘。不能鼻化。轻声调值接近上声。

“大娘”ta꜅ · niāŋ,“娘”字的轻声读得像阳去,只能鼻化。大叔父的妻子,大婶母,如“我地大娘二娘三娘,下都来了”。

“大娘”ta꜅ · niāŋ,轻声读得像上声,只能鼻化。媳妇,已婚的中青年妇女(不太礼貌的说法),如“过路的,打伞的那个大娘”;亦可称呼妯娌,若有四妯娌,依次为大娘、二娘、三娘、四娘(幺娘),多用于背称,兄弟、公婆以及周边的长辈、平辈都可以这样称呼。

是“娘”字有阳平、上声、阴去、阳去几个调;有鼻化和非鼻化之别。语义则有母亲、婶娘、已婚年轻媳妇、妯娌等。

139. 亮 niaŋ꜄, niaŋ꜅。

“亮”niaŋ꜅,明亮,光线强烈,如“屋的蛮亮的”。发光,点亮,如“灯亮了”。明白,清楚,如“各人心的下都是亮的”。

“亮”niaŋ꜄,得意,显摆,炫耀,自我感觉好,如“她卖件新衣裳,穿倒满踏去亮”“她有几个钱就亮起来了”。复合词“亮月”,中秋节赏月。

140. 戗꜀tɕhiaŋ, tɕiaŋ꜅, tɕhiaŋ꜄。

“戗”꜀tɕhiaŋ,支撑,承受,如“他身体底子好,戗得住”“他病了还戗倒得,还待做事啊”。控制,制服,如“他太很了,冇得人戗得住他”。其他方言也这样说,字或作“呛”,靳以《到佛子岭去》:“邻舍的人都说这么大年纪了,又没出过远门,怕呛不住。”

“戗”tɕiaŋ꜅,硬撑,坚持,如“你戗倒莫叫,我去找医生”“吃不下去就莫吃,莫戗倒吃”“他病了,一天冇吃冇喝,还戗倒做了半天事”。

“戗”tɕhaŋ꜄,凶狠,粗暴,如“后生家说话戗得狠”;训斥,斥责,如“他戗了我几句”。“戗人”,言语粗暴,让人很不舒服,如“他就是不会说话,说起话来戗死个人”“你好好的说,莫戗人”。

141. 嚝꜂khuaŋ, khuaŋ꜄。

“旷”꜂khuaŋ,宽大的样子,如“他的个衣裳穿得嚝大嚝大的”;凹陷,如“他眼睛瘦嚝了,就是个大眼睛眶”。破败的样子,如“他把屋撤嚝了”。复合词“旷旷”,宽大的样子,如“衣裳大旷旷的”。“旷亮”,宽敞,阔大,如说“他地屋做得蛮旷亮”。

“旷”,在文献里又写作“懬”,《汉书 · 元帝纪》:“众僚久懬。”颜师古注:“懬,古旷字。旷,空也。不得其人,则职事空废。”空缺、荒废义,黄陂话读 khuaŋ꜄,如“旷工”“旷课”,可能是从普通话借进来的词。不参加队的劳动,以前常说“塌工”,如说“他一年三百六十天,天天出工,总冇塌工”。较少说“旷工”。

142. 装꜀tsuaŋ, ꜂tsuaŋ。

“装”꜀tsuaŋ,化妆,打扮,如“她出门还要化个妆”。假装,如“他装得不认得我”。复合词“装佯”,假装,佯装,如“屋的来了客他也装佯,不去舞饭”“他是待装佯,他多时就晓得咧事情的”。“装大”,摆架子,如“他默倒他还是个人,就待湾的装大”。

“装”꜂tsuaŋ,摆谱,摆出架势,傲气,如“他装得很,看倒人也不打招呼”。复合词“装脸”,顾上面子(客套话),如“打的礼不上眼,冇跟亲家壮倒脸”。“装门面”,撑场面,如“买件衣裳穿倒装门面”。

143. 撞 tsuaŋ꜅, tsaŋ꜅。

“撞”tsuaŋ꜅,碰撞,如“你莫把脑壳撞了”“他撞得墙上去了”。

“撞”tsaŋ꜅,用言语顶撞,如“他总是拿话撞我”“他说话就爱撞人”。

144. 丧꜀saŋ, saŋ꜄。

“丧”꜀saŋ，死亡，丧失，常用词有“停丧”“哭丧”。

“丧”saŋ꜄，丢掉，失去，常用词有“丧气话”“丧门星”“丧良心”。

145. 光꜀kuaŋ，kuaŋ꜄。

“光”꜀kuaŋ，光线，阳光。光滑，光溜，如“布摸起来蛮光”。

“光”kuaŋ꜄，滑溜，如“湿肥皂是光的”“路上结冰，一走一光”。在水里（随意）清洗，如“把手放待水肚的光一下”“你拿个肥皂把手光一下”。身体裸露或没有毛发：光脚、光赤膊、光条肚、光头、光光头、光脑壳、光和尚（一如和尚的光头）、光板（毛刷等掉了毛，仅剩下板子）。

146. 晃꜂xuaŋ，xuaŋ꜅。

“晃”꜂xuaŋ，疾闪而过，如“一晃伢们下大了，我者咧些老家伙也老了”。这个意思也读xuaŋ꜅，如说“日子过得快，一晃就是一年”。

“晃”xuaŋ꜅，摇动，摆动，如“你莫把手上的个棍子晃来晃去的，奈（ne꜅）不是把人打倒去了”，俗语说“三根毛爱晃，半瓢水爱荡”。摇晃，闲逛，如“他一天冇落屋，冇看倒他的个人苗，不晓得又晃待哪的去了”。出现，露面，如“你要待那的去晃（xuāŋ꜅）下（xān꜅）子”。

147. 望꜀uaŋ，uaŋ꜄，uaŋ꜅。

“望”꜀uaŋ，眼巴巴地看着，觊觎，急于想得到，如“他就是待望我的几个钱，总想猴待他身上去”“我望倒他的事待，想待他那的去找个事做”。指望，寄希望于，如“你莫望倒他，他不得做的”。眼睛受到强光的刺激，如“你莫把灯打开，奈不是把伢的眼睛望了”“屋顶有个亮瓦，把摇窠的奶伢的眼睛望了，伢长大就成了个瞅（tɕhiou꜄）子”。复合词“望人”，光线强烈，睁不开眼，如“太阳大，好汪人啦”。

“望”꜀uaŋ，指眼睛受到强光的刺激，也读uaŋ꜄，如说“太阳望眼睛，眼睛只睁不开”。复合词“望月”，赏月，特指八月十五晚上的赏月，也叫“亮月”。

“望”uaŋ꜅，看，往远处看，如“我徛待禁山就望得倒木兰山”；看望，探望；希望；盼望；名望，声望这几个意思都读uaŋ꜅。

148. 种꜂tsoŋ，tsoŋ꜄。

“种”꜂tsoŋ，植物的种子。“种”tsoŋ꜄，种植，耕种。

149. 充꜀tshoŋ，꜂tshoŋ。

“充”꜀tshoŋ，充足，充裕，只用在复合词“充足”“充裕”中。也指喂精食料，使猪等在短期内长肥：多喂点细糠，把猪充肥了好拿去卖钱。

“充”꜂tshoŋ，充足，充裕，如说“年岁好，粮食充”“他商店的货充得很”。

150. ꜀ŋoŋ，ŋoŋ꜄。

“嗡”꜀ŋoŋ，拟声词，如说“蚊子待耳洞边下叫得嗡”。动词，发出哼哼声，鸣叫，如说“蚊虫又待嗡”。人发出不太清晰的声音，嗡嗡叫，如“我叫了半天，冇得个人嗡一声”。哭泣，如“咧个伢又待嗡个么事呢”。

人发出声音、哭泣两个意思，又读去声。蚊子等鸣叫只能读平声。

151. 壅꜀ŋoŋ，ŋoŋ꜄。

“壅”꜀ŋoŋ，遮蔽，如“花生下叫草壅了”；掩埋，俗语有“猫子屙屎猫子壅”。

“壅”ŋoŋ꜄，是捂着、密封着的意思，如说“一把白菜放待塑料袋子的壅坏了”。读去声的“壅”有两个常用复合词，一个是“壅脚”，捂脚，跟他人合睡一个被子，用身体为他人取暖；还有个词是“壅气”，长期密封的房间、器皿所发出的难闻的味道。

152. 浓꜁ŋoŋ，ŋoŋ꜄，noŋ꜆。

“浓”꜁noŋ，液体、气体中所含的成分多，也指物品因浸泡时间长而太软。

食物浸泡软了，或米饭稀软，也叫“浓”，读去声，如说“黑耳子泡浓了，一炒就稀乱”“饭煮浓了”。“浓饭”是指细软的大米饭，只能读 ŋoŋ꜄，如“我不爱吃浓饭，爱吃钢饭”。

读 ŋoŋ꜄ 的“浓”，派生出迟缓、慢的意思，指人行的动作迟缓，办事不麻利，如说“他是个浓人，做事浓死个人”。

“浓”noŋ꜆，拖延，不及时、明确表态，如“不管做么事，他总是浓倒，不说做，也不说不做”“你莫浓倒，办不成就跟她明说”。

153. 雄꜁ɕioŋ，ɕioŋ꜄。

“雄”꜁ɕioŋ，英雄，英豪：你莫总想倒当英雄。称雄，抖狠：你雄么事啊，哪个怕你啦？当权，有权势：他叻(ne꜅)么昝当干部，正当雄，那雄得很。得意：他有几个钱，不晓得是几雄。

“雄”꜁ɕioŋ 的称雄、得意义又读 ɕioŋ꜄，趾高气扬地往前走，如“你看他雄雄，又要雄得哪的去了”，转指趾高气扬的样子，高傲的样子，如“他有几个钱，待湾的雄得不得了的”。也指凶恶的样子，如“他雄得屋的来了，要打叔叔”。

154. 衝(冲)꜀tshoŋ，꜂tshoŋ，tshoŋ꜄。

“衝”(冲)꜀tshoŋ，往前跑，冲撞，如“他一个人往前冲”。

“衝”(冲)tshoŋ꜄，对着，朝向，如“你莫冲我来”，冒失，暴躁；冒出来也读 tshoŋ꜄。顶，冲压，如“板凳高头有个楔，拿个东西把它冲出来”。顶替，如“推荐他去读大学，落了叫别个冲掉了”。

“衝”(冲)꜂tshoŋ，发出难闻的气味，如“他身上的汗气冲死个人”。

155. 松꜀soŋ，꜁tshoŋ。

“松”꜁soŋ，꜁tshoŋ，《集韵》思恭切。松树。

“松”꜁tshoŋ，祥容切。这个读音只保留在“松桃”。黄陂话“松桃”保留较早的读音，松树已读为꜀soŋ。邻近的红安还是读꜁tshoŋ。“松”古籍通“从”，《墨子・号令》：“松上不随下。”王念孙读书杂志引王引之说：“松读为从，言从上部随下也。”

不同层次的读音，保存在不同的词语里。

156. 拱꜂koŋ，koŋ꜄。

“拱”꜂koŋ，用嘴推土，如“猪往前拱”，挑拨，排挤(这个意思也读去声)，如“把他的先进拱掉”。这个意思，文献有多种写法：元曲《柳毅传书》：“泾河龙淤泥里便窡。”臧晋叔音释：“窡音拱。”也写作“喷”，撅起，翘起，《西游记》第 80 回：“八戒喷着嘴道：师父，莫信这弼马温哄你！”

“拱”koŋ꜄，钻，如“你快点拱待被窝肚的去煨倒”，“拱桌子”，是从桌子底下钻过去。蠕动，翻动，移动，如“虫待地下拱”“脚痒只能待鞋肚的拱”。“挑拨，排挤”这个意思也读去声。

157. 空꜀khoŋ，khoŋ꜄。

“空”꜀khoŋ，空无，没有；耗尽，用光，如“我的钱用空了”。

“空”khoŋ꜄，腾出来，使空；闲置，没有使用。

158. 哄꜂xoŋ，xoŋ꜅。

“哄”꜂xoŋ，逗引使高兴，如“哄细伢，叫伢莫哭”“买点糖回去哄伢”；糊弄，如“人哄地皮，地哄肚皮”。嘈杂，动静大，如“伢们待屋的闹得哄”。

“哄”xoŋ꜅，吵闹，起哄，“有人不服气，待地下起哄”。玩耍，胡闹，如“你莫跟倒他去哄”。

参考文献

伯纳德·科姆里.语言共性和语言类型(第2版)[M].沈家煊,罗天华译.北京:北京大学出版社,2010.
黄侃.蕲春语[A].黄侃国学文集[C].北京:中华书局,2006.
黄树先.词义发展论说[J].汉语学报,2011(3).
蒋礼鸿.敦煌变文字义通释(增补定本)[M].上海:上海古籍出版社,1997.
朱建颂.武汉方言词典[M].武汉:崇文书局,2017.

同源异境视野下台湾客家方言 b-声母的来源与扩散*

湖南师范大学　集美大学　陆　露

内容提要　同一类型的方言接触会在不同的环境中产生相同的语音变化。台湾部分客家方言在周边闽南话的强势影响下，吸收了其具有代表性特征的双唇浊塞音声母 b-，并最终取代了原有系统中的唇齿浊擦音声母 v-。文章透过同源异境的观察视角，借由移民原乡与台湾不同落籍地"诏安腔"客家话的共时比较，利用材料中存留的痕迹及空间上的不同分布，重新探讨了这一声母的起变源头并推演出其扩散过程：闽南话中的 b-声母是演变产生的外部动因；客家话系统中的微母字最早开始演变，b-声母通过 m-声母进入到客家话系统，继而影响了与其发音部位、发音方法相近的声母 v-，并进而进行了类化扩散，直至完全代替 v-声母；v-声母系由高元音强化摩擦而来这一特性也是其易于被替代的内部原因。福建及广东部分地区的客家话、官话在与闽南话的接触下也产生了 b-声母。在此基础上，文章提出：音韵的特殊性是方言接触下容易产生音变的原因并影响着语音演变的发展方向。

关键词　方言接触；同源异境；客家方言；语音演变

1. 引　言

台湾部分客家话声母系统中增生了双唇浊塞音声母 b-。洪惟仁（1992：170）最早报告台湾云林地区"诏安腔"①"客家话中的 v-声母变成了 b-声母"。涂春景（1998）、陈秀琪（2002）、廖烈震（2002）、吕嵩雁（2008）、廖俊龙（2013）报告的云林二仑、仑背"诏安腔"客家话，吴中杰（2006）报告的宜兰壮围"诏安腔"客家话，笔者 2019 年调查的台东太麻里"诏安腔"客家话均表现出这一变化。此外，张屏生（2001）报告的台北石门"武平腔"客家话、徐雨薇（2009）报告的芦竹羊稠"永定腔"客家话的语音系统中也均产生了新的声母 b-。

b-声母的产生原因是学界探讨的焦点。目前研究较为充分的是"诏安腔"客家话，主要有三种看法。一是接触影响，即受周边闽南方言的影响。如洪惟仁（1992：173）认为"明显表现受到鹤佬语（即闽南语）严重的影响"。吴中杰（2009：217）更强调是受闽南话的发音习惯影响："（壮围诏安客话）声母 b-相当于福建诏安客话的 v-声母，在壮围读 b-，是因为此方言点被有 b-而无 v-的闽南语包围，习染其发音习惯而来。"二是系统自变，即语音结构内部互相影响。如吕嵩雁（2008：51）认为是元音-u-的圆唇特征加强后引发的演变："显然双唇浊塞音 b-与合口

---

*　本文系教育部人文社会科学研究一般项目"同源异境视野下闽粤台客家方言的音韵源流与嬗变"（项目编号：17YJC740063）阶段性成果。

①　台湾境内的客家方言一般分为"四县腔""海陆腔""大埔腔""饶平腔""诏安腔"五大腔调，近年来又陆续报告有"永定腔""长乐腔""武平腔"等小众腔调。这些腔调的命名依据即是其移民原乡的名称。本文在提及台湾客家话时，即采用此类称谓。

的-u-有关，-u-的区别特征是圆唇性质，当圆唇特征加强后，引发唇齿音的 v-向前而产生 b-。”第三种观点则结合了以上两种看法，认为是内外因素的结合产生了 b-声母。如陈秀琪（2006：419）认为，“仑背话 b-的产生来自内外因素的结合，除了高元音擦音化（u-→v-→b-）的内部音变之外，受当地闽南话说话习惯的感染，才是最主要的原因”。这一观点关注到外部接触与内部演变两方面的因素，并更加强调闽南话的影响作用，为“诏安腔”客家话 b-声母的产生原因做了全面客观的解释。

但是，观察这些已经变为 b-声母的例字可以发现，其中古来源并不相同，也就是说，这些已经 b-化的声母并不是受闽南话声母 b-的直接影响。在此认知背景下，b-声母的内部扩散问题需要进一步探讨。

本文即以“诏安腔”客家话为主要观察对象，在同源异境的视野下，利用闽台两地多点方言材料，对 b-声母的来源与扩散过程继续探讨，并进而对闽客接触中同类音变现象的原因及过程做出解释。

2. 台湾客家方言 b-声母的来源

由于移民的相对聚居性和地域经济差别等因素，漳州诏安客家移民至台湾后，分散在了不同的地域。这些地域周边的语言环境各不相同，同源诏安客家方言因而产生了不同的变化。以声母系统为例，详见下表：

表 1 闽台诏安客家方言声母系统比较[①]

方言点	声母						
	唇音	舌音	齿音	牙音	喉音	零声母	总数
诏安秀篆（李如龙 1992）	p pʰ m f v	t tʰ n l	ʦ ʦʰ s z ʧ ʧʰ ʃ	k kʰ ŋ	h	ø	21
云林仑背（涂春景 1998）	p pʰ m f v(b)	t tʰ n l	ʦ ʦʰ s j	k kʰ ŋ	h	ø	18
云林仑背（陈秀琪 2002）	p pʰ m f v b	t tʰ n l	ʦ ʦʰ s ʧ ʧʰ ʃ ʒ	k kʰ ŋ	h	ø	22
宜兰壮围（吴中杰 2006）	p pʰ m f b	t tʰ n l	ʦ ʦʰ s z	k kʰ g	h	ø	18

① 以下语料分别为：“诏安秀篆”代表福建诏安县秀篆镇的语音，材料自李如龙、张双庆《客赣方言调查报告》（1992）；“云林仑背”代表台湾云林仑背乡的语音，材料自陈秀琪《台湾漳州客家话的研究—以诏安话为代表》（2002）、涂春景《台湾中部地区客家方言词汇对照》（1998）；“桃园大溪”代表台湾桃园大溪南兴里的语音，材料自吕嵩雁《台湾诏安方言研究》（2008）；“宜兰壮围”代表台湾宜兰县壮围乡的语音，材料自吴中杰《宜兰壮围地区诏安客家话的音韵及词汇特点试析》（2009）；“中坜三座屋”代表台湾桃园中坜三座屋的语音，材料自赖桂玉《台湾桃园地区之诏安客家话研究》（2013）；“台东太麻里”代表台湾台东县太麻里镇的语音，材料系笔者 2019 年 6 月调查所得。

续表

方言点	声　　母						
	唇音	舌音	齿音	牙音	喉音	零声母	总数
桃园大溪 （吕嵩雁 2008）	p　p^h　m f　v	t　t^h n　l	ʦ　ʦ^h　s　ʧ ʧ^h　ʃ　ʒ	k　k^h　ŋ ȵ	h	ø	22
中坜三座屋 （赖桂玉 2013）	p　p^h　m f　v	t　t^h n　l	ʦ　ʦ^h　s　ʧ ʧ^h　ʃ　ʒ	k　k^h　ŋ	h	ø	21
台东太麻里 （陆露 2019）	p　p^h m f　b(v)	t　t^h n　l	ʦ　ʦ^h　s　z ʧ　ʧ^h　ʃ　ʒ	k　k^h　ŋ	h	ø	22

综合考察祖籍地均为漳州诏安秀篆而落籍至台湾五个不同地域的“诏安腔”客家话声母系统，可以发现：

大陆祖籍地诏安秀篆客家话、台湾中坜三座屋和大溪南兴的“诏安腔”客家话声母系统中均没有 b-声母。考察这三处的周边环境可以发现：大陆原乡诏安秀篆镇周边的平和县九峰镇、诏安县霞葛镇、官陂镇以及广东省饶平县均是使用客家方言的区域；而台湾中坜三座屋、大溪南兴周边的方言环境也以“四县腔”客家话为主，没有异质方言的冲击影响：故而这三处客家话的语音系统相对稳定，没有产生异质音变。而台湾云林仑背、宜兰壮围、台东太麻里的“诏安腔”客家话声母系统中则均出现了声母 b-。考察这三处的周边环境可以发现同一共性：都是闽南话的使用范围。b-声母在以上六个方言点中受周边语言环境影响而区划分明的分布特点亦证明了闽南话即是其产生的激发动因。

考察同样产生了 b-声母的台北石门“武平腔”客家话、芦竹羊稠“永定腔”客家话，其周边的语言环境亦是闽南话占据主导地位。整个台湾语言社会也是如此，闽南话的使用频率与范围远远高于客家方言，客家方言在台湾一度成为“隐形方言”，只在家庭中使用。1988 年“还我母语运动”之后，客家方言的使用才逐渐回热。

结合前文对“诏安腔”客家话异境分布特点的比较可知：台湾客家方言 b-声母产生的外在原因即是闽客接触下闽南话的影响。

3. 台湾客家方言 b-声母的扩散

我们以仑背、太麻里“诏安腔”客家话为对象进行重点分析，并结合其移民原乡诏安秀篆的语音系统与台湾闽南话的语音系统综合比较，从而探讨台湾客家方言 b-声母的扩散问题。

考察这两地读为 b-声母的字，可以发现：其中古来源相对复杂，主要有微母、日母、云母、匣母、影母、以母等。这些字在诏安秀篆的声母主要为 m-和 v-。闽南话中则只有来自中古微母的字读为 b-，对应“诏安腔”客家话中读为 b-声母的其他例字则分别读为零声母 ø（云母、喻母、以母、影母、匣母）、h（匣母、奉母）、l（日母）和 g（疑母）。也即是说，“诏安腔”客家话中读为 b-声母的字，与闽南话中读为 b-声母的字并不是一一对应的，它们只有在部分微母字中才同样读为 b-。详见下表：

表 2 仑背、太麻里"诏安腔"①客家话的 b-声母字（例字表）②

例字	中古声母	云林仑背	台东太麻里	诏安秀篆	闽南话③
晚	微	ban	ban④	—	buan
微	微	bi	bi	—	bi
未	微	bi	bi	—	be
味	微	bi	bi	moi	bi
武	微	bu	bu	—	bu
舞	微	bu	bu	vu	bu
物	微	but	but	vut	but
还	匣	ban	ban	van	hiŋ
横	匣	baŋ	baŋ	vaŋ	huaĩ
丸	匣	bien	bien	vien	ĩ
唯	以	bi	bui	—	ui
维	以	bi	bui	—	ui
遗	以	bi	bui	—	ui
弯	影	ban	ban	van	uan
碗	影	ban	ban	van	uã
畏	影	bi	bui	—	ui
慰	影	bi	bui	—	ui
胃	影	bi	bui	voi	ui
谓	影	bi	bui	—	ui
冤	影	bien	ban	vien	uan
屋	影	bu	bu	vu	ok
围	云	bi	bui	vi	ui

① 表中"云林仑背"的材料来自陈秀琪(2002),"诏安秀篆"的材料来自李如龙、张双庆(1992),"台东太麻里"的材料系笔者调查所得。

② 因篇幅所限,仅列举部分例字。

③ 本文闽南话的材料出自竺家宁《台北话音档》(1999)。部分材料亦参考张振兴《台湾闽南方言记略》(1997)、张屏生《台湾地区汉语方言的语音和词汇》(2007)。

④ 因为本文所探讨的问题不涉及声调,为比较方便起见,故而省略声调的标示。

续表

例字	中古声母	云林仑背	台东太麻里	诏安秀篆	闽南话
为	云	bi	bui	—	ui
位	云	bi	bui	vi	ui
远	云	bien	bien	—	uan
员	云	bien	bien	—	uan
院	云	bien	bien	—	uan
运	云	bin	bin	vin	un
雨	云	bu	bu	vu	u
芋	云	bu	bu	vu	ɔ

这种非整齐对应的状况显示："诏安腔"客家话中的 b-声母并不是来自闽南话的简单借贷，而是在进入到客家话的语音系统之后依循其内部语音特点进行了类化扩散。

3.1　从 m→b 的塞化演变

根据表 2 的对应分析，可以推断仑背、太麻里"诏安腔"客家话 b-声母演变的起点当是微母字。

考察微母字在原乡诏安秀篆、云林仑背、台东太麻里的分布状况，详见下表：

表 3　仑背、太麻里"诏安腔"客家话的微母字

例字	中古声母	云林仑背	台东太麻里	诏安秀篆	闽南话
味	微	bi	bi	moi	bi
晚	微	ban	ban	—	buan
物	微	but	but	vut	but
武	微	bu	bu	—	bu
袜	微	mat	bue	mat	beʔ
望	微	moŋ	bɔŋ	mɔŋ	baŋ
亡	微	moŋ	bɔŋ	—	boŋ
网	微	mioŋ	bɔŋ	miɔŋ	boŋ
雾	微	mu	bu	vu	bu
巫	微	mu	mu	—	bu
尾	微	mui	mui	moi	be
问	微	mun	mun	mun	bun

从上表中可以看出音变的三个层次：

（一）仑背、太麻里的微母字都变成了 b-声母；

（二）太麻里的微母字变成了 b-声母，仑背的微母字保持原声母；

（三）仑背、太麻里的微母字都保持原声母。

这一共时音变的层次显示了音变的前后顺序，结合闽南话的发音特点分析，"诏安腔"客家话中 m-声母的塞化应该是演变发生的起点。从音理上分析，b-为双唇浊塞音，m-为双唇鼻音，二者的发音部位相同。鼻音声母 m-塞化后便很容易变成 b-声母。

但是，这一音变过程没有继续扩散。仑背、太麻里"诏安腔"客家话中，中古微母字没有继续塞化，还依然大量保留着原声母 m-，两地表现出相对的同步性（太麻里的 b-化范围相对更大）：如"味"字同时 b-化，而"尾""问"则同时保留 m-声母。但是，这样少量而又中断的变化易被忽略。故而，学界之前在讨论这个问题时，容易把 m-声母 b-化这个阶段遗漏。

这个音变中断的原因值得探讨。

客家话大多是无异读音，只有少量文白异读。需要注意的是，客家话的微母字多有文白异读，文读 v-，白读 m-。有些字在共时系统中已表现为无异读音，但是却在地域上反映出历史层次的差异，如"味"在永定、上杭、武平读为 m-，在长汀、宁化则读为 v-。这些异域读音的不同，恰好显示其处在不同的时间层次之上。

王洪君（2014：312）曾指出：白读音与无异读音的叠置反映着本地音系在前一时间层上的音类合流；同时，其本身音值的演变，取决于与它叠置在一个音类中的无异读音的变化。我们目前所能观察到的材料中，仑背、太麻里"诏安腔"客家话的微母字大多保留其白读音形式 m-，与明母字合流。而明母字在客家话的语音系统中相对稳定地读为 m-。所以，微母字可能是遵从着明母字的发展方向而保持了相对的稳定，从而停止了 b-化进程。

所以，如果把 m-声母作为 b-声母演变起点的话，则要对其做一个更明确的限定，即是微母字中的 m-声母。

3.2 从 v→b 的浊化演变

诏安客家方言的微母字中有部分保留了文读层的读音，如：物 vut、雾 vu 等。由于客家话中的 v-声母系高元音-u-摩擦强化而来，其本身即具有不稳定性，再进一步浊化便会产生 b-。故而，在 b-声母进入客家话系统中之后，部分 v-声母便开始被替代。仑背、太麻里"诏安腔"客家话中的"物"便读为了 but、"雾"读为了 bu。

这一阶段，便是 b-牵引 v-进一步浊化的演变过程。

3.3 从 v→b 的类化扩散

由于 v-和 b-二者都是浊音，发音部位和方法都很接近，b-便逐渐取代了 v-。这个层次的语音演变属于扩散式音变，由于其演变条件是今音的音类，所以，只要是 v-声母，不论其中古来源（详见表二），便几乎全被 b-声母所替代。这一演变阶段便是同一个音类的类化扩散，语音发生了大量的演变，表现明显，故而容易观察。

3.4 扩散速度的不平衡性

综合考察以上语料还可发现：b-声母在不同"诏安腔"客家话中的结构地位有所差异：有

些地方的 v-声母还尚有存在，有些地方则已经完全被 b-取代。陈秀琪(2002)、吕嵩雁(2008)报告云林仑背的“诏安腔”客家话语音系统中尚还存有个别 v-声母的例字，吕嵩雁将其以“(v)”的形式作为特例处理。笔者 2019 年调查的台东太麻里情形亦相似，仅有个别 v-声母存在，且数量上较仑背更少，亦处理为特例形式。这些语料显示：v-声母已处于被取代的状态中。而与闽南话更深度接触的宜兰壮围“诏安腔”客家话中则已经完全没有 v-声母的存在，b-声母在这里已经完成了它的内部扩散。

这反映出 b-声母在不同环境之下的扩散速度亦具有差异性，同时，这种空间上的差异也表明了时间上的发展序列。可以预料，目前残存在仑背及太麻里“诏安腔”客家话中的 v-声母最终也会消失。

张屏生(2007)报告的台北石门“武平腔”客家话中，b-声母也完成了对 v-声母的替代，其语音系统中已经不再有 v-声母。徐雨薇(2009)报告的芦竹羊稠“永定腔”客家话可能是一个正在变化中的过程。在羊稠的微母字中，尚有 b-、m-、v-同时分布的情况。如：尾 bei 、袜 beʔ、巫 bo、亡 boŋ、网 miau、妄 moŋ、问 mui、卫 vei、无 vɤ、务 vɤ、武 vɤ、诬 vɤ、未 vi、文 vui、勿 vuiʔ。可以预见的是，羊稠村的 b-也当会继续扩大它的影响范围，并进而完全取代 v-。

结合史料及相关族谱记载，漳州诏安秀篆早在明末清初就已经开始向台湾移民，所以，仑背、太麻里“诏安腔”客家话现在的语音面貌，当处于闽南话声母 b-化影响的后期。而芦竹羊稠的这批移民是 1990 年代因经济因素从福建永定迁徙到台湾的，在羊稠村落籍不过二十多年。但由于羊稠村周边闽南话的强势优势，这些永定客家话也不可避免地受到了影响，这一阶段，当是演变的开始期。

4. 结　论

综合以上分析，我们认为：台湾客家方言中双唇浊塞音声母 b-的产生属于方言接触下的一种离散式音变。音变的主要外部动因即是闽南话的影响，其扩散的路径是经由中古微母字的 m-声母进入到客家方言的语音系统，进而由于语音特点的相近而引发了对 v-声母的影响，并进而由于类化作用完成了由 v-到 b-的演变。同时，由于客家方言中的 v-声母是由于合口高元音-u-强化而来，这一不稳定的声母地位也是其易于变化的内部结构原因之一。

图示表现，当有两条演变路径：

m-＞b-

v-＞b-

5. 余　论

台湾客家方言 b-声母的扩散代表着闽客接触下这一类语言现象的演变规律及演变方向。另据所见报告，广东、福建两例闽客接触下的客家话、一例闽南话与官话接触下的官话声母系统中发生了同类变化。

5.1　福建龙岩永定客家话 v-声母的 b-化现象

庄初升(2014)报告的福建永定湖坑客家话语音系统中，也出现了源于异质音系的 b-声母：^{m}b-声母（马磨米袜）对应着原客家话系统中的 m-声母，v-声母（乌闻碗屋）则依旧保留。^{m}b、^{ŋ}g 有时读为 m^{b}、ŋ^{g}。这表明永定（湖坑）客家话的 m-声母已经开始进入了 b-化演变的阶段。

5.2 广东南塘客家话 v-声母的 b-化现象

潘家懿（1999）报告的受广东海陆丰闽南语影响的陆丰南塘客家话，其声母系统中也有浊塞音声母 b-，音类与河田话的 v-声母相当，音值与海丰话相同，但 b-声母发音时双唇接触不太紧，与南塘福佬话（即闽南话）里的 b-在音色上有轻重之别。从来源看，主要为微母字、影母字、匣母字与云母合口字。如："万 baŋ、文 buŋ、望 bɔŋ、闻 buŋ、黄 bɔŋ、禾 bɔ、还 baŋ、滑 baiʔ、窝 bɔ、乌 bu、屋 buʔ、温 buŋ、卫 bui、为 bui、位 bui、王 bɔŋ"。

5.3 广东陆丰青塘军话 w-声母的 b-化现象

潘家懿（1999）同时指出，陆丰青塘军话（北方官话）在与闽方言的接触过程中，其语音系统中微匣影云四组的合口字（在原语音系统中多读为 w-）也都演变为了 b-声母。

以上三处材料证明，闽南话中的 b-声母（包括 g-声母）具有较强的音韵特殊性，在与其他方言的接触过程中，易于被接纳吸收。

关于方言接触中产生音变的条件，目前尚无详尽系统的探讨。通过本文的观察，我们发现，音韵的特殊性许是易为影响接触的一个因素条件：即越是特殊的音，越容易被接受。这表现了方言接触过程中的趋异性与向新性。

参考文献

洪惟仁.台湾方言之旅[M].台北：前卫出版社，1992.

张振兴.台湾闽南方言记略[M].台北：文史哲出版社.1997.

涂春景.台湾中部地区客家方言词汇对照[M].涂春景自刊，1998.

潘家懿.广东南塘客家话的历史演变[J].方言，1999(3).

竺家宁.台北话音档[M].上海：上海教育出版社，1999.

陈秀琪.语言接触下的方言变迁——以台湾的诏安客家话为例[J].语言暨语言学，2006(2).

吴中杰.宜兰诏安客家话：以壮围壮六游家为例[A].台湾客家族群史专题研究 2-1 发现客家—宜兰地区客家移民的研究[C].台湾"行政院"客家委员会、"国史馆"台湾文献馆，2006.

张屏生.台湾地区汉语方言的语音和词汇[M].台北：开朗杂志事业有限公司，2007.

吕嵩雁.台湾诏安方言研究[M].北京：中国社会科学出版社、文化艺术出版社，2008.

李小华.闽西永定客家方言虚词研究[M].广州：华南理工大学出版社，2014.

王洪君.历史语言学方法论与汉语方言音韵史个案分析[M].北京：商务印书馆，2014.

元音松紧与动词的体

温州大学　金理新

内容提要　上古汉语的元音分松元音和紧元音，其中紧元音后衍生出介音-i-，中古成了三等。上古汉语的松紧元音可以交替，而且有多种形态意义。本文要讨论的是，元音松紧和动词体之间的关系。我们发现，动词现行体为紧元音，而动词既行体为松元音。

关键词　松紧元音；交替；动词；体

1

上古汉语动词有现行体和既行体的不同。这种体之间的转换，可以通过辅音清浊交替来实现，也可以附加后缀* -s来实现。此外，也可以通过元音松紧交替来实现。主元音为紧元音的动词现行体，将主元音换成松元音，就构成动词既行体形式。不过，因汉字不是一种表音文字，我们只能从构词中窥见上古汉语这种动词体的变化。

> 成* diŋ，是征切，《广韵》："就也。"《诗经·樛木》："乐只君子，福履成之。"《诗经·文王》："维龟正之，武王成之。"《论语·子路》："名不正，则言不顺；言不顺，则事不成；事不成，则礼乐不兴。"《论语·颜渊》："君子成人之美，不成人之恶。"《论语·八佾》："成事不说，遂事不谏，既往不咎。"定* diŋs，徒径切，《广韵》："安也。"《诗经·日月》："胡能有定？宁不我顾。"《诗经·采薇》："我戍未定，靡使归聘。"《左传·僖公九年》："夷吾其定乎？"《论语·季氏》："少之时，血气未定，戒之在色。"《管子·五辅》："救灾害，振罢露，则国家定。"可以将陈述对象让渡给客体。《诗经·六月》："共武之服，以定王国。"《左传·隐公十一年》："礼，经国家，定社稷，序民人，利后嗣者也。"《国语·鲁语上》："以死勤事则祀之，以劳定国则祀之。"《吕氏春秋·孝行》："此五者先王之所以定天下也。"

通过元音松紧交替改变一个语词的词性，由名词变成动词或者形容词。上古汉语的动词也可以通过元音松紧交替变成形容词，比如上例中的"成"和"定"。《国语·晋语二》："君既许骊姬杀太子而立奚齐，谋既成矣。"注："成，定也。"《管子·小匡》："民居定矣，事已成矣。"戴望校正："宋本成作定。""成"和"定"是一对同族词，而两者的先后、因果关系非常清晰。"成"和"定"的关系，就是动词现行体和既行体之间的关系，只不过一个通过辅音清浊交替而一个通过元音松紧交替来实现。

2

> 阴* ʔu̱m，於金切，《广韵》："阴阳也。"《说文》："阴，闇也。水之南，山之北也。"《诗

经·终风》:“曀曀其阴,虺虺其靁。”《诗经·谷风》:“习习谷风,以阴以雨。”《吕氏春秋·三月纪》:“行秋令,则天多沈阴。”字又写作霒。霒* ʔu̠m,於金切,《广韵》:“霒云覆日。”《说文》:“霒,云覆日也。”《黄帝内经·素问》:“沉霒淫雨。”不过,文献罕见“霒”字。引申指背阳之地。《诗经·公刘》:“既景乃冈,相其阴阳。”《孟子·万章上》:“益避禹之子于箕山之阴。”荫* ʔu̠ms,於禁切,《说文》:“草阴地也。”段玉裁注:“引伸为凡覆庇之义也。”《国语·晋语九》:“人之有学也,犹木之有枝叶也,犹庇荫人。”《国语·楚语下》:“足以庇荫嘉谷,使无水旱之灾。”本只作阴。《诗经·桑柔》:“既之阴女,反予来赫。”《释文》:“阴郑音荫,覆荫也。”又作廕。廕* ʔu̠ms,於禁切,《广韵》:“庇廕。”《左传·文公七年》:“若去之,则本根无所庇廕矣。”《释文》:“廕,本又作荫,於鸩反。”暗* ʔums,乌绀切,《广韵》:“日无光,又默也,不明也。”《说文》:“暗,日无光也。”《韩非子·解老》:“以为暗乎,其光昭昭;以为明乎,其物冥冥。”《吕氏春秋·精谕》:“若暗夜而烛燎也。”字多写作闇。闇* ʔums,乌绀切,《广韵》:“冥也。”《吕氏春秋·期贤》:“明火不独在乎火,在于闇。当今之时世闇甚矣,人主有能明其德者,天下之士,其归之也,若蝉之走明火也。”

奄* ʔo̠m^{B},衣俭切,《广韵》:“藏也。”《说文》:“奄,覆也。”《春秋繁露·王道》:“强奄弱,众暴寡,富使贫,并兼无已。”弇* ʔo̠m^{B},衣俭切,《广韵》:“盖也。”《说文》:“弇,盖也。”《墨子·耕柱》:“是犹弇其目,而祝于丛社。”《管子·八观》:“闭其门,塞其涂,弇其迹。”字也写作揜。揜* ʔo̠m^{B},衣俭切,《说文》:“一曰覆也。”《荀子·成相》:“蒙揜耳目塞门户。”《韩非子·外储说左下》:“左右皆揜口而笑。”《吕氏春秋·贵生》:“雷则揜耳,电则揜目,此其比也。”字又写作掩。掩* ʔo̠m^{B},衣俭切,《广韵》:“闭取也。《说文》云:敛也,小上曰掩。”《孟子·离娄下》:“西子蒙不洁,则人皆掩鼻而过之。”《礼记·檀弓》:“每毙一人,掩其目。”晻* ʔom^{B},乌感切,《广韵》:“晻蔼,暗也,冥也。”《说文》:“晻,不明也。”《吕氏春秋·务本》:“《诗》云:有晻凄凄,兴云祁祁,雨我公田,遂及我私。”(《诗经·大田》:“有渰萋萋,兴雨祈祈。”《释文》:“渰,本又作弇,于检反,《汉书》作黤本。”)《汉书·元帝纪》:“阴阳未调,三光晻昧。”《汉书·五行志下》:“厥异日黑,大风起,天无云,日光晻。”黭* ʔom^{B},乌感切,《广韵》:“黭黮。”《说文》:“黭,果实黭黯黑也。”

围* ʁɯ̠r,雨非切,《广韵》:“守也,圜也,绕也。”《说文》:“围,守也。”《左传·隐公四年》:“围其东门,五日而还。”《左传·庄公十八》:“围而杀之。”《庄子·则阳》:“大至于不可围。”《韩非子·备内》:“故日月晕围于外,其贼在内。”违* ʁɯ̠r,雨非切,《广韵》:“背也。”《说文》:“违,离也。”违是绕开。《左传·成公十六年》:“有淖于前,乃皆左右,相违于淖。”注:“违,辟也。”引申为回避。《左传·襄公三十年》:“非相违也,而相从也。”《左传·庄公四年》:“纪侯大去其国,违齐难也。”再引申为违背、违反等。《诗经·谷风》:“德音莫违,及尔同死。”回* ʁɯr,户恢切,《广韵》:“违也,转也,邪也。”《说文》:“回,转也。”《礼记·月令》:“月穷于纪,星回于天。”字也作迴。迴* ʁɯr,户恢切,《广韵》:“还也。”《吕氏春秋·十二月纪》:“月穷于纪,星迴于天。”《吕氏春秋·上德》:“古之王者,德迴乎天地,澹乎四海。”回,由“迂曲”引申为“邪回”。《诗经·鼓钟》:“淑人君子,其德不回。”传:“回,邪也。”《诗经·大明》:“厥德不回,以受方国。”传:“回,违也。”

阐* tha̠n^{B},昌善切,《广韵》:“大也,明也,开也。”《说文》:“阐,开也。”《易·系辞下》:“夫易彰往而察来,而微显阐幽。”注:“微以之显,幽以之阐,阐明也。”《释文》:“阐幽,昌善反,明也。”《吕氏春秋·决胜》:“隐则胜阐矣,微则胜显矣,积则胜散矣,抟则胜离矣。”注:

“阐，布也。”《汉书·叙传下》：“阐元极，步三光。”注引张晏：“阐，大也。”坦* than^{B}，他但切，《广韵》：“平也，安也，明也，宽也。”《说文》：“坦，安也。”《论语·述而》：“君子坦荡荡，小人长戚戚。”《庄子·秋水》：“明乎坦涂，故生而不说，死而不祸，知终始之不可故也。”《易·履》：“履道坦坦，幽人贞吉。”《释文》：“坦，吐但反，《说文》云安也；《广雅》云：平也，明也；《苍颉篇》云：著也。”

摺* te̱p，之涉切，《广韵》：“摺迭也。”引申为拗折、折断。《广雅》：“摺，折也。”《史记·范睢蔡泽列传》：“魏齐大怒，使舍人笞击睢，折胁摺齿。”《史记·邹阳列传》：“范睢摺胁折齿于魏，卒为应侯。”叠* dep，徒协切，《广韵》：“重也。”《汉书·翟方进传》：“当其斩时，观者重迭，天气和清，可谓当矣。”《难经·藏府度数》：“左回迭积十六曲。”

慴* te̱p，之涉切，《广韵》：“伏也，惧也，怯也。”《庄子·达生》：“死生惊惧不入乎其胸中，是故遻物而不慴。”《释文》：“慴，之涉反，惧也。”《史记·项羽本纪》：“一府中皆慴伏，莫敢起。”字常作慑。慑* te̱p，之涉切，《广韵》：“怖也，心伏也，失常也，失气也，亦作慑。”《说文》：“慑，失气也。”《礼记·曲礼上》：“贫贱而知好礼，则志不慑。”注：“慑犹怯。”《释文》：“慑，之涉反。”《管子·小匡》：“大国之君不骄，小国诸侯不慑。”《吕氏春秋·论威》：“威所以慑之也。”慴* dep，徒协切，“慑也，《说文》惧也。”《说文》：“慴，惧也，读若叠。”字也写作叠。《诗经·时迈》：“薄言震之，莫不震叠。”传：“叠，惧也。”

并* pi̱ŋ，府盈切，《广韵》：“合也。”《礼记·曲礼上》：“乡与客并，然后受。”《礼记·乐记》：“故事与时并，名与功偕。”併* pi̱ŋs，畀政切，《广韵》：“兼也，并也，皆也。”《韩非子·说疑》：“随亡于荆；吴併于越。”字本只写作并。《左传·成公二年》：“左并辔，右援枹而鼓。”《释文》：“并，必政反。”《礼记·王制》：“轻任并，重任分。”《释文》：“并，必性反，本又作并。”骿* biŋ，部田切，《广韵》：“骿肋。”《国语·晋语四》：“自卫过曹，曹共公亦不礼焉，闻其骿胁，欲观其状。”字也写作骈。《左传·僖公二十年》：“曹共公闻其骈胁，欲观其裸。”《史记·管蔡世家》：“曹君无礼，欲观其骈胁。”《列女传》：“闻其骈胁，近其舍，伺其将浴，设微薄而观之。”骈* biŋ，部田切，《广韵》：“并驾二马。”《庄子·骈拇》：“骈拇枝指，出乎性哉，而侈于德。”《释文》：“骈，步田反，《广雅》云并也，李云併也。”

披* pha̱r，敷羁切，《广韵》：“开也，分也，散也。”《方言》：“厮、披，散也。东齐声散曰厮，器破曰披。”《左传·昭公五年》：“杀适立庶，又披其邑。”注：“披，析也。”《左传·成公十八年》：“今将崇诸侯之奸而披其地。”注：“披，犹分也。”《史记·范睢列传》：“木实繁者披其枝，披其枝者伤其心。”破* phars，普过切，《广韵》：“破坏。”《说文》：“破，石碎也。”段玉裁注：“引伸为碎之偁。”《荀子·劝学》：“风至苕折，卵破子死。”《韩非子·十过》：“知伯身死军破，国分为三，为天下笑。”《吕氏春秋·慎小》：“将失一令，而军破身死。”多带宾语。《诗经·破斧》：“既破我斧，又缺我斨。”《吕氏春秋·本味》：“伯牙破琴绝弦，终身不复鼓琴。”《庄子·齐物论》：“疾雷破山、风振海而不能惊。”

趋* ȶho̱，七逾切，《广韵》：“走也。”《说文》：“趋，走也。”《论语·季氏》：“鲤趋而过庭。”《论语·微子》：“趋而辟之，不得与之言。”《孟子·公孙丑上》：“其子趋而往视之，苗则槁矣。”《释名》：“疾行曰趋。趋，赴也，赴所至也。”《孟子·尽心下》：“望见冯妇，趋而迎之。”《庄子·山木》：“林回弃千金之璧，负赤子而趋。”趣* ȶho^{B}，仓苟切，《广韵》：“趣马。”《说文》：“趣，疾也。”《周礼·夏官·司马》：“趣马：下士，阜一人。”注：“趣马，趣养马者也。”《释文》：“趣，七口反。”《诗经·十月之交》：“蹶维趣马。”《释文》：“趣，七走反。”《诗经·云汉》:“趣马师氏,膳夫左右。”《释文》:“趣,七口反;趣马,官名。”

淤 * a̲,央居切,《广韵》:“淤泥。”《汉书·沟洫志》:“来春桃华水盛,必羡溢,有填淤反壤之害。”《汉书·沟洫志》:“旱则淤绝,水则为败。”《汉书·沟洫志》:“时至而去,则填淤肥美,民耕田之。”淤 * a̲s,依倨切,《广韵》:“浊水中泥也。”《说文》:“淤,淀滓,浊泥也。”《方言》:“水中可居为洲,三辅谓之淤。”《汉书·沟洫志》:“春夏干燥,少水时也,故使河流迟,贮淤而稍浅。”动词“淤”也写作阏。《汉书·沟洫志》:“渠成,而用溉注填阏之水。”注:“阏读与淤同,音于据反。”《说文》:“阏,遮壅也。”(阏,乌葛切,《广韵》:“止也,塞也。”遏,乌葛切,《广韵》:“遮也,绝也,止也。”“阏”音“乌葛切”是“遏”的训读。)《吕氏春秋·古乐》:“民气郁阏而滞者。”《史记·天官书》:“土与水合,穰而拥阏,有覆军,其国不可举事。”洿 * a,哀都切,《广韵》:“《说文》曰:浊水不流者。污,上同。”其字《说文》两分。《说文》:“洿,浊水不流也。”《说文》:“污,薉也。”《释名》:“污,洿也,如洿泥也。”《孟子·滕文公下》:“暴君代作,坏宫室以为污池,民无所安息。”《孟子·尽心下》:“同乎流俗,合乎污世。”《孟子·梁惠王上》:“数罟不入洿池,鱼鳖不可胜食也。”《左传·文公六年》:“治旧洿。”注:“治理洿秽。”《释文》:“洿音乌,本又作污,同。”

仰 * ŋa̲ŋ^{B},鱼两切,《广韵》:“偃仰也。《说文》举也。”《左传·襄公二十年》:“晏子仰天叹曰……”《孟子·梁惠王上》:“仰足以事父母,俯足以畜妻子。”《荀子·解蔽》:“俯见其影,以为伏鬼也;仰视其发,以为立魅也。”字本作卬。卬 * ŋa̲ŋ^{B},鱼两切,《广韵》:“望也,欲有所度。”《诗经·北山》:“或栖迟偃卬。”《释文》:“卬音仰,本又作仰。”《诗经·云汉》:“瞻卬昊天,云如何里。”《释文》:“卬音仰,本亦作仰。”《庄子·天地》:“为圃者卬而视之。”昂 * ŋaŋ,五刚切,《广韵》:“举也。”《楚辞·卜居》:“宁昂昂若千里之驹乎?”王逸注:“昂一作卬。”字本作卬。卬 * ŋaŋ,五刚切,《广韵》:“高也。”《荀子·赋》:“卬卬兮天下之咸蹇也。”注:“卬卬,高貌。”《汉书·食货志下》:“万物卬贵。”

佛 * bu̲t,符勿切,《集韵》:“一曰戾也,或作拂。”《礼记·学记》:“其施之也悖,其求之也佛。”《释文》:“佛,本文作拂,扶弗反。”《孟子·告子下》:“行拂乱其所为。”孙奭音义:“拂,丁音佛。”《礼记·大学》:“是谓拂人之性。”注:“拂犹佹也。”《释文》:“拂,扶弗反。”《庄子·人间世》:“是皆修其身以下伛拊人之民,以下拂其上者也。”《释文》:“符弗反,崔云违也,又芳弗反。”悖 * but,蒲没切,《广韵》:“逆也。”《说文》“悖,乱也。”《庄子·在宥》:“说义邪,是悖于理也。”《礼记·月令》:“毋悖于时。”注:“悖犹逆也。”《礼记·大学》:“是故言悖而出者,亦悖而入;货悖而入者,亦悖而出。”注:“悖犹逆也。”《吕氏春秋·察今》:“以此任物,亦必悖矣。”誖 * but,蒲没切,《广韵》:“言乱。”《说文》:“誖,乱也。悖,誖或从心。”《汉书·礼乐志》:“四达而不誖则王道备矣。”注:“誖,乖也。”

绥 * snu̲r,息遗切,《广韵》:“安也。”《诗经·樛木》:“乐只君子,福履绥之。”《诗经·民劳》:“惠此中国,以绥四方。”《左传·僖公四年》:“君若以德绥诸侯,谁敢不服?”《论语·子张》:“绥之斯来,动之斯和。”妥 * snur^{B},他果切,《广韵》:“安也。”《诗经·楚茨》:“以妥以侑,以介景福。”传:“妥,安坐也。”(《说文》:“妥,安也。”)《仪礼·士相见礼》:“妥而后传言。”《汉书·武五子传》:“熏鬻徙域,北州以妥。”

𢀞 * ʔɯ̲ns,於靳切,《广韵》:“所依据也。”《说文》:“𢀞,所依据也。读与隐同。”字通写作隐。隐 * ʔɯ̲n^{B},於谨切,《广韵》:“安也。”隐 * ʔɯ̲ns,於靳切,《广韵》:“隈隐之貌。”《庄子·齐物论》:“郭子綦隐几而坐。”《释文》:“隐,於靳反,冯也。”《庄子·知北游》:“神农隐几阖户昼瞑。”《释文》:“隐,於靳反。”《庄子·秋水》:“公子牟隐机太息。”《释文》:“隐,於靳反。”《孟子·公孙丑下》:“隐几而卧。”稳*ʔɯn^{B},乌本切,《广韵》:“亦安稳。”《潜夫论·相列》:“手足欲深细明直,行步欲安稳覆载。”

延*za̱n,以然切,《广韵》:“长也。”《说文》:“延,长行也。”《吕氏春秋·知分》:“莫莫葛藟,延于条枚。凯弟君子,求福不回。”《庄子·胠箧》:“今遂至使民延颈举踵。”《韩非子·十过》:“三奏之,延颈而鸣,舒翼而舞。”诞*zan^{B},徒旱切,《广韵》:“大也。”《荀子·不苟》:“诚信生神,夸诞生惑。”《庄子·在宥》:“愚知相欺,善否相非,诞信相讥。”

僵*ka̱ŋ,居良切,《广韵》:“仆也。”《说文》:“僵,偃也。”《吕氏春秋·贵卒》:“周武君使人刺伶悝于东周,伶悝僵。”高注:“僵,毙也。”《吕氏春秋·贵卒》:“公子小白僵。管子以为小白死,告公子纠。”高注:“僵,犹偃也。”《灵枢经》:“癫疾始作,先反僵,因而脊痛。”殭*ka̱ŋ,居良切,《广韵》:“死不朽也。”殭是后起区别字。《潜夫论·忠贵》:“殭尸破家,覆宗灭族者,皆无功于民氓者也。”刚*kaŋ,古郎切,《广韵》:“强也。”《左传·僖公二十七年》:“子玉刚而无礼。”《左传·昭公六年》:“莅之以强,断之以刚。”《论语·公冶长》:“吾未见刚者。”《道德经》:“弱之胜强,柔之胜刚。”

动词的元音为紧元音,而派生的形容词元音为松元音。这种例子上古汉语不少。动词作谓语时,主体是施事者;形容词作谓语时,主体是当事者。动词变成了形容词,主体也有施事者变成了当事者。就这一意义而言,动词的元音由紧元音换成松元音,削弱了动词的施事性。我们发现,这种元音交替偶尔也出现在动词和动词之间,比如“逆”和“遻”。

省*ɕi̱ŋ^{B},息井切,《广韵》:“察也,审也。”《论语·里仁》:“见贤思齐焉,见不贤而内自省也。”《庄子·让王》:“内省而不穷于道,临难而不失其德。”《韩非子·内储说下》:“国害则省其利者,臣害则察其反者。”醒*ɕiŋ^{B},苏挺切,《广韵》:“醉歇也。”《说文》:“醒,酒解也。”《左传·僖公二十三年》:“醒以戈逐子犯。”《楚辞·渔父》:“举世皆浊我独清,众人皆醉我独醒。”《国语·鲁语下》:“醉而怒,醒而喜,庸何伤?”

逆*ŋa̱k,宜戟切,《广韵》:“迎也。”《左传·隐公二年》:“九月,纪裂繻来逆女,卿为君逆也。”《左传·桓公十八年》:“祭仲逆郑子于陈而立之。”《左传·僖公二十四年》:“晋侯逆夫人嬴氏以归。”遻*ŋak,五各切,《广韵》:“心不欲见而见曰遻。”《说文》:“遻,相遇惊也。”(《释名》:“逆,遻也。”)《列子·黄帝》:“是故遻物而不慴。”遻,字本也作遌。《庄子·达生》:“是故遌物而不慴。”《释文》:“遌,音悟,郭音愕。《尔雅》云:遌,忤也。”《尔雅》:“遇,遌也。”《释文》:“遌,字又作迕,同五故反。”迕*ŋaks,五故切,《广韵》:“遇也。遌,上同(迕)。”《新书·匈奴》:“其贵人之见单于,犹迕虎狼也。”

动词“逆”和“遻”都是外动词。但是,两者意义很不同。前者主动,后者被动。主体意外碰到了不该碰到的东西,比如虎狼等,因而,引申出惊愕等意义。愕*ŋak,五各切,《广韵》:“惊也。”《战国策·燕策》:“群臣惊愕,卒起不意,尽失其度。”动词“遻”的真正施事者不是主体,跟动词“逆”不一样。显然,元音松紧交替削弱了动词的施事性。

3

动词和形容词(静态动词)的先后、因果关系非常清楚,如“阴”和“暗”。除了派生出形容词,动词也通过元音松紧交替派生出名词。俞敏发现,“早出的词没有介音,新派生的词有个短 i 介音，在一般的音韵学书里叫‘三等介音’。派生次序也有倒过来的”。这种派生词，俞敏总共举了十例。其中四例三等为动词，而非三等为名词。

终*tu̱ŋ，职戎切，《广韵》：“极也，穷也，竟也。”《诗经·采绿》：“终朝采绿，不盈一匊。”《诗经·荡》：“靡不有初，鲜克有终。”《左传·僖公二十七年》：“使子文治兵于睽，终朝而毕，不戮一人。”冬*tuŋ，都宗切，《广韵》：“四时之末。《尸子》曰：冬为信，北方为冬。冬，终也”。《说文》：“冬，四时尽也……古文终字。”《说文义证》引《太平御览》引《说文》：“冬，终也，尽也。”《广雅》：“冬，终也。”《诗经·葛生》：“夏之日，冬之夜，百岁之后，归于其居。”《诗经·宛丘》：“无冬无夏，值其鹭羽。”

离*ra̱r，吕支切。《方言》：“罗谓之离，离谓之罗。”《诗经·新台》：“鱼网之设，鸿则离之。”《易·小过》：“弗遇过之，飞鸟离之。”《诗经·兔爰》：“有兔爰爰，雉离于罗。”字也写作“罗”。《诗经·鸳鸯》：“鸳鸯于飞，毕之罗之。”引申之，为遭遇，字写作“罹”。罹*rar，吕支切，《广韵》：“心忧。”《韩非子·奸劫弑臣》：“其身困而家贫，父子罹其害。”《吕氏春秋·审己》：“余不听豫之言，以罹此难也。”《史记·孔子世家》：“吾与夫子再罹难，宁鬬而死。”罗*rar，鲁何切，《广韵》：“古者芒氏初作罗，《尔雅》：鸟罟谓之罗。”《诗经·兔爰》：“有兔爰爰，雉离于罗。”《韩非子·难三》：“以天下为之罗，则雀不失矣。”《庄子·山木》：“然且不免于罔罗机辟之患，是何罪之有哉？”

封*po̱ŋ，府容切，《说文》：“爵诸侯之土也。”《周礼·地官·司徒》：“乃建王国焉，制其畿，方千里而封树之。”《左传·僖公二十四年》：“封建亲戚，以蕃屏周。”《左传·僖公二十八年》：“齐桓公为会而封异姓。”邦*ploŋ，博江切，《广韵》：“国也。”《诗经·羔裘》：“彼其之子，邦之司直。”《诗经·我行其野》：“尔不我畜，复我邦家。”《论语·公冶长》：“邦有道，不废；邦无道，免于刑戮。”《论语·泰伯》：“危邦不入，乱邦不居。”

任*nu̱m，如林切，《广韵》：“堪也，保也，当也。”《诗经·生民》：“恒之糜芑，是任是负。”《左传·襄公二十五年》：“非其私昵，谁敢任之？”《左传·襄公二十九年》：“吾子为鲁宗卿，而任其大政，不慎举，何以堪之？”男*num，那含切，《广韵》：“男子也。”《白虎通》：“男，任也。任，功业也。”《释名》：“男，任也，典任事也。”

以上四例为俞敏所举。就两者的派生关系来看，应该从三等（紧元音）变成非三等（松元音）而不是从非三等（松元音）变成三等（紧元音）。我们前面已经讨论了，紧元音是上古汉语无标记元音。一般情况，根词的主元音应该是紧元音，派生词的主元音是松元音。不过，逆构词也常见。上古汉语也有松元音派生紧元音的事例。上古汉语这种通过元音松紧交替改变动词（形容词）、名词词性的例子远不止俞敏所举的四例。

4

上*da̱ŋ^{B}，时掌切《广韵》：“登也，升也。”《庄子·逍遥游》：“我腾跃而上，不过数仞而下。”《庄子·达生》：“上而不下，则使人善怒；下而不上，则使人善忘。”尚*da̱ŋs，时亮切，《广韵》：“亦高尚。”《说文》：“尚，曾也。”段玉裁注：“曾，重也。尚，上也。皆积絫加高之意。”《论语·里仁》：“好仁者，无以尚之。”《孟子·滕文公上》：“草尚之风必偃。”敞*tha̱ŋ^{B}，昌两切，《广韵》：“高也。”《说文》：“敞，平治高土，可以远望也。”《史记·淮阴侯列传》：“然乃行营高敞地，令其旁可置万家。”堂*daŋ，徒郎切，《说文》：“殿也。”《论语·先进》:“由也升堂矣,未入于室也。”皇疏:“窗户之外曰堂。”《礼记·曲礼上》:“将上堂,声必扬。”《诗经·七月》:“跻彼公堂,称彼兕觥,万寿无疆。”

廾* ko̱ŋ^{B},居竦切,《广韵》:“《说文》曰:竦手也,篆文作収弄具奂丞字并从此,篆同而隶异也。”通作拱。拱* ko̱ŋ^{B},居竦切,《广韵》:“手抱也。”《说文》:“拱,敛手也。”《论语·微子》:“子路拱而立。”《左传·僖三十二年》:“尔墓之木拱矣。”注:“拱,合手也。”本作共。《论语·为政》:“譬如北辰,居其所而众星共之。”《释文》:“共,求用反。郑作拱,俱勇反,拱手也。”《荀子·王霸》:“则天子共己而已。”注:“共,或读为拱。”拲* ko̱ŋ^{B},居竦切,《广韵》:“两手共械。《周礼》云:上罪梏拲而桎。”《说文》:“拲:两手同械也。从手从共,共亦声。”挐* ko̱ŋ^{B},居竦切,《广韵》:“抱持。《說文》拥也。”巩* ko̱ŋ^{B},居竦切,《广韵》:“抱也。《說文》作挐。”鞏* ko̱ŋ^{B},居竦切,《广韵》:“以皮束物。”《易·革》:“鞏用黄牛之革。”字虽多,实际是同一个语词。共* go̱ŋs,渠用切,《广韵》:“同也。”《论语·公冶长》:“愿车马、衣裘,与朋友共。”《庄子·庚桑楚》:“终日握而手不掜,共其德也。”《孟子·滕文公上》:“自天子达于庶人,三代共之。”公* koŋ,古红切,《广韵》:“共也,官也。”《诗经·七月》:“言私其豵,献豣于公。”《论语·季氏》:“禄之去公室,五世矣。”《荀子·解蔽》:“此心术之公患也。”注:“公,共也。”《礼记·礼运》:“天下为公。”注:“公,犹共也。”

震* ti̱ns,章刃切,《广韵》:“雷震也,又动也,惧也,威也。”《说文》:“震,霹雳振物者。”《左传·昭公四年》:“秋无苦雨,雷出不震。”《左传·襄公十四年》:“敬之如神明,畏之如雷霆。”《庄子·说剑》:“此剑一用,如雷霆之震也。”(振* ti̱ns,章刃切,《广韵》:“奋也,举也,救也。”《说文》:“振,举救之也。”《礼记·月令》:“命有司发仓廪,赐贫穷,振乏绝。”注:“振犹救也。”后字也写作赈。赈* ti̱ns,章刃切,《广韵》:“赡也。”《管子·轻重丁》:“发其积藏,出其财物,以赈贫病。”此为振之引申。《汉书·元帝纪》:“以三辅太常郡国公田及苑可省者振业贫民。”注:“振起之,令有作业。”《礼记·月令》:“东风解冻,蛰虫始振。”又《礼记·明堂位》:“振木铎于朝,天子之政也。”娠** ti̱ns,章刃切,《广韵》:“妊娠。”《左传·哀公元年》:“后缗方娠,逃出自窦。”字本作震。《左传·昭公元年》:“当武王邑姜方震大叔。”注:“懷胎为震。”《释文》:“震本又作娠,之慎反,懷妊也。”)霆* diŋ,徒丁切,《广韵》:“雷霆。”《诗经·云汉》:“兢兢业业,如霆如雷。”《诗经·常武》:“震惊徐方,如雷如霆,徐方震惊。”《礼记·乐记》:“鼓之以雷霆,奋之以风雨。”

始* se̱^{B},诗止切,《广韵》:“初也。”《说文》:“始,女之初也。”《周易·干》:“大哉干元,万物资始,乃统天。”《左传·文公十五年》:“虽不能始,善终可也。”《左传·宣公十二年》:“君以此始,亦必以终。”《礼记·檀弓下》:“君子念始之者也。”胎* se,土来切,《广韵》:“始也。《说文》曰:妇孕三月也。”《尔雅》:“胎,始也。”《庄子·知北游》:“故九窍者胎生,八窍者卵生。”《韩非子·喻老》:“象箸玉杯必不羹菽藿,则必旄象豹胎。”

喘* tho̱n^{B},昌兖切,《广韵》:“喘息。《说文》曰:疾息也。”《庄子·大宗师》:“俄而子来有病,喘喘然将死。”《荀子·臣道》:“喘而言。”《史记·扁鹊仓公列传》:“令人喘,逆气不能食。”遄* do̱n,市缘切,《广韵》:“速也,疾也。”《尔雅》:“遄,速,疾也。”《诗经·相鼠》:“人而无礼,胡不遄死。”传:“遄,速也。”《释文》:“遄,市专反。”湍* thon,他端切,《广韵》:“急濑也。”《说文》:“湍,疾濑也。”《孟子·告子上》:“性犹湍水也,决诸东方则东流,决诸西方则西流。”《淮南子·原道训》:“期年而渔者争处湍濑。”

如* na̱,人诸切,《广韵》:“若也。”《说文》:“如,从随也。”《左传·宣公十二年》:“有律以如己也。”注：“如，从也。”《吴越春秋》：“敢不如命？”《管子·轻重丁》：“不如令者不得从天子。”奴* na，乃都切，《广韵》：“人之下也。”《论语·微子》：“微子去之，箕子为之奴，比干谏而死。”《史记·殷本纪》：“箕子惧，乃详狂为奴，纣又囚之。”

柔* nu̱，耳由切，《广韵》：“顺也。《说文》曰：木曲直也。”《诗经·硕人》：“手如柔荑。肤如凝脂。”《诗经·烝民》：“人亦有言，柔则茹之，刚则吐之。”《庄子·天运》：“其声能短能长，能柔能刚。”揉* nu̱，耳由切，《广韵》：“捻也，又顺也，《诗》曰揉此万邦。”《周礼·冬官·考工记》：“揉辐必齐，平沈必均。”注：“揉谓以火槁之。”《管子·七法》：“犹朝揉轮而夕欲乘车。”字后繁化作楺。楺* nu̱^{B}，人九切，《广韵》：“屈木。煣，上同。”《淮南子·泛论训》：“楺轮建舆，驾马服牛，民以致远而不劳。”《汉书·食货志上》：“神农之世，斲木为耜煣木为耒，耒耨之利以教天下。”注：“煣，屈也。”也作輮。《荀子·劝学》：“木直中绳，輮以为轮，其曲中规，虽有槁暴，不复挺者，輮使之然也。”蹂* nu̱，耳由切，《广韵》：“践蹂也。”《诗经·生民》：“或舂或揄，或簸或蹂。”《史记·项羽本纪》：“王翳取其头，余骑相蹂践争项王。”鞣* nu̱，耳由切，《说文》：“软也。”猱* nu，奴刀切，《广韵》：“猴也。”《诗经·角弓》：“毋教猱升木，如涂涂附。”传：“猱，猨属。”《释文》：“猱，乃刀反，沈乃谴反。”《管子·形势》：“坠岸三仞，人之所大难也，而猿猱饮焉。”

侍* de̱s，时吏切，《广韵》：“近也，从也，承也。”《说文》：“侍，承也。”《论语·公冶长》：“颜渊、子路侍。”皇侃疏：“卑在尊者之侧曰侍。”《孟子·公孙丑下》：“前日愿见而不可得，得侍，同朝甚喜。”《孝经·开宗明义章》：“仲尼居，曾子侍。”《释文》：“卑者在尊者之侧曰侍。”儓* de，徒哀切，《广韵》：“舆儓。”《集韵》：“儓，《方言》‘南楚凡骂庸贱谓之田儓’，一曰陪儓臣也。”字本作臺。《左传·昭公七年》：“僚臣仆，仆臣臺。”

拥* o̱ŋ^{B}，於陇切，《广韵》：“手拥。”《庄子·知北游》：“神农隐几拥杖而起，嚗然放杖而笑。”壅* oŋ，於容切，《广韵》：“塞。”壅* o̱ŋ^{B}，於陇切，《广韵》：“壅堨，亦塞也，障也。”雍* o̱ŋ^{C}，於用切，《广韵》：“九州岛名。雍，拥也，东崤，西汉，南商，北居庸，四山之所拥翳也。”《释名》：“雍州在四山之内。雍，翳也。”灉* o̱ŋs，於用切，《广韵》：“河水决出还入为灉。”《尔雅》：“灉，反入。”又《尔雅》：“水自河出为灉。”瓮* oŋs，《广韵》：“《说文》罂也，乌贡切。”字也写作瓮。《广韵》：“瓮，上同（瓮）。”《庄子·天地》：“凿隧而入井，抱甕而出灌。”字也写作罋。罋* oŋs，《广韵》：“瓶也。《说文》曰：吸缾也。罋，上同。”《左传·昭公七年》：“赂以瑶罋玉椟斝耳。”《释文》：“罋，乌送反，徐于容反。”《周礼·天官冢宰》：“酱用百有二十罋。”《韩非子·外储说右上》：“或令孺子怀钱挈壶罋而往酤。”

名* miŋ，武并切，《广韵》：“名字。”《说文》：“名，自命也。”《庄子·隐公元年》：“庄公寤生，惊姜氏，故名曰寤生。”名，多用作名词。《道德经》：“名可名，非常名。无名天地之始；有名万物之母。”《左传·僖公二十二年》：“怀与安，实败名。”《庄子·逍遥游》：“北冥有鱼，其名为鲲。”铭* miŋ，莫经切，《广韵》：“铭记。《释名》云：铭，名也，记名其功也。”《说文》：“铭，记也。”《礼记·祭统》：“夫鼎有铭。铭者，自名也。”《周礼·春官·宗伯》：“设熬，置铭。”注“铭今书或作名。郑司农云：铭书死者名于旌。”《庄子·让王》：“今使天下书铭于君之前。”《庄子·则阳》：“得石椁焉，洗而视之，有铭焉。”

萃* ᶁu̱ts，秦醉切，《广韵》：“集也，聚也。”《方言》：“萃，集也。”《诗经·墓门》：“墓门有梅，有鸮萃止。”传：“萃，集也。”《释文》：“萃，徂醉反。”《易·萃》象传：“萃，聚也；顺以说，刚中而应，故聚也。”《庄子·徐无鬼》：“祸之长也兹萃。”注：“萃，聚也。”綷* ƫuts，子对切，

《广韵》:“《说文》曰:会五彩缯也。帲,亦同。”

滋* ʦe̱,子之切,《广韵》:“蕃也。”《说文》:“滋,益也。”《左传·隐公元年》:“不如早为之所,无使滋蔓。”《左传·桓公六年》:“谓民力之普存也,谓其畜之硕大蕃滋也。”《礼记·月令》:“孟夏行秋令,则苦雨数来,五谷不滋。”植物一年滋生一次,引申指一年,字写作载。载* ʦeʔ,作亥切,《广韵》:“年也,出《方言》。”《尔雅》:“载,岁也,夏曰岁商曰祀,周曰年,唐虞曰载。”《释名》:“岁,越也,越故限也。唐虞曰载,载生物也。”《左传·宣公三年》:“载祀六百,商纣暴虐,鼎迁于周。”注:“载祀皆年。”疏引孙炎:“载取物终更始,祀取四时祭祀一讫,年取年谷一熟。”《孟子·万章上》:“二十有八载,放勋乃徂落。”

比* pi̱r^{B},卑履切,《广韵》:“校也,并也。”《诗经·谷风》:“既生既育,比予于毒。”《左传·桓公十五年》:“人尽夫也,父一而已,胡可比也?”比* bi̱r,房脂切,《广韵》:“和也,并也。”比,频脂切,《集韵》:“和也,一曰相次也。”《新语·无为》:“尧、舜之民,可比屋而封,桀、纣之民,可比屋而诛。”《史记·汲郑列传》:“家人失火,屋比延烧,不足忧也。” 毗* bi̱r,频脂切,《集韵》:“辅也。”《诗经·节南山》:“天子是毗。”笺:“毗,辅也。”《庄子·在宥》:“大喜邪,毗于阳。大怒邪,毗于阴。”(比* pi̱rs,必至切,《广韵》:“近也,併也。”《礼记·祭义》:“比时具物,不可以不备。”《释文》:“比,必利反,徐甫至反。”比* birs,毗至切,《广韵》:“近也,又阿党也。”《诗经·杕杜》:“嗟行之人,胡不比焉。”《释文》:“比,毗志反。”《诗经·良耜》:“其崇如墉,其比如栉。”《释文》:“比,毗志反。”)坒* birs,毗至切,《广韵》:“地相次坒也。”陛* bir^{B},傍礼切,《广韵》:“阶陛也。”《墨子·备城门》:“陛高二尺五,广长各三尺。”《吕氏春秋·贵信》:“曹翙按剑当两陛之间。”

俶* thu̱k,昌六切,《广韵》:“始也。”《说文》:“一曰始也。”《尔雅》:“俶,始也。”《诗经·大田》:“俶载南亩,播厥百谷。”《释文》:“俶音尺叔反,始也。”《诗经·既醉》:“令终有俶,公尸嘉告。”传:“俶,始也。”《释文》:“俶,尺叔反。”督* tuk,冬毒切,《广韵》:“正也。”《史记·越王句践世家》:“家有长子曰家督。”《庄子·养生主》:“缘督以为经,可以保身,可以全生,可以养亲,可以尽年。”《奇经考》:“督者,都也,督脉为阳脉之都纲。”《灵枢经·本输》:“颈中央之脉,督脉也。”《淮南子·兵略训》:“将军不与于五官之事,而为五官督。”《史记·晋世家》:“臣为督将,军败当诛,请死。”

屡* ro̱s,良遇切,《广韵》:“数也。”《论语·公冶长》:“御人以口给,屡憎于人。”字本作娄。段玉裁《说文》注:“古有娄无屡也。”《诗经·角弓》:“莫肯下遗,式居娄骄。”《荀子·非相》引《诗》作:“莫肯下隧,式居屡骄。”《诗经·桓》:“绥万邦,娄丰年。”《汉书·元帝纪》:“娄敕公卿,日望有效。”注:“娄古屡字。”《汉书·公孙弘传》:“时上方兴功业,娄举贤良。”注:“娄古屡字。”楼* ro,落侯切,《广韵》:“亦作娄,重屋也。”《说文》:“楼,重屋也。”《左传·宣公十五年》:“登诸楼车,使呼宋而告之。”《孟子·告子下》:“不揣其本而齐其末,方寸之木可使高于岑楼。”《荀子·赋》:“志爱公利,重楼疏堂。”

旸* za̱ŋ,与章切,《说文》:“日出也。”《尚书·洪范》:“曰雨,曰旸,曰燠,曰寒,曰风。”传:“雨以润物,旸以干物。”《论衡·明雩》:“旸久自雨,雨久自旸。”旸* zaŋ,与章切,《广韵》:“日出旸谷。”《尚书·尧典》:“宅嵎夷,曰旸谷。”《淮南子·说林训》:“日出旸谷,入于虞渊。”旸,字通写作阳。《论衡·寒温》:“旸者,阳也。”《礼记·祭义》:“夏后氏祭其闇,殷人祭其阳,周人祭日,以朝及闇。”注:“闇,昏时也。阳读为‘曰雨曰旸’之旸,谓日中时也。朝,日出时也。”《诗经·湛露》:“湛湛露斯,匪阳不晞。”引申为热。《诗经·七月》:“春日载阳，有鸣仓庚。”传：“阳，温也。”也引申为明。《诗经·七月》：“我朱孔阳，为公子裳。”传：“阳，明也。”类转为名词，指阳光照到的地方。阳* za̱ŋ，与章切，《广韵》：“阴阳。”《诗经·公刘》：“既景乃冈，相其阴阳。”《诗经·殷其靁》：“殷其靁，在南山之阳。”《诗经·渭阳》：“我送舅氏，曰至渭阳。”引申指取暖、烘烤，字作炀。炀* za̱ŋ，与章切，《说文》：“炙燥也。”《庄子·盗跖》：“古者民不知衣服，夏多积薪，冬则炀之。”《管子·禁藏》：“夏日之不炀，非爱火也；为不适于身不便于体也。”《广韵》：“炀，释金。”“熔化(溶化)”是“炀”的引申义。由热引申为汤。汤* saŋ，吐郎切，《广韵》：“热水。”(《楚辞·天问》：“出于汤谷，次于蒙汜。”“汤谷”就是“旸谷”。《淮南子·天文训》：“日出于旸谷，浴于咸池，拂于扶桑，是谓晨明。”)汤指沸水。《论语·季氏》：“见善如不及，见不善如探汤。”《吕氏春秋·尽数》：“夫以汤止沸，沸愈不止，去其火则止矣。”由沸腾的水，引申指翻滚。汤* sa̱ŋ，式羊切，《广韵》：“汤汤，流貌。”《诗经·沔水》：“沔彼流水，其流汤汤。”郑笺：“汤汤，波流盛貌。”《诗经·氓》：“淇水汤汤，渐车帷裳。”《诗经·载驱》：“汶水汤汤，行人彭彭。”盪* zaŋ^{B}，徒朗切，《广韵》：“涤荡，摇动貌。《说文》曰：涤器也。”《左传·昭公二十六年》：“不谷震盪播越，窜在荆蛮，未有攸底。”《释文》：“盪，本又作荡。徒党反。”《汉书·食货志下》：“盪涤烦苛。”字通写作荡，音同。《左传·襄公二十五年》：“成公播荡。”《左传·庄公四年》：“余心荡。”《庄子·外物》：“白波若山，海水震荡。”

聚* ȡo̱^{B}，慈庾切，《广韵》：“众也，共也，敛也。《说文》会也，邑落云聚。”《左传·襄公二十四年》：“夫诸侯之贿，聚于公室，则诸侯贰。”《左传·成公十六年》：“召军吏也，皆聚于中军矣。”《韩非子·饰邪》：“主惑而不知所行，民聚而不知所道”也带受事者。《左传·宣公四年》：“及将死，聚其族曰：椒也知政，乃速行矣。”《庄子·逍遥游》：“聚族而谋曰。”《礼记·坊记》：“因其酒肉，聚其宗族，以教民睦也。”。族* ȡok，昨木切，《广韵》：“宗族。”《诗经·麟之趾》：“麟之角，振振公族。”《左传·成公四年》：“非我族类，其心必异。楚虽大，非吾族也，其肯字我乎?”《左传·庄公二十五年》：“尽杀游氏之族。”族也可类转为动词。《庄子·在宥》：“云气不待族而雨，草木不待黄而落。”《释文》：“司马云：族，聚也，未聚而雨，言泽少。”簇* ȶhok，千木切，《广韵》：“小竹。”《正字通》：“簇，小竹丛生也。”《史记·律书》：“泰簇者，言万物簇生也，故曰泰簇。”簇，字也作蔟。蔟* ȶhok，千木切，《广韵》：“蚕蔟。”《说文》：“蔟，行蚕蓐。”蔟* ȶhoks，仓奏切，《广韵》：“太蔟。”《礼记·月令》：“其音角，律中大蔟。”《淮南子·天文训》：“太蔟者，蔟而未出也。”

避* bi̱ks，毗义切，《广韵》：“违也，回也。”《说文》：“避，回也。”《庄子·秋水》：“夫水行不避蛟龙者，渔父之勇也；陆行不避兕虎者，猎夫之勇也。”《孟子·梁惠王下》：“岂有他哉? 避水火也。”字本只作辟。《左传·隐公元年》：“姜氏欲之，焉辟害?”《左传·僖公二十三年》：“晋楚治兵，遇于中原，其辟君三舍。”《左传·僖公三十二年》：“其北陵，文王之所辟风雨也。”《释文》：“辟，音避。”壁* pik，北激切，《广韵》：“《说文》云：垣也。《释名》云：壁，辟也，辟御风寒也。”《说文》：“壁，垣也，从土辟声。”《仪礼·士冠礼》：“适东壁北面见于母。”《韩非子·难一》：“公披袂而避，琴坏于壁。”壁多指壁垒。《战国策·燕策》：“使左右司马各营壁地。”注：“壁，军垒也。” 壁，也本只写作辟。《左传·昭公十三年》杜注：“欲筑垒辟以视后人。”《释文》：“辟，音壁，本亦作壁。”《左传·成公二年》：“辟司徒之妻也。”杜注：“辟司徒，主垒辟者。”《释文》：“辟，音壁，必觅反；徐甫亦反。”《尔雅·释天》：“营室，东辟也。”《释文》：“辟，本又作壁，布觅反。”

夭*ʔɯ̱^{B}，於兆切，《广韵》："屈也。"《说文》："夭，屈也。"《左传·昭公四年》："民不夭札。"注："短折为夭，疫死为札。"《国语·周语下》："无夭昏札瘥之忧，而无饥寒乏匮之患。"注："短折曰夭，疫死曰札。"《庄子·人间世》："未终其天年，而中道已夭于斧斤，此材之患也。"《管子·五行》："不疠雏𣪊，不夭麑麇。"《管子·禁藏》："毋拊卵，毋伐木，毋夭英。"字后写作殀。殀*ʔɯ̱^{B}，於兆切，《广韵》："殁也。"《说苑·修文》："不麛不卵，不殀夭，不覆巢。"夭*ʔɯ^{B}，乌晧切，《广韵》："《礼》曰不殀夭。"《礼记·王制》："不麑，不卵，不杀胎，不殀夭，不覆巢。"《释文》："夭，乌老反。"《礼记·月令》："毋覆巢，毋杀孩虫胎夭。"《释文》："夭，乌老反。"《管子·四时》："无杀麑夭。"《吕氏春秋·正月纪》："无覆巢，无杀孩虫胎夭飞鸟。"《吕氏春秋·十二月纪》："行春令，则胎夭多伤。"麇*ʔɯ^{B}，乌晧切，《广韵》："麇子。"《尔雅》："麋，其子麇。"《管子·五行》："不夭麑麇。"

遂*zu̱ts，徐醉切，《广韵》："达也，从志也。"《国语·周语下》："以遂八风。"注："遂犹顺也。"《庄子·在宥》："吾又欲官阴阳，以遂群生。"成玄英疏："遂，顺也。"《荀子·王制》："大事殆乎弛，小事殆乎遂。"注："遂，因循也。"引申之，为顺意（从志）。《礼记·月令》："百事乃遂。"《诗经·候人》："彼其之子，不遂其媾。"隊*zuts，徒对切，《广韵》："群队。"《左传·文公十六年》："会师于临品，分为二队。"注："队，部也。"一个接一个按照顺序排成一队。《左传·襄公十年》："右拔戟，以成一队。"注："百人为队。"《史记·项羽本纪》："乃分其骑以为四队，四向。"《墨子·备水》："二十船为一队。"

隐*ɯ̱n^{B}，於谨切，《广韵》："痛也，私也。"《左传·昭公十四年》："古之遗直也，治国制刑，不隐于亲。"《孟子·梁惠王上》："王若隐其无罪而就死地，则牛羊何择焉？"《孟子·公孙丑上》："恻隐之心，仁之端也；羞恶之心，义之端也。"恩*ɯn，乌痕切，《广韵》："恩泽也，惠也，爱也，隐也。"《说文》："恩，惠也，从心因。"《诗经·鸱鸮》："恩斯勤斯，鬻子之闵斯。"（恩、勤、闵韵。）《礼记·丧服四制》："恩者，仁也。"《荀子·大略》："推恩而不理，不成仁；遂理而不敢，不成义。"《孟子·梁惠王上》："百姓之不见保，为不用恩焉。"

5

上述这种例子不少，只是不像声调交替那样显眼，需要仔细寻找。动作行为完成，或形成一种状态，或产生一个结果。因此，动词的既行体跟动词的普通体很不一样，常常和形容词、名词同形。这些同族词，它们彼此之间的先后顺序以及因果关系很清楚。先有动词然后有形容词或名词，后者是前者的派生形式，比如"名"和"铭"。从这些动词通过元音松紧交替派生出形容词或者名词的事例中，可以窥见元音松紧交替所隐含的语法意义。紧元音为动词的普通体而松元音为动词的既行体，只是动词的既行体表现为形容词或者名词。

名词表示人或者事物，而形容词表示人或事物的性质、状态、特征或属性。两者关系非常密切。上古汉语的词类界线不是很清晰。好些词身份双重，既是形容词也是名词，比如色彩词。不过，上古汉语很多时候词性的改变会伴随着语音形式的改变。

昭*tɯ̱，止遥切，《广韵》："明也，光也，著也。"《说文》："昭，日明也。"《诗经·文王》："文王在上，於昭于天。"传："昭，见也。"笺："其德著见于天。"《诗经·抑》："昊天孔昭，我生靡乐。"笺："昭，明也。"照*tɯ̱s，之少切，《广韵》："明也。照，上同。"《诗经·日月》："日居月诸，照临下土。"《诗经·正月》："潜虽伏矣，亦孔之照。"《释文》："照，音灼，之若反。"

灼*tɯ̱k，之若切，《广韵》："烧也，炙也，热也。"《广雅》："灼灼，明也。"《诗经·桃夭》："桃之夭夭，灼灼其华。"的*tɯk，都历切，《广韵》："指的，又明也。"《说文》："的，明也。"段玉裁注："的者，白之明也。"《广雅》："的，白也。"《易·说卦》："为的颡。"虞翻注："的，白也。"《诗经·车邻》："有马白颠。"传："白颠，的颡也。"字写作馰。馰，都历切，《广韵》："馰颅，马白额，又作的。"《诗经·宾之初筵》："发彼有的，以祈尔爵。"毛传："的，质也。"疏："的者，谓熊侯白质者也。"《韩非子·内储说上》："人之有狐疑之讼者，令之射的。"《荀子·劝学》："是故质的张，而弓矢至焉。"

清*ƫhi̱ŋ，七情切，《广韵》："又静也，澄也，洁也。"《释名》："清，青也，去浊远秽，色如青也。"《诗经·伐檀》："河水清且涟猗。"《诗经·四月》："相彼泉水，载清载浊。"《庄子·刻意》："水之性，不杂则清，莫动则平。"青*ƫhiŋ，仓经切，《广韵》："东方色也。"《荀子·劝学》："青取之于蓝，而青于蓝。"《庄子·逍遥游》："背负青天而莫之夭阏者，而后乃今将图南。"《庄子·大宗师》："瞽者无以与乎青黄黼黻之观。"

良*ra̱ŋ，吕张切，《广韵》："贤也，善也。"《诗经·绸缪》："今夕何夕，见此良人。"《诗经·鹑之奔奔》："人之无良，我以为兄。"《孟子·离娄下》："齐人有一妻一妾而处室者，其良人出，则必餍酒肉而后反。"郎*raŋ，鲁当切，《广韵》："官名。"段玉裁《说文》注："以郎为男子之偁及官名者，皆良之假借字也。"《史记·平准书》："初，式不愿为郎。"

悠*zu，以周切，《广韵》："远也。"《诗经·渐渐之石》："山川悠远，维其劳矣。"《国语·吴语》："今吾道路悠远，无会而归与会而先晋，孰利?"注："悠，长也。"《诗经·访落》："于乎悠哉，朕未有艾。"条*zu，徒聊切，《广韵》："小枝也。"《说文》："条，小枝也。"条指细长的枝条。《诗经·椒聊》："椒聊且，远条且。"传："条，长也。"《诗经·中谷有蓷》："有女仳离，条其啸矣。"《诗经·汝坟》："遵彼汝坟，伐其条枚。"传："枝曰条，干曰枚。"《庄子·德充符》："胡不直使彼以死生为一条，以可不可为一贯者。"

巨*ga̱^{B}，其吕切，《广韵》："大也。"《韩非子·初见秦》："长城巨防，足以为塞。"《庄子·庚桑楚》："夫寻常之沟，巨鱼无所还其体，而鲵鳅为之制。"《庄子·人间世》："其作始也简，其将毕也必巨。"《孟子·梁惠王下》："为巨室，则必使工师求大木。"也作鉅。鉅*ga̱^{B}，其吕切，《广韵》："大也。"《吕氏春秋·侈乐》："故太鉅、太小、太清、太浊皆非适也。"《荀子·赋》："此夫始生鉅，其成功小者邪?"湖*ga，户吴切，《广韵》："江湖广曰湖也。"《说文》："湖，大陂也。"《墨子·非攻中》："东而攻越，济三江五湖，而葆之会稽。"《庄子·逍遥游》："何不虑以为大樽而浮乎江湖?"又指广漠之地，字写作胡。《史记·孝文本纪》："数月，胡人去，亦罢。"《史记·平准书》："骠骑仍再出击胡，获首四万。"

深*su̱m，式针切，《广韵》："远也。"《诗经·匏有苦叶》："匏有苦叶，济有深涉。深则厉，浅则揭。"《诗经·小旻》："如临深渊，如履薄冰。"《周礼·地官·司徒》："以土圭之法测土深，正日景，以求地中。"潭*zum，徒含切，《广韵》："又深水貌。"《广雅》："潭，渊也。"《淮南子·原道训》："以曲隈深潭相予。"《楚辞·渔父》："屈原既放，游于江潭。"

朽*khu̱^{B}，许久切，《广韵》："腐也。"《论语·公冶长》："朽木不可雕也，粪土之墙不可杇也。"《荀子·劝学》："锲而舍之，朽木不折；锲而不舍，金石可镂。"《左传·僖公三十三年》："寡君之以为戮，死且不朽。"考*khu^{B}，苦浩切，《说文》："老也。"《庄子·刻意》："彭祖寿考者之所好也。"《礼记·曲礼》："祭王父曰皇祖考，王母曰皇祖妣。父曰皇考，母曰皇妣。……寿考曰卒，短折曰不禄。"《孟子·万章上》："放勋乃徂落，百姓如丧考妣。"

圜 * gon，王权切，《广韵》："天体。圆，上同。"《说文》："圜，天体也。""圜"为"方圜"之，"天体"是引申义。《韩非子 · 外储说左上》："为人君者犹盂也，民犹水也，盂方水方，盂圜水圜。"《吕氏春秋 · 圜道》："天道圜，地道方，圣王法之。"《墨子 · 大取》："小圜之圜，与大圜之圜同。"《说文》："圆，圜全也。"《荀子 · 君道》："君者盘也，民者水也，盘圆而水圆。君者盂也，盂方而水方。"《庄子 · 骈拇》："圆者不以规，方者不以矩。"《韩非子 · 功名》："右手画圆，左手画方，不能两成。"丸 * gon，胡官切，《广韵》："弹丸。"《说文》："丸，圜也。"《吕氏春秋 · 本味》："丹山之南，有凤之丸，沃民所食。"注："丸，古卵字也。"引申之，为"弹丸"之"丸"。《左传 · 宣公二年》："从台上弹人，而观其辟丸也。"《管子 · 轻重丁》："请挟弹怀丸游水上。"《战国策 · 楚策》："左挟弹，右摄丸，将加己乎十仞之上。"

动词可以通过元音松紧交替派生出形容词或名词，形容词也可以通过元音松紧交替派生出名词，也有逆构词由名词派生出形容词，比如"青"和"清"。形容词往往就是名词所指事物的特征或属性，或者名词具有形容词的特征或属性，比如"良"和"郎"。名词使用过程中极容易变成形容词，形容词也是如此。《庄子 · 逍遥游》："适莽苍者三飡而反，腹犹果然。"《释文》："果，众家皆云饱貌。""果实"的特征中间向外凸出，人吃饱了肚子也向外凸出。于是，"果"改变词性由名词"果实"变成形容词"饱貌"。再带上受事者就成了"果腹"的"果"。这时"果"就变成了动词。这种词性改变一般不需要改变语音。这应该是上古汉语用元音松紧交替由名词派生形容词或由形容词派生名词的事例不多的原因之一。

参考文献

Benedict，P.K.乐赛月、罗美珍译.汉藏语言概论[M].北京：中国社会科学院民族所语言室，1984.
黄布凡.古藏语动词的形态[J].民族语文，1981(3).
金理新.汉藏语的既行体后缀～ * -s[J].民族语文，2005(2).
金理新.上古汉语形态研究[M].合肥：黄山书社，2006.
金理新.上古音略[M].合肥：黄山书社，2013.
潘悟云.汉语历史音韵学[M].上海：上海教育出版社，2000.
王力.同源字典[M].北京：商务印书馆，1982.
严学宭.论汉语同族词内部屈折的变换模式[J].中国语文，1979(2).
杨树达.积微居小学金石论丛[M].北京：中华书局，1983.
杨树达.积微居小学述林[M].北京：中华书局，1983.
俞敏.中国语言学论文选[M].东京：光生馆，1984.
俞敏.俞敏语言学论文选[M].北京：商务印书馆，1999.
张济川.藏语的使动、时式、自主范畴[J].民族语文，1989(2).
郑张尚芳.上古音系[M].上海：上海教育出版社，2003.

中国境内名词短语语序的地理类型和区域类型格局*

常熟理工学院　柳　俊　上海外国语大学　金立鑫

内容提要　地理类型学与区域类型学的研究成果显示，中国的语言处于欧亚区域和东南亚区域之间的缓冲地带。总体类型特征上，偏北者更接近欧亚区域的语言，偏南者更接近东南亚区域的语言。经考察，中国境内语言和方言名词短语(DP)语序中的数(N)名、形(A)名、指(D)名、关系小句(R)—名词和领(G)属语序特征依旧符合前人的总体结论。具体来说，这近百种语言大致分布于以滇东南与黔(除黔西)和桂中南为中心的【西/北 N>A>D>R>G>滇 N 黔桂<G<R<D<A 东/北】地理类型套圈之上。以滇与黔桂边界为分水岭，其左者中更左项语序较之更右项语序的核心居后特征更向西北分布，更右项语序较之更左项语序的核心居前特征更向东南分布。其右者的语序特征镜像分布。数名语序稍有别，滇与黔桂界之左者向西至印度北部，向西北至青海东部甘肃中部现核心居前特征，其之右者向东南至印尼东部现核心居后特征。DP 语序的地理类型套圈或许是研究汉藏语同源异类以及东北亚、东亚和东南亚主要语言之间历史关系的新视角。

关键词　名词短语；语序类型；区域类型学；地理类型学

1. 理论和方法背景

语言地理类型学(桥本万太郎 2008[1985])和区域类型学(Dryer 1989)研究将中国的语言和方言主要归入“北方”/“欧亚语言区域”和“南方”/“东南亚语言区域”。

桥本万太郎(2008[1985])和罗杰瑞(Norman 1988)很早就发现，汉语越往北，方言结构越像北方的非汉语，比如阿尔泰诸语；越往南，方言结构就越像南方的非汉语，比如侗台语和南亚语。①据张敏(2011：89)，科姆里(Comrie 2008)利用世界语言结构地图集(下称“WALS”)数据印证了桥本的观点，即在北亚和东南亚这两个结构特性迥然有别的语言区域之间，汉语正位于统计意义上的中间位置，汉语方言中偏北者更接近北亚语言，偏南者更接近东南亚语言。

汉语分区历来是汉语方言研究中的重要课题。曹茜蕾(Chappell 2012，2013)(2015)基于 Chappell(2012，2013)的汉语分区模型，提出四区说：

---

*　本研究受江苏省社会科学基金一般项目(19YYB009)、云南省哲学社会科学规划项目(QN2019051)、江苏高校哲学社会科学研究项目“江苏境内方言的双及物结构类型及其地理分布”(2019SJA1281)资助和江苏高校社会科学优秀创新团队项目(2017ZSTD015)的资助。

①　也有许多补充修正的研究。刘丹青(2001)认为桥本模型的不足是试图综合历史继承、地理推移(即接触和移民造成的特征扩散)和类型因素，却忽略了类型可以独立于历史继承和地理推移而独立发展，即内部演变。吴语和闽语的动词居后倾向是由话题化引起的，这是一种内部发展，并没有历史继承和外部推移的影响，但它已经对吴闽方言的句法类型产生了深刻的影响。

(1) 北部：北方官话、晋语和部分中原官话。具有 SOV 特征，因为与北亚的语言接触。

(2) 中部：部分中原官话、江淮官话、西南官话、湘语、湘话、赣语、闽赣语和客家话。

(3) 东南部：吴语、徽语和闽语。最具 SOV 特征，是自身系统发展的结果。

(4) 南部(Far-Southern zone)：粤语、平话，雷州半岛和海南岛的汉语方言。最具 SVO 特征，因为与侗台语和勉语接触。

如果说地理类型学的初衷是通过某语言的各方言或母语言的各姊妹语言的现代地理类型格局来探讨系属分类问题的话，那么语言区域类型学则是着眼于某地域内各种语言的地理类型格局所反映出的语言接触导致的区域趋同(convergence)现象。坎贝尔(Campbell 2006)和乌尔班(Urban 2007)从质上探讨过类型学区域的划分标准，主要依据是历史语言学和借词特征。德莱尔(Dryer 1989：268)则通过简单数理统计，将世界划分为非洲、欧亚、澳洲—新几内亚、北美和南美这五大类型学区域。德莱尔(Dryer 1992，脚注 3)在此基础上，增加了东南亚和南岛语圈区域，合计 6 个类型学区域。比科尔等(Bickel et al 2006，2009：480-1)运用高维特征的复杂计算，划分出非洲、欧洲、欧亚、东南亚、喜马拉雅和高加索地区、南澳和南新几内亚高地、澳洲、环太平洋地区这 8 个类型学区域。

可以说，语言地理类型学和语言区域类型学虽侧重不同，但殊途同归，它们都是解开某区域内各种语言或各种方言间或是亲缘或是接触之历史谜团的钥匙。有鉴于此，本文将使用该范式来审视中国及其周边地区各语言的现代地理格局，试图窥探这些语言间历史关系的蛛丝马迹。本文所选择的类型特征都是语序类型特征，分述如下。

2. 基本语序类型的地理分布

地理类型学方面，桥本万太郎(2008[1985])提出中国境内的语言由北向南呈现从 OV 到 VO 逐渐过渡的语法结构地理景观。金立鑫(2016)指出从亚洲语言及中国所处的周边地理位置上看，汉语处在西北区域的 OV 基本语序与东南区域的 VO 基本语序之间。刘丹青(2001)丰富了桥本的理论。刘文根据小句结构语序类型，提出汉语方言的地理图景模式，即“粤—官话及客、赣、徽—吴、闽”，SVO 特征从左往右依次减弱。

区域类型学方面，一些早期研究(Dryer，1989)还未注意到欧亚大陆和澳洲—新几内亚区域之间存在一个类型迥异的东南亚区域。只发现欧亚大陆的 SVO 语言(SOV：SVO = 26：19)相较澳洲—新几内亚(SOV：SVO = 19：6)比例更高一点。

若把桥本的观察放到更大的区域图景中便能清楚看到 OV/VO① 的地理分界 VALS 第 81A 特征地图②明确显示欧亚大陆 OV 语言聚集区和澳洲—新几内亚 OV 语言聚集区之间有一个 VO(SVO、VSO 和 VOS)语言聚集区即东南亚和南岛语圈(下称“东南亚区域”)。其实，

---

① 据德莱尔(Dryer 1991)，除了 G-n 语序外，V 居中语言和 V 居首语言类型特征十分接近。即更概括意义上，VO 和 OV 特征更有类型学价值，SVO 和 VSO/VOS 语言具有 VO 特征，而 SOV 语言具有 OV 特征。下文我们会将这两种特征等同，因为它们在几乎所有参项上倾向性是一致的。

② 图链接：http://wals.info/feature/81A＃2/18.0/152.9.限于客观原因，本文不展示原图，感兴趣的可以按链接索图。

苏沙(de Sousa 2015)在作汉语分区时也关注到“东南亚区域”,提出东南亚区域的典型语言即侗台语和苗瑶语的核心区域在我国南方,应将与其接触的南部汉语方言甚至东南部汉语方言纳入东南亚区域。

所谓“东南亚区域”是类型学意义上的。它与地理学意义上的“东南亚”稍有出入,主要包括中南半岛,南至华莱士线(Wallace Line),西达缅甸北部的 Pātkai 和 Chin 山脉西坡,由此沿青藏高原东缘北上到大约北纬 36 度,再直抵黄河。整个区域包括云南、川西走廊(Bickel et al., 2009:481)。其中,华莱士线主要划过印度尼西亚巴厘岛(Bali)东缘和苏拉威西岛西缘。[①]其中,Pat-kai [ˈpʌtˌkaɪ]山位于北纬 27°00′、东经 96°00′,而 Chin 山脉位于北纬 22°30′、东经 93°30′。

另外,欧亚大陆和东南亚区域之间有一条 OV 和 VO 语言交错分布的缓冲带,该地带的西北面几乎都是 OV 语言,该地带的东南面几乎都是 VO 语言。该缓冲带大致是缅北、缅东、泰北、老挝北部、滇西南和滇南。该地带的一部分在我国境内,与我们的讨论相关,文末我们会谈到它的重要性。

3. DP 语序类型的地理分布

据詹胡南(Janhunen 2012),安多藏区的汉语和藏语支语言都有阿尔泰语类型特征。但语法结构接触趋同是有层级的。譬如,DP 语序(尤其是 An 语序)比限定句基本语序(尤其是 OV 语序)稳定得多。(Haig 2001:217)以青海的保安语(Bonan,与藏语支深度接触的蒙古语族语言)和安多藏语为例。尽管与藏语支深度接触,但青海的保安语仍是阿尔泰语的 An 语序,而安多藏语是东南亚特征的 nA 语序(Dryer 2003)。

这一点从苏沙(2015)的分区研究也能看出。该文考察的 17 个语法参项中,四个区的汉语方言 DP 语序(包括 Gn、An、Dn 和 Rn)几乎一致,与东南亚特征相去甚远(苏沙 2015, Table 3),而非 DP 语序类型特征迥异(苏沙 2015, Table 4)。这从侧面说明,幅员辽阔的汉语圈即使与不同系属的语言接触产生了类型特征迥异的分区,但 DP 语序类型特征最保守,Gn、An、Dn 和 Rn 语序完全一致。

所以,DP 语序或许是审视中国及周边地区各种系属语言之间错综复杂历史关系的有效切入点。DP 语序中,本文主要考察领属(下称 G-n)语序、形名(下称 A-n)语序、指名(下称 D-n)语序、数名(下称 N-n)语序[②]和关系小句—名词(下称 R-n)语序。

由于各种原因 WALS 及基于此数据库的研究对中国境内语言的采样率很低,未能充分展现我国的语言图景。并且主要基于汉语的地理类型学研究对非汉语的描述都过于粗线条。鉴于上述原因,我们调查了中国及周边地区近百种语言和方言的五个 DP 语序参项(表 1)。

---

① 为节约篇幅,本文国别简称如下:“印”指印度,“巴”指巴基斯坦,“印尼”指印度尼西亚,“老”指老挝,“泰”指“泰国”,“缅”指缅甸,“柬”指柬埔寨,“越”指越南;“国名 + 地名”仍用全称。除行文韵律需要,绝大多数情况我国省份和直辖市名称使用通用简称;另外,“内”指内蒙古,“两广”指广东和广西。更低行政地名和其他地理名称等仍用全称。“省份 + 地名”仍用全称。

② 对于有量词的语言,这里指数量短语与名词核心的相对语序。至于量-名-数(-量)语序的语言,如某些壮语方言(覃凤余 2015),算作 nN 语序。

表 1　中国境内及周边地区语言的 DP 语序①

编号	语言	V-O	G-n	D-n	A-n	R-n	N-n	地点
				阿尔泰语(20 种)				
uig	维吾尔语等②	OV	Gn	Dn	An	Rn	Nn	新内黑、甘青
slr	撒拉语等③	OV	Gn	Dn	An	Rn	nN	甘青、吉林
				汉语				
cmn	普通话	VO	Gn	Dn	An	Rn	Nn	北京
				藏缅语(33 种)				
adx	玛曲藏语	OV	Gn	nD	nA	Rn	nN	甘肃玛曲
eky	红克伦语	VO	Gn	nD	nA	Rn	nN	缅甸克耶邦
mya	缅甸语	OV	Gn	Dn	nA	Rn	nN	缅甸仰光
jya	嘉戎语	OV	Gn	Dn	nA	Rn	nN	四川阿坝
cng	麻窝羌语	OV	Gn	Dn/nD	nA	Rn/nR	nN	四川阿坝
qxs	桃坪羌语	OV	Gn	Dn/nD	nA	Rn/nR	nN	四川阿坝
iii	喜德彝语	OV	Gn	nD	nA	Rn	nN	四川凉山
mxj	格曼僜语	OV	Gn	Dn/nD	An/nA	Rn	nN	西藏察隅
clk	义都珞巴语	OV	Gn	Dn	nA	Rn/nR	nN	西藏察隅
suv	苏龙语	OV	Gn	Dn	nA	Rn	nN	西藏错那
twm	错那门巴语	OV	Gn	Dn/nD	nA	Rn/nR	nN	西藏错那
bod	拉萨藏语	OV	Gn	nD	nA	Rn	nN	西藏拉萨
adi	博嘎尔语	OV	Gn	Dn/nD	nA	Rn/nR	nN	西藏珞瑜
tsj	仓洛门巴语	OV	Gn	Dn	nA	Rn	nN	西藏墨脱
tji	土家语	OV	Gn	Dn	nA	Rn/nR	nN	湘西龙山
duu	独龙语	OV	Gn	Dn	An/nA	Rn	nN	云南独龙江
nun	阿侬语	OV	Gn	nD	nA	Rn	nN	云南福贡
zal	柔若语	OV	Gn	nD	nA	Rn	nN	云南福贡
nuf	怒苏语	OV	Gn	nD	nA	Rn	nN	云南贡山

① 各语序参项数据参考“数据来源”所列文献，恕不一一列明。主要来自李云兵(2008)、陈新义(2012)和柳俊(2016)。地理数据主要参考孙宏开等(2007)。

② 包括维吾尔语(新疆塔里木)、哈萨克语(新疆伊犁)、柯尔克孜语(新疆克孜勒苏)、塔塔尔语(新疆乌鲁木齐)、乌兹别克语(新疆莎车)、图瓦语(新疆阿勒泰)、蒙古语(内蒙古巴林)、东乡语(甘肃临夏)、土族语(青海互助)、达斡尔语(内蒙古莫力达瓦)、东部裕固语(甘肃康乐)、满语(黑龙江大五家子)、锡伯语(新疆伊犁)、鄂温克语(内蒙古呼伦贝尔)、鄂伦春语(内蒙古乌鲁布铁)和赫哲语(黑龙江同江)。

③ 包括撒拉语(青海循化)、保安语(甘肃积石山)、康家语(青海尖扎)、朝鲜语(吉林)和土族语。但土族语数词后置的例子(陈新义 2012:122)中的数词全是“一”。我们知道，跨语言中“一”的语法特征很可能和其他数词不同，如景颇语(顾阳、巫达 2005)。所以姑且不把土族语计算在内。另外，西部裕固语由于缺少 Dn 语序的例子，故不把该语言计算在内。

续表

编号	语言	V-O	G-n	D-n	A-n	R-n	N-n	地点
				藏缅语(33 种)				
bca	剑川白语	VO	Gn	nD	An/nA	Rn	nN	云南剑川
jiu	基诺语	OV	Gn	Dn	nA	Rn	nN	云南景洪
sgk	桑孔语	OV	Gn	nD	nA	Rn	nN	云南景洪
pmj	兰坪普米语	OV	Gn	Dn	nA	Rn	nN	云南兰坪
lhu	拉祜语	OV	Gn	nD	nA	Rn	nN	云南澜沧
bzi	毕苏语	OV	Gn	Dn	nA	Rn	Nn/nN	云南澜沧
nxq	纳西语	OV	Gn	Dn	nA	Rn	nN	云南丽江
can	阿昌语	OV	Gn	nD	nA	Rn	nN	云南陇川
atb	载瓦语	OV	Gn	Dn	nA	Rn	nN	云南潞西
kac	景颇语	OV	Gn	Dn/nD	nA	Rn	nN	云南潞西
mhx	浪速语	OV	Gn	nD	nA	Rn	nN	云南潞西
hni	哈尼语	OV	Gn	nD	nA	Rn	nN	云南绿春
lis	傈僳语	OV	Gn	nD	nA	Rn	nN	云南怒江
kaf	卡卓语	OV	Gn	nD	nA	Rn	nN	云南通海
				苗瑶语(7 种)				
cqd	川黔滇苗语	VO	Gn	nD	An/nA	nR	Nn	贵州毕节
shx	畲语	VO	Gn	Dn	An/nA	Rn	Nn	广东博罗
bwx	布努语	VO	Gn	nD	nA	nR	Nn	广西大化
buh	优诺语	VO	Gn	nD	An	Rn	Nn	广西龙胜
ium	勉语	VO	Gn	Dn	An/nA	Rn	Nn	广西龙胜
pha	巴哼语	VO	Gn	Dn	nA	Rn	Nn	广西三江
pnu	炯奈语	VO	Gn	nD	nA	Rn	Nn	广西金秀
				侗台语(16 种)				
byk	标话	VO	Gn	Dn	An/nA	Rn	Nn	广东封开
cdy	茶洞语	VO	nG	nD	nA	Rn	Nn	广西桂林
mlm	仫佬语	VO	nG	nD	nA	nR	Nn	广西河池
mmd	毛南语	VO	nG	nD	nA	Rn/nR	Nn	广西环江
lbc	拉珈语	VO	Gn	nD	nA	Rn/nR	Nn	广西金秀
zyb	壮语	VO	nG	nD	nA	nR	Nn	广西武鸣
tct	佯僙语	VO	nG	nD	nA	nR	Nn	贵州独山
mkg	莫语	VO	nG	nD	nA	nR	Nn	贵州荔波
pcc	布依语	VO	nG	nD	nA	nR	Nn	贵州龙里
kmc	侗语	VO	nG	nD	nA	Rn/nR	Nn	贵州榕江
swi	水语	VO	nG	nD	nA	nR	Nn	贵州三都

续表

编号	语言	V-O	G-n	D-n	A-n	R-n	N-n	地点
				侗台语(16种)				
khb	西傣语	VO	nG	nD	nA	nR	nN	云南西双版纳
tha	泰语	VO	nG	nD	nA	nR	nN	泰国曼谷
lic	黎语	VO	nG	nD	nA	nR	Nn	琼
cuq	村语	VO	Gn/nG	Dn	nA	Rn	Nn	海南昌化
onb	临高语	VO	Gn/nG	Dn	nA	Rn/nR	Nn/nN	海南临高
				南亚语(11种)				
ply	俫语	VO	nG	nD	nA	Rn/nR	Nn	广西隆林
vie1	京语	VO	nG	nD	nA	nR	Nn	广西防城
wbm	佤语	VO	nG	nD	nA	nR	nN	云南沧源
ril	德昂语	VO	nG	nD	nA	nR	nN	云南德宏
zng	莽语	VO	nG	nD	nA	nR	Nn/nN	云南金平
bbh	布赓语	VO	nG	nD	nA	nR	Nn/nN	云南文山
bgk	布兴语	VO	Gn/nG	nD	nA	nR	Nn/nN	云南西双版纳
kfj	克蔑语	VO	nG	nD	nA	nR	Nn/nN	云南西双版纳
kjg	克木语	VO	nG	nD	nA	nR	Nn/nN	云南西双版纳
khm	柬埔寨语	VO	nG	nD	nA	nR	nN	柬埔寨金边
vie2	越南语	VO	nG	nD	nA	nR	Nn	越南河内
				南岛语(5种)				
ind	印尼语	VO	nG	nD	nA	nR	Nn	印尼雅加达
ami	阿眉斯语	VO	Gn/nG	Dn	An	Rn	Nn	台湾花莲
bnn	布农语	VO	Gn	Dn/nD	An	Rn	Nn	台湾嘉义
trv	赛德克语	VO	Gn/nG	nD	nA	nR	Nn/nN	台湾花莲
pwn	排湾语	VO	Gn/nG	Dn	An	Rn	Nn/nN	台湾屏东

根据O-V语序特征和系属统计DP语序类型特征得表2和表3。这两个表显示不同系属呈现出不同的类型特征。下面我们尝试从地理类型角度来依次考察DP语序各参项。

表2　中国境内及周边地区VO语言的DP语序类型

VO语言	Gn 122 nG 398	An 114 nA 456	Dn 155 nD 374	Nn 227 nN 285	Rn 5 nR 416	WALS①

① 本文所有来自“世界语言结构地图集(WALS)”的数据所对应的“特征(feature)”编号如下:81A基本语序,86A领属语序,87A形名语序,88A指名语序,89A数名语序,90A关系小句—名词语序,98A配置模式。下不赘述。

续表

苗瑶语(7)	Gn 7 nG 0 均可 0	An 1 nA 3 均可 3	Dn 3 nD 4 均可 0	Nn 7 nN 0 均可 0	Rn 5 nR 2 均可 0	本样
南亚语(11)	Gn 0 nG 10 均可 1	An 0 nA 11 均可 0	Dn 0 nD 11 均可 0	Nn 3 nN 3 均可 5	Rn 0 nR 10 均可 1	本样
侗台语(16)	Gn 2 nG 12 均可 2	An 0 nA 15 均可 1	Dn 3 nD 13 均可 0	Nn 13 nN 2 均可 1	Rn 3 nR 9 均可 4	本样
南岛语(5)	Gn 1 nG 1 均可 3	An 3 nA 2 均可 0	Dn 2 nD 2 均可 1	Nn 3 nN 0 均可 2	Rn 3 nR 2 均可 0	本样
VO 藏缅语(2)	Gn 2 nG 0 均可 0	An 0 nA 1 均可 1	Dn 0 nD 2 均可 0	Nn 0 nN 2 均可 0	Rn 2 nR 0 均可 0	本样

表 3 中国境内及周边地区 OV 语言的 DP 语序类型①

OV 语言	Gn 494 nG 32	An 216 nA 332	Dn 317 nD 141	Nn 203 nN 271	Rn 132 nR 113	WALS
阿尔泰语(21)	Gn 21 nG 0	An 21 nA 0	Dn 20 nD 0	Nn 17 nN 4	Rn 21 nR 0	陈新义(2012)
OV 型藏缅语(31)	Gn 31 nG 0 均可 0	An 0 nA 29 均可 2	Dn 12 nD 13 均可 6	Nn 0 nN 30 均可 1	Rn 25 nR 0 均可 6	本样

3.1 数名语序类型的地理分布

据 WALS②,欧亚大陆 OV 语序的 nN 语言与东南亚区域 VO 语序的 nN 语言紧邻,形成

① 这与其他样本统计结果一致。譬如,罗天华(2016)统计的 4 种 OV 型藏缅语优势语序为 Gn、nA、nN。赵斌(1989)统计的 20 种阿尔泰语优势语序为 Gn、An、Rn;19 种 OV 型藏缅语优势语序为 Gn、nA、Rn。

② 第 83A 和 89A 特征组合地图链接:http://wals.info/combinations/83A_89A#A/19.7/153.0。

一个 nN 区域(下称"东南亚 nN 区")。该区域与澳洲—新几内亚的 nN 区域之间有一大片 VO 语序的 Nn 语言,形成 Nn 区域(下称"东南亚 Nn 区")。该区域主要包括我国南方(主要是两广、琼和台)、越南、马来西亚、印尼东部和菲律宾。据德莱尔(2008, Map 7)的研究,东南亚 nN 区的西界为印度东北与尼泊尔北部的交界线。①

为了搞清我国境内 Nn/nN 特征的地理分布及其在欧亚大陆和东南亚区域之间的地理类型学意义,我们将本样的各语言按地理特征分列于表 4。除了个别点,Nn 特征的地理分布大致为:我国的大部分北方地区和粤、桂、黔以及越南、印尼;nN 特征的地理分布大致为:甘南、西藏中南部、川西走廊、滇西北、滇中和老泰柬缅。两种特征接触的北方缓冲带为青海东部和甘肃中部,南方缓冲带为滇东南、滇西南和滇南;琼和台兼具两种特征。

表 4　中国境内及周边地区语言 N-n 语序的地理分布

nN	Nn/nN	Nn
吉林、青东(循化)甘中(临夏)、甘南(玛曲) 撒拉语等、玛曲藏语		京、新内黑、青东(互助)甘中(临夏) 普通话、维吾尔语等
藏南(察隅、错那、墨脱、珞瑜地区)、拉萨 格曼僜语、苏龙语、仓洛门巴语、义都珞巴语、错那门巴语、博嘎尔语、拉萨藏语		粤 畲语、标话
川西、湘西 嘉戎语、麻窝羌语、桃坪羌语、喜德彝语、土家语		黔 侗语、佯僙语、莫语、布依语、水语、川黔滇苗语
滇西北(独龙江、怒江、丽江、兰坪、大理) 独龙语、阿侬语、柔若语、怒苏语、傈僳语、纳西语、兰坪普米语、剑川白语		
滇西南(云南德宏、沧源、澜沧)、缅甸 阿昌语、载瓦语、景颇语、浪速语、德昂语、佤语、拉祜语、缅甸语、红克伦语	滇西南(澜沧) 毕苏语	

① 德莱尔(Dryer 2008)认为 nN 特征扩展到更远的尼泊尔北部与西藏接壤之处,这反映该区域更少受印度雅利安影响。

续表

nN	Nn/nN	Nn
滇中(云南红河、玉溪)	滇东南(金平、文山)	桂
哈尼语、卡卓语	莽语、布赓语	拉珈语、炯奈语、茶洞语、优诺语、勉语、布努语、仫佬语、巴哼语、毛南语、俫语、壮语、京语
滇南(西双版纳)、老泰柬	滇南(西双版纳)	越南、印尼
基诺语、桑孔语、西傣语、泰语、柬埔寨语	布兴语、克蔑语、克木语	越南语、印尼语
	琼(临高)	琼
	临高语	黎语、村语
	台湾(花莲、屏东)	台湾(花莲、嘉义)
	阿眉斯语、排湾语	赛德克语、布农语

据表2和表3的统计,nN特征主要来自大部分藏缅语和一部分南亚语。其中,德莱尔(Dryer 2008)的考察(见表5)表明藏缅语中只有藏语支的一部分语言是Nn语序的。另外,据德莱尔(1996)和本样的数据(见表6),中国云南和缅泰老柬的南亚语以nN语序为主,印度阿萨姆邦、中国广西和越南的南亚语以Nn语序为主。这完全符合上述Nn/nN的地理分布。

表5 藏缅语各语支的DP语序类型(Dryer 2008)

藏缅语	An 38 nA 56 均可 17	Dn 63 nD 27 均可 4	Nn 21 nN 77 均可 7
藏语支(BODIC)	An 30 nA 16 均可 3	Dn 37 nD 6 均可 2	Nn 21 nN 24 均可 4
藏语支东部藏语分支(BODIC>TIBETAN)	An 2 nA 14 均可 2	Dn 8 nD 6 均可 2	Nn 0 nN 18 均可 0
嘉羌语支和纳语群(NORTHEAST TB)	An 1 nA 5 均可 0	Dn 4 nD 2 均可 0	Nn 0 nN 6 均可 0
彝缅语支(BURMESE-LOLO)	An 0 nA 13 均可 3	Dn 2 nD 8 均可 0	Nn 0 nN 10 均可 0

续表

库克—钦语支 (KUKI-CHIN)	An 0 nA 13 均可 4	Dn 5 nD 7 均可 1	Nn 0 nN 17 均可 1

据区域类型学研究(见表 7),OV 语言中只有南美洲和欧亚区域 Nn 特征强势,而 VO 语言(除非洲区域)Nn 强势。也就是说,欧亚与东南亚南岛语圈是两个类型迥异的区域,OV 型藏缅语的 nN 特征是跨语言常见的,反倒是 VO 型南亚和西南台语(傣泰语)的 nN 特征是跨语言极其罕见的(除了地理相隔极远的非洲),这应该是自源的。关于源头可以有两种假设。

表 6　南亚语 N-n 语序的地理分布

	Nn	nN	Nn/nN	Nn
越芒语族			滇:布赓语	桂:京语、俫语 越:越南语
孟高棉语族北孟高棉语支	印东北:卡西语[1](Khasi)	滇、缅甸:德昂语、佤语 老:克木语	滇、缅甸:布朗语 滇:克木语、布兴语	
孟高棉语族东孟高棉语支		老柬:布劳语(Brao)	老越:卡都语(Katu) 越:斯汀语(Stiêng)	越:遮劳语(Chrau)、科霍语(Sre)、色当语(Sedang)
孟高棉语族其他语支		泰缅:孟语(Mon) 柬:柬埔寨语	滇、越南:莽语 滇:克蔑语	

表 7　六大类型学区域的 V-O 语序与 N-n 语序(Dryer 1992)[2]

德莱尔(Dryer 1992)	非洲	欧亚	东南亚和南岛语圈	澳洲—新几内亚	北美洲	南美洲
OV-Nn	6	18	1	5	12	10
OV-nN	13	0	4	17	12	6
VO-Nn	2	9	11	5	19	7
VO-nN	21	0	5	0	0	0

① 本文所有南亚语汉译名均依据颜其香、周植志(2011:3—28)。系属分类以我国主流学者的研究结论为依据,必要时参考 www.ethnologue.com。

② 虽然德莱尔(Dryer 1996)对某些参项的数据进行更新,但倾向性格局不变。考虑到系统性,我们仍取德莱尔(Dryer 1992)的数据。

假设一：侗台语是源头（之一）。譬如，梁敏（1986）认为除黎语外，壮侗语族诸语言现在的数词大都是从汉语吸收的，吸收这些数词时，把汉语数量词的词序也吸收进来了。该论断的前提是汉语与侗台语 Nn 语序相异，远离汉文化圈身处中南半岛腹地的西南台语是保留侗台语最原始特征的一支。

假设二：南亚语是源头。如前所述，大部分藏缅语在欧亚大陆上被大量跨语言罕见的 OV 型 Nn 语言包围之下，仍旧保持 nN 特征（符合跨语言倾向性）。这说明 nN 特征是藏缅语的原始特征。如果同意学界较主流观点，即汉藏语同源的话，汉语原始特征也应该是 nN（古汉语也正是如此）。而东南亚区域大部分南岛语和侗台语都是 Nn 语序①（WALS 第 83A 和 89A 特征组合地图，见 57 页脚注②），Nn 是原始特征。汉语先民离开汉藏语集团往东迁徙接触了周围大量 Nn 特征的阿尔泰语、侗台语，甚至南岛语先民，汉语发生 Nn 语序替换。而西南台语先民被迫向西南迁徙与中南半岛的土著南亚语先民接触，西南台语带上了 nN 特征。

我们认为假设二可能性更大，因为假设一需要推翻汉藏语同源假说，或者回答带 nN 特征的汉语向东与带 nN 特征的侗台语主体接触后如何变成 Nn 特征的，以及 nN 特征侗台语主体吸收汉语数词后如何带上汉语 Nn 这种非原始特征的。如果说汉语 Nn 特征是从南岛语获得的，那么侗台语更早与南岛语接触，理应更早从南岛语那里获得 Nn 特征，而不是从汉语那里二手获得南岛语的 Nn 特征。

3.2 形名语序类型的地理分布

据 WALS②，欧亚大陆 OV 语序的 nA 语言与东南亚区域 VO 语序的 nA 语言连成一片，一直到巴布亚新几内亚缓冲带，形成一个 nA 区域（下称"东南亚 nA 区"）。而中国西边的藏缅语族藏语支③、印度伊朗语族、达罗毗荼语系和南亚蒙达（Munda）语族等语言倾向于 An 语序（Dryer 2008），亚洲北边的阿尔泰语，东边的中国台湾地区和菲律宾南岛语也以 An 特征为主，形成一个 An 区域（下称"亚洲 An 区"）。德莱尔（Dryer 2008）进一步报道，藏缅语 An 特征东界比 Nn 特征东界更东一些，到达印缅边界附近。而藏缅语 An 特征北界比 Nn 特征北界更北一些（Dryer 2008，Map 4，Map 7）。

为了理清我国境内 An/nA 特征的地理分布及其在欧亚大陆和东南亚区域之间的地理类型学意义，我们将本样的各语言按地理特征分列于表 8。An 特征的地理分布大致为：绝大部分北方地区；nA 特征的地理分布大致为：甘南、拉萨、川西走廊、云南（除滇西北）、贵州（除黔西）、广西（除三江）和海南，还有越南、印尼、老挝、泰国、柬埔寨、缅甸。两种特征接触的西方缓冲带为藏南和滇西北，东方缓冲带为黔西、广西三江、广东；台湾兼具两种特征。

据表 2 和表 3 的统计，A-n 语序系属特征明显，极度倾向于 An 特征的是阿尔泰语，极度倾向于 nA 特征的是藏缅语、南亚语、侗台语。苗瑶语和台湾南岛语两种特征兼具。

由于本样只取中国境内藏缅语，我们又参考德莱尔（Dryer 2008）的考察（见表 5）。德莱尔发现藏缅语中只有藏语支的一部分语言是 An 语序的。即上述藏缅语分化边界成了 An/nA 在欧亚大陆西上的界线。

---

① 有一些学者甚至认为侗台语与南岛语有亲缘关系，如倪大白（1990：353—354）。不过，倪文另一半观点是侗台语受汉语较深影响后从南岛语型变为汉语型，这与梁敏（1986）观点类似。

② 83A 和 87A 特征组合地图链接：http://wals.info/combinations/83A_87A#2/17.9/153.0。

③ 中部藏语分支是个例外。现代书面藏语、拉萨藏语、嘉戎语等是 nA 语序。

据区域类型学研究（见表 9），OV 语言中只有欧亚区域的 An 特征强势。总体上，欧亚区域 An 特征明显，而东南亚南岛语圈 nA 特征明显，形成两个类型特征迥然相异的区域。地理上，东南亚 nA 区边缘的藏缅语藏语支与 An 特征的欧亚大陆语言在青藏高原西缘交错分布，苗瑶语与 An 特征的汉语方言在东亚接触，台湾南岛语与 An 特征的菲律宾南岛语隔海相对。这种地理格局造就了藏缅语、苗瑶语和台湾南岛语的混合特征。

表 8　中国境内及周边地区语言 A-n 语序的地理分布

An	An/nA	nA
京、新内黑吉、青东甘中 普通话、阿尔泰语		甘南（玛曲） 玛曲藏语
	藏南（察隅） 格曼僜语	藏南、拉萨 苏龙语、仓洛门巴语、义都珞巴语、错那门巴语、博嘎尔语、拉萨藏语
		川西、湘西 嘉戎语、麻窝羌语、桃坪羌语、喜德彝语、土家语
	滇西北（独龙江、大理） 独龙语、剑川白语	滇西北（怒江、丽江、兰坪） 阿依语、柔若语、怒苏语、傈僳语、纳西语、兰坪普米语
		缅甸、滇西南、滇南、滇中、滇东南 阿昌语、载瓦语、景颇语、浪速语、德昂语、佤语、拉祜语、毕苏语、缅甸语、红克伦语、基诺语、桑孔语、西傣语、布兴语、克蔑语、克木语、哈尼语、卡卓语、莽语、布赓语
	黔西 川黔滇苗语	黔中、黔东南、黔南 侗语、佯僙语、莫语、布依语、水语
湘黔桂交界 优诺语	湘黔桂交界（广西三江） 勉语	桂 拉珈语、炯奈语、茶洞语、布努语、仫佬语、巴哼语、毛南语、俫语、壮语、京语
	粤 畲语、标话	老泰柬、越南、印尼 泰语、柬埔寨语、越南语、印尼语
		琼 黎语、村语、临高语
台 布农语、阿眉斯语、排湾语		台湾花莲 赛德克语

表 9 六大类型学区域的 V-O 语序与 A-n 语序(德莱尔 1992)

德莱尔(1992)	非洲	欧亚	东南亚和南岛语圈	澳洲—新几内亚	北美洲	南美洲
OV-An	7	[24]	2	4	10	8
OV-nA	[18]	4	[5]	[15]	[18]	[14]
VO-An	3	[6]	4	[5]	[19]	3
VO-nA	[25]	3	[12]	2	8	[5]

3.3 指名语序类型的地理分布

据 WALS①,欧亚大陆 OV 语序的 nD 语言与东南亚区域 VO 语序的 nD 语言连成一片,一直到印尼东部和巴布亚新几内亚缓冲带,形成一个 nD 区域(下称"东南亚 nD 区")。中国西南边缅甸和印度语言,亚洲东边的汉语与台湾和菲律宾南岛语以 Dn 特征为主,形成一个 Dn 区域(下称"亚洲 Dn 区")。据 Dryer(2008, Map 4, Map 6)藏缅语 Dn 特征东界比 An 特征东界更东南一些,到达缅甸北部和中部。而藏缅语 Dn 特征北界比 An 特征北界更北一些。

为厘清我国境内 Dn/nD 特征的地理分布及其在欧亚大陆和东南亚区域间的地理类型学意义,我们将本样各语言按地理特征分列于表 10。Dn 特征的地理分布大致为:绝大部分北方地区、广东和湘西;nD 特征的地理分布大致为:甘南、拉萨、滇中、滇东南、老泰柬、贵州、广西(除三江)、越南、印尼。两种特征接触的西方缓冲带为藏南、川西走廊、滇西北、缅甸、滇西南和滇南,东方缓冲带为广西三江;海南和台湾兼具两种特征。

据表 2 和表 3 的统计,D-n 语序系属特征明显,极度倾向于 Dn 特征的是阿尔泰语,极度倾向于 nD 特征的是南亚语和侗台语。藏缅语、苗瑶语和台湾南岛语两种特征兼具。

据区域类型学研究(见表 11),OV 语言(除非洲)Dn 特征强势。VO 语言中,欧亚区域 Dn 特征明显,而东南亚南岛语圈 nD 特征明显,形成两个类型特征迥然相异的区域。地理上,东南亚 nD 区边缘的藏缅语与 Dn 特征的欧亚大陆语言在从印缅交界起东北至川西走廊东南至西双版纳的地带上交错分布。其西和东北者倾向于 Dn 语序,其东南者倾向于 nD 语序。(德莱尔 2008)②苗瑶语与 Dn 特征的汉语方言在东亚接触,我国台湾南岛语与 Dn 特征菲律宾南岛语隔海相对。这种地理格局造就了藏缅语、苗瑶语和台湾南岛语的混合特征。

表 10 中国境内及周边地区语言 D-n 语序的地理分布

Dn	Dn/nD	nD
北京、新内黑吉、青东甘中		甘南
普通话、阿尔泰语		玛曲藏语

① 第 83A 和 88A 特征组合地图链接:http://wals.info/combinations/83A_88A#2/15.0/153.0。

② 具体来说,Dn 为藏语支的优势语序,但中部藏语分支优势语序却为 nD。库克—钦(Kuki-Chin)语支中越往南的语言越倾向于 Dn 语序,越往北的越倾向于 nD 语序。缅甸语支(除了阿昌语)都是 Dn 语序,彝语支和克伦语支都是 nD。(德莱尔 2008)

续表

Dn	Dn/nD	nD
藏南 苏龙语、仓洛门巴语、义都珞巴语	藏南 格曼僜语、错那门巴语、博嘎尔语	西藏拉萨 拉萨藏语
川西、湘西 嘉戎语、土家语	川西 麻窝羌语、桃坪羌语	川西 喜德彝语
滇西北 独龙语、纳西语、兰坪普米语		滇西北 剑川白语、阿侬语、柔若语、怒苏语、傈僳语
缅甸、滇西南 载瓦语、缅甸语、毕苏语	滇西南 景颇语	缅甸、滇西南 阿昌语、浪速语、红克伦语、德昂语、佤语、拉祜语
滇南 基诺语		滇南、滇中、滇东南 桑孔语、西傣语、布兴语、克蔑语、克木语、哈尼语、卡卓语、莽语、布赓语
		黔 侗语、佯僙语、莫语、布依语、水语、川黔滇苗语
湘黔桂交界（广西三江） 勉语、巴哼语		桂、湘黔桂交界 拉珈语、炯奈语、茶洞语、优诺语、布努语、仫佬语、毛南语、俫语、壮语、京语
粤 畲语、标话		老泰柬、越南、印尼 泰语、柬埔寨语、越南语、印尼语
琼 村语、临高语		琼 黎语
台 阿眉斯语、排湾语	台 布农语	台 赛德克语

表 11　六大类型学区域的 V-O 语序与 D-n 语序(Dryer 1992)

德莱尔(1992)	非洲	欧亚	东南亚和南岛语圈	澳洲—新几内亚	北美洲	南美洲
OV-Dn	10	[20]	[4]	[10]	[22]	[13]
OV-nD	[11]	1	2	9	5	4
VO-Dn	4	[8]	7	[5]	[20]	[9]
VO-nD	[23]	1	[11]	0	7	1

3.4　关系小句—名词语序类型的地理分布

据 WALS①,东南亚区域 VO 语序的 nR 语言连成一片,一直到巴布亚新几内亚缓冲带,形成一个 nR 区域(下称"东南亚 nR 区")。欧亚大陆(除西亚)的 OV 语言和亚洲东边的汉语等以 Rn 特征为主,形成一个 Rn 区域(下称亚洲 Rn 区)。WALS 地图(第 83A 和 90A 特征组合地图、第 83A 和 88A 特征组合地图,见本页脚注①和第 63 页脚注①)显示,藏缅语 Rn 特征东界比 Dn 特征东界更东南一些,到达越老泰北。

为了厘清我国境内 Rn/nR 特征的地理分布及其在欧亚大陆和东南亚区域之间的地理类型学意义,我们将本样的各语言按地理特征分列于表 12。Rn 特征的地理分布大致为:北方地区、拉萨、滇西北、滇中、缅甸、广东、桂东北和湘黔桂交界;nR 特征的地理分布大致为:贵州(除黔东南)、滇东南、桂中和桂南、老泰柬、越南、印尼。两种特征接触的西方缓冲带为藏南、川西走廊、湘西、滇西南、滇南,东方缓冲带为黔东南、桂东和桂西北;海南和台湾兼具两种特征。

表 12　中国境内及周边地区语言 R-n 语序的地理分布

Rn	Rn/nR	nR
京、新内黑吉、青东甘中南 普通话、阿尔泰语、玛曲藏语		
藏南、拉萨 格曼僜语、苏龙语、仓洛门巴语、拉萨藏语	藏南 义都珞巴语、错那门巴语、博嘎尔语	
川西 嘉戎语、喜德彝语	川西、湘西 麻窝羌语、桃坪羌语、土家语	
滇西北、滇西南、滇中、缅甸 独龙语、阿依语、柔若语、怒苏语、傈僳语、纳西语、兰坪普米语、剑川白语、阿昌语、载瓦语、景颇语、浪速语、毕苏语、拉祜语、哈尼语、卡卓语、缅甸语、红克伦语		滇西南 德昂语、佤语

① 第 83A 和 90A 特征组合地图链接:http://wals.info/combinations/83A_90A#2/24.3/153.0。

续表

Rn	Rn/nR	nR
滇南 基诺语、桑孔语		滇南、滇东南 西傣语、布兴语、克蔑语、克木语、莽语、布赓语
	黔东南 侗语	黔西、黔中、黔南 佯僙语、莫语、布依语、水语、川黔滇苗语
桂东北(桂林)、湘黔桂交界、桂东(金秀) 炯奈语、茶洞语、优诺语、勉语、巴哼语	桂东(金秀)、桂西北(河池、百色) 拉珈语、毛南语、倈语	桂西北(河池)、桂中(武鸣)、桂南(防城) 布努语、仫佬语、壮语、京语
粤 畲语、标话		老泰柬、越南、印尼 泰语、柬埔寨语、越南语、印尼语
海南昌化 村语	海南临高 临高语	琼 黎语
台 布农语、阿眉斯语、排湾语		台湾花莲 赛德克语

据表2和表3的统计,R-n语序系属特征明显,极度倾向于Rn特征的是阿尔泰语、藏缅语和苗瑶语,倾向于nR特征的是南亚语和侗台语。台湾南岛语两种特征兼具。

据区域类型学研究(见表13),OV语言中,只有欧亚大陆Rn特征强势,东南亚和南美洲区域Rn特征不弱。VO语言(除了东南亚区域个别语言)都为nR特征。地理上,东南亚nR区与亚洲Rn区在西边相交于川西走廊至西双版纳的广阔地带,个别川西走廊上的藏缅语兼具nR特征。

SVO型汉语方言有Rn特征乃跨语言之孤例(Dryer 2008)。由于东南亚nR区与亚洲Rn区在东边交汇于黔东南和桂东地带,因此身处桂东北、桂东和广东的苗瑶语和侗台语与汉语方言深度接触,带上Rn特征,这也是跨语言罕见的。

表13　六大类型学区域的V-O语序与R-n语序(Dryer 1992)

德莱尔(Dryer 1992)	非洲	欧亚	东南亚和南岛语圈	澳洲—新几内亚	北美洲	南美洲
OV-Rn	5	11	2	2	3	3
OV-nR	9	5	2	6	12	3
VO-Rn	0	0	1	0	0	0
VO-nR	21	8	12	3	11	5

3.5 领属语序类型的地理分布

据 WALS①,东南亚区域 VO 语序的 nG 语言连成一片,一直到印尼东部缓冲带,形成一个 nG 区域(下称"东南亚 nG 区")。欧亚大陆(除西亚)的 OV 语言和亚洲东边的汉语等以 Gn 特征为主,形成一个 Gn 区域(下称"亚洲 Gn 区")。WALS 地图(第 83A 和 86A 特征组合地图、第 83A 和 90A 特征组合地图,见本页脚注①和第 65 页脚注①)显示,藏缅语 Gn 特征东界比 Rn 特征东界更东一些。

为了厘清我国境内 Gn/nG 特征的地理分布及其在欧亚大陆和东南亚区域之间的地理类型学意义,我们将本样的各语言按地理特征分列于表 14。Gn 特征的地理分布大致为:北方地区、西藏、川西走廊、湘西、滇西北、滇中、缅甸、黔西、桂东、湘黔桂交界、广东;nG 特征的地理分布大致为:贵州(除黔西)、滇东南、桂中和桂南、老泰柬、越南、印尼。两种特征接触的西方缓冲带为滇西南、滇南,东方缓冲带为桂西北、桂东北;海南和台湾兼具两种特征。

表 14 中国境内及周边地区语言 G-n 语序的地理分布

Gn	Gn/nG	nG
京、新内黑吉、青东甘中南 普通话、阿尔泰语、玛曲藏语		
藏南、拉萨 格曼僜语、苏龙语、仓洛门巴语、义都珞巴语、错那门巴语、博嘎尔语、拉萨藏语		
川西、湘西 嘉戎语、麻窝羌语、桃坪羌语、喜德彝语、土家语		
滇西北 独龙语、阿侬语、柔若语、怒苏语、傈僳语、纳西语、兰坪普米语、剑川白语		
缅甸、滇西南、滇中 阿昌语、载瓦语、景颇语、浪速语、拉祜语、毕苏语、缅甸语、红克伦语、哈尼语、卡卓语		滇西南 德昂语、佤语
滇南 基诺语、桑孔语	滇南 布兴语	滇南、滇东南 西傣语、克蔑语、克木语、莽语、布赓语

① 第 83A 和 86A 特征组合地图链接:http://wals.info/combitions/86A_83A#2/19.7/153.0。

续表

Gn	Gn/nG	nG
黔西 川黔滇苗语		黔中、黔东南、黔南 侗语、佯僙语、莫语、布依语、水语
桂东、湘黔桂交界、桂东北、桂西北 拉珈语、炯奈语、优诺语、勉语、布努语、巴哼语		桂东北、桂西北、桂中、桂南 茶洞语、仫佬语、毛南语、倈语、壮语、京语
粤 畲语、标话		老泰柬、越南、印尼 泰语、柬埔寨语、越南语、印尼语
	琼 村语、临高语	琼 黎语
台 布农语	台 阿眉斯语、排湾语、赛德克语	

据表2和表3的统计，G-n语序系属特征明显，极度倾向于Gn特征的是阿尔泰语、藏缅语和苗瑶语，倾向于nG特征的是南亚语和侗台语。台湾南岛语两种特征兼具。

据区域类型学研究(见表15)，OV语言Gn特征强势。VO语言(除南美洲和澳洲—新几内亚)都是nG特征强势，其中欧亚大陆nG特征略强。地理上，东南亚nG区与亚洲VO特征分布区域基本一致，这正反映了基本语序与G-n语序的相关性①。东南亚nG区与亚洲Gn区在东边相交于桂西北、桂东北，因此身处桂东北和广东的苗瑶语与汉语方言深度接触，带上Gn特征。

表15　六大类型学区域的V-O语序与G-n语序(Dryer 1992)

德莱尔(Dryer 1992)	非洲	欧亚	东南亚和南岛语圈	澳洲—新几内亚	北美洲	南美洲
OV-Gn	[17]	[21]	[5]	[16]	[30]	[23]
OV-nG	6	3	1	2	0	0
VO-Gn	5	4	4	[6]	6	5
VO-nG	[22]	[5]	[12]	0	[21]	3

① 德莱尔(Dryer 1992)认为An和Dn语序与OV语序无关，而Gn和Rn语序与OV语序相关。而Nn语序与OV语序关系复杂。这其实从本段讨论和之前OV/VO分界线与Rn/nR分界线也可以看出。

3.6 DP 语序类型的地理分布

早期，德莱尔(1989)就关注到 DP 语序关联的区域类型倾向性。欧亚大陆 OV 型语言明显与其他各类型学区域不同之处在于 Gn 且 An 语序特征强势。其他各类型学区域尤其是与欧亚大陆交界的澳洲—新几内亚区域以 Gn 且 nA 语序特征为主(见表 16)。这预示着这两区域之间必定有一片 OV 型 Gn 语言，靠西北者 An 特征为主，而靠东南者 nA 特征为主。

表 16 五大类型学区域 OV 语言的 G-n 和 A-n 语序关联(Dryer 1989)

德莱尔 (Dryer 1992)	非洲	欧亚	澳洲—新几内亚	北美洲	南美洲
OV-Gn-An	6	17	4	9	5
OV-Gn-nA	9	7	8	15	8
OV-nG-An	0	0	0	0	0
OV-nG-nA	4	3	2	0	0

添加东南亚和南岛语圈区域后，德莱尔(2008, Map 11)不仅详细刻画了这条 OV 型 Gn 语言的An/nA 分界线，而且 DP 语序关联扩展到三项关联。如果以 OV、Gn、An 和 Nn 语序特征为标准，东北亚、南亚和东南亚的语言则依次分布于从西向东，大致从北向南的六个地理带上。如表 17 所示，自西北向东南(#1 至#6)依次排列着 Nn/nN 分界线、An/nA 分界线、Gn/nG 分界线和 nN/Nn 分界线。自北向南(#8 至#6)依次排列着 An/nA 分界线和 Gn/nG 分界线。

我们会发现上述地理分布缺少中国境内的细节。赵斌(1989)是这方面的先驱。该文统计分析了中国境内 63 种语言①的 8 个语序参项的类型特征(见表 18)，其中包括本研究涉及的 4 个语序参项。其地理格局大致如图 1 所示。

表 17 东北亚、南亚和东南亚的 O-V、G-n、A-n 和 N-n 语序特征地理分布

#	地理区域	语　言	语序类型			
1	印度、巴基斯坦、中国北部、蒙古、朝鲜等	印欧语、达罗毗荼语、蒙达语、西藏语支、蒙古语支、通古斯语支、韩语等	OV	Gn	An	Nn
2	印度东北部和尼泊尔	部分藏缅语	OV	Gn	An	nN
3	缅甸东北部和西北部	大部分藏缅语	OV	Gn	nA	nN
4	缅甸南部	克伦语	VO	Gn	nA	nN
5	泰国、老挝和柬埔寨	侗台语、孟高棉语	VO	nG	nA	nN
6	越南、中国台湾、菲律宾	侗台语、越芒语、东孟高棉语和南岛语	VO	nG	nA	Nn
7	湘西、川黔滇、两广	苗瑶语②	VO	Gn	nA	Nn
8	中国(以北京为代表)	汉语	VO	Gn	An	Nn

① 下面陈述中略去本文研究之外的两种印欧语，俄罗斯语和塔吉克语。

② 根据德莱尔(2008)脚注 21。

表 18　各语族 O-V、G-n、R-n 和 A-n 语序(赵斌 1989)①

#	地理区域	语　　言	语序类型			
1	中国北方	阿尔泰语(20 种)	OV	Gn	Rn	An
3a	滇	绝大部分藏缅语(18 种)	OV	Gn	Rn	nA
3b	川西走廊	嘉戎语	OV	Gn	nR	nA
5/6	川黔滇、桂	南亚语(京语等 4 种)、绝大部分侗台语(壮、毛南、黎、仡佬、佯僙等 10 种)	VO	nG	nR	nA
7a	桂	布努语、拉珈语	VO	Gn	nR	nA
7b	湘西、川黔滇	苗语	VO	Gn	Rn	nA
8	京、两广等	汉语、畲语、勉语、白语	VO	Gn	Rn	An
9	台	高山族语言	VO	nG	Rn	An

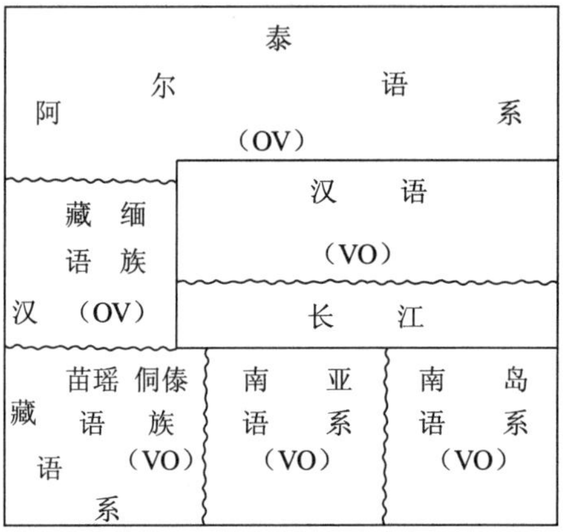

图 1　各族语言与语序类型分布矩形②

结合表 17 和表 18 得 O-V、G-n、R-n、A-n 和 N-n 语序特征的地理分布(见表 19)。我们发现 DP 语序有如下地理格局:

1)【西北(#1)N>A>R>G 东南(#5)】,连续统上更左项较之更右项的核心居后特征更向西北分布,连续统上更右项较之更左项的核心居前特征更向东南分布。

① "地理区域"为笔者所加。各区域综合整体地理格局进行统一编号,列于"#"列。嘉戎语 nR 语序与我们调查结果完全相反,很可能嘉戎语和亲缘很近的羌语一样,Rn 和 nR 语序都有。苗语 Rn 语序也与我们调查结果完全相反,苗语可能也是 Rn 和 nR 语序都有。这两种语言都在 Rn/nR 分界线(川西走廊和湘西、黔西)上,所以不影响整体地理格局。

② 其中,"VO 和 OV 仅作类型系列标志"(赵斌 1989)。其实,就 DP 语序三个参项来看,该图示中南亚语系应该和苗瑶语族互换位置。

2)【南/西(♯6)N＜G＜R＜A 北/东(♯8)】连续统上更左项较之更右项的核心居前特征更向西向南分布，连续统上更右项较之更左项的核心居后特征更向东向北分布。

以上两种地理分界线连续统交汇在区域5和区域6分界线上，形成：

3) 大致以中国广西云南为中心的【西/北 N＞A＞R＞G＞滇 N 桂＜G＜R＜A 东/北】的地理类型套圈。

4) 台湾(♯6和♯8)是混合特征区。

表19 东亚、南亚和东南亚的O-V、G-n、R-n、A-n和N-n语序特征地理分布①

♯	地理区域	语言	语序类型				
1	印度、巴基斯坦、中国北部、蒙古、朝鲜等	印欧语、达罗毗荼语、蒙达语、西藏语支、阿尔泰语等	OV	Gn	Rn	An	Nn
2	印度东北部和尼泊尔	部分藏缅语	OV	Gn	?	An	nN
3a	缅甸东北和西北、滇	大部分藏缅语	OV	Gn	Rn	nA	nN
3b	川西走廊	嘉戎语	OV	Gn	nR	nA	?
4	缅甸南部	克伦语	VO	Gn	?	nA	nN
5	中国川黔滇、泰国、老挝和柬埔寨	侗台语、孟高棉语	VO	nG	nR?	nA	nN
6	中国广西、越南	侗台语、越芒语、东孟高棉语	VO	nG	nR?	nA	Nn
7a	桂	布努语、拉珈语	VO	Gn	nR	nA	?
7b	湘西、川黔滇、两广	苗语	VO	Gn	Rn	nA	Nn
8	京、桂、粤	汉语、畲语、勉语	VO	Gn	Rn	An	Nn
9	中国台湾、菲律宾和婆罗洲北部	南岛语	VO	nG	Rn?	An/nA	Nn?

若将第2节和第3.1至3.5节的结论整合来看，我们可以得到完整的DP语序特征地理分布(表20)。

表20 东亚、南亚和东南亚的O-V和DP语序特征地理分布

♯	地理区域	语序类型					
1	印巴、蒙古、朝鲜、中国北方	OV	Gn	Rn	Dn	An	Nn
2a	青东、甘中	OV	Gn	Rn	Dn	An	Nn/nN
2b	印北和尼泊尔	OV	Gn	Rn	Dn	An	nN
3	湘西	OV	Gn	Rn/nR	Dn	nA	nN

① 语序不明或有疑问的用"?"表示。地理上，区域5的"川黔滇"和区域6的"广西"是根据前面讨论得出的结论，不是由表17和表18归纳出的。

续表

＃	地理区域	语序类型					
4a	甘南、拉萨	OV	Gn	Rn	nD	nA	nN
4b	川西走廊	OV	Gn	Rn/nR	Dn/nD	nA	nN
4c	藏南	OV	Gn	Rn/nR	Dn/nD	An/nA	nN
5a	滇西北	OV/VO	Gn	Rn	Dn/nD	An/nA	nN
5b	缅东北和西北	OV/VO	Gn	Rn	Dn/nD	nA	nN
5c	滇西南、滇南	OV/VO	Gn/nG	Rn/nR	Dn/nD	nA	Nn/nN
5d	滇中	OV/VO	Gn	Rn	nD	nA	nN
6	缅甸南部	VO	Gn	Rn	nD	nA	nN
7a	泰老柬	VO	nG	nR	nD	nA	nN
7b	滇东南	VO	nG	nR	nD	nA	Nn/nN
8a	中国黔中、黔南、桂中、桂南和越南、印尼	VO	nG	nR	nD	nA	Nn
8b	黔东南	VO	nG	Rn/nR	nD	nA	Nn
8c	桂西北	VO	Gn/nG	Rn/nR	nD	nA	Nn
9a	黔西	VO	Gn	nR	nD	An/nA	Nn
9b	桂东	VO	Gn	Rn/nR	nD	nA	Nn
10a	桂东北	VO	Gn/nG	Rn	nD	nA	Nn
10b	湘黔桂交界	VO	Gn	Rn	Dn/nD	An/nA	Nn
11	粤	VO	Gn	Rn	Dn	An/nA	Nn
12	京	VO	Gn	Rn	Dn	An	Nn
13a	琼	VO	Gn/nG	Rn/nR	Dn/nD	nA	Nn/nN
13b	台	VO	Gn/nG	Rn/nR	Dn/nD	An/nA	Nn/nN

我们可以抽象出一个东北亚、南亚和东南亚语言 DP 语序地理类型格局的模型(如图 2 所示)。该模型展示出更精确的 DP 语序地理格局,即:

1) DP 语序在我国境内大致分布在以滇东南与黔(除黔西)和桂中南为中心的【西/北 N>A>D>R>G>滇 N 黔桂<G<R<D<A 东/北】地理类型套圈上。

2) 滇东南为中心的西半套圈【西/北 N>A>D>R>G 滇】(＃1-7)中,更左项较之更右项的核心居后特征更向西北分布,连续统上更右项较之更左项的核心居前特征更向东南分布。

3）黔（除黔西）和桂中南为中心的东半套圈【黔桂 N<G<R<D<A 北/东】（#8-12）中，更左项较之更右项的核心居前特征更向西向南分布，更右项较之更左项的核心居后特征更向东向北分布。

4）台湾和海南是混合特征区。

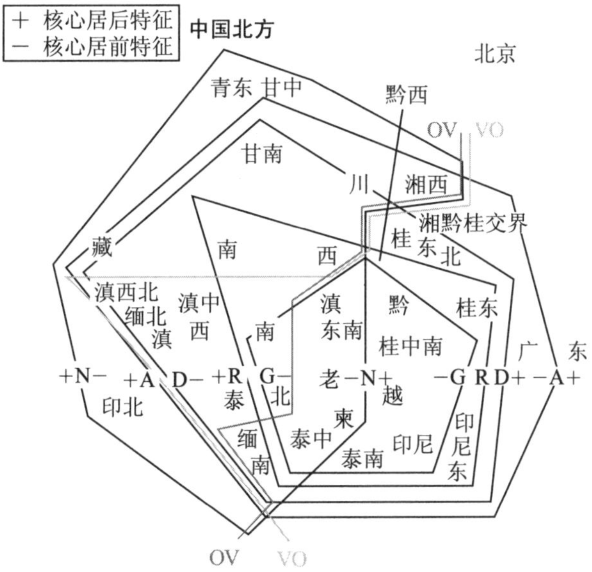

图 2 东北亚、南亚和东南亚语言 DP 语序地理类型格局模型

4. 讨论与总结

金立鑫（2011：239—241）提出作为现象的语言地理类型和作为解释的语言地理类型。以往对汉语特殊语序类型（金立鑫、于秀金 2012；金立鑫 2016）的解释方案并不能解释所有问题，需要更好的方案。或许认知策略、文化和生产方式、地理因素都是造成语言不同类型的动因。其他方面的解释以往都有不同程度的探索，但是在地理因素上作深入的、系统的探究的，还不太多。而这或许正是语言类型分化或形成的主要的、实质性的动因。当我们诉诸地理类型学和区域类型学模型时，它便是作为解释的语言地理类型。

本文通过考察中国及周边地区近百种语言和方言的 DP 语序特征的地理分布抽象出东北亚、南亚和东南亚语言 DP 语序地理类型格局模型（图 2）。该模型呈现的是大致以滇东南与黔（除黔西）和桂中南为中心的【西/北 N>A>D>R>G>滇 N 黔桂<G<R<D<A 东/北】的地理类型套圈。滇与黔桂界左侧连续统上更左项较之更右项的核心居后特征更向西北分布，连续统上更右项较之更左项的核心居前特征更向东南分布。滇与黔桂界右侧连续统上更左项较之更右项的核心居前特征更向西向南分布，连续统上更右项较之更左项的核心居后特征更向东向北分布。有证据显示上述地理套圈可能有普适性，比如 R-n 语序与汉语方言被动句施事标记在广西的分界线（曹茜蕾 2015：35，Map 2.3）基本重合。又比如，G-n 语序与汉语方言"前置宾语标记"在广西的分界线（曹茜蕾 2015：25，Map 2.2）基本重合。或许该模型有

助于深化我们对中国境内语言总体地理类型格局的理解。

另外值得一提的是：

1) 藏缅语。我国西南、泰缅和印北尼泊尔的藏缅语处于欧亚大陆 OV 语言与东南亚典型 VO 语言(尤其是南亚语；参德莱尔 1996)之间。其 DP 语序类型特征与临近的语言趋同。这种地理分布格局不仅仅是非藏缅语影响藏缅语的语序。在某些情况下，也可能是藏缅语影响非藏缅语(德莱尔 2008)。比如，西北方言的事实说明，促使汉语产生真正 SOV 语序的外部因素不一定是阿尔泰化。在有些汉语方言区，藏缅语的影响对 SOV 的形成作用更大。(Janhunen 2012)以往我们多关注汉语与东亚东南亚 SVO 型非汉语的接触问题，而忽略藏缅语与东亚东南亚 SVO 型非汉语的接触问题。这种忽略会影响汉藏语同源问题的讨论结果，因为我们假设作为所谓演变起点的藏缅语类型变化不大。事实可能并非如此(下详)。藏缅语与东亚东南亚 SVO 型非汉语(主要侗台语和南亚语)的深度接触就发生在第 2 节末提到的 OV 和 VO 语言交错分布带上。

2) 汉语。正如桥本等先贤论述的那样。东亚的汉语也处于欧亚大陆 OV 语言与东南亚典型 VO 语言之间。Dryer(2003)认为汉语 An、Dn 和 Nn 语序是其受东北亚语言接触影响的最直接证据。

3) 汉藏语同源异类问题。其一，nG 和 nR 是 VO 语言的典型特征(格林伯格 1966 [1963]；参德莱尔 1992)。汉语和多数藏缅语 Gn 和 Rn 语序一致，即汉语不是典型的 VO 语言，汉藏语同源有可能性。其二，多数藏缅语是 nA 和 nD 语序，与汉语不同。但 nA 和 nD 与基本语序无关。所以，不能排除汉藏语同源，藏缅语在随后的历史进程中 An 和 Dn 语序变为 nA 和 nD 语序的可能性。其三，Nn 语序比较复杂(见 3.1 节)。我们提出这样一种假设(如图 3 所示)。SOV 原始汉藏语的一支汉语往东南传播进程中与仍在大陆的 VOS/VSO 原始南岛语接触，DP 语序不变，但小句基本语序改变。宾语和通语(金立鑫、王红卫 2014)移位至动词之后，变为 OV/VO 混合语序(金立鑫、于秀金 2012)。SOV 原始汉藏语的另一支藏缅语往西南传播进程中与 SVO 侗台语和南亚语接触，基本语序与比较稳固的 Gn 和 Rn 语序没变，不太稳固的 An 和 Dn 语序在接触影响和某种普遍机制(即造成语序共性的动因)的共同作用下变为 nA 和 nD 语序。

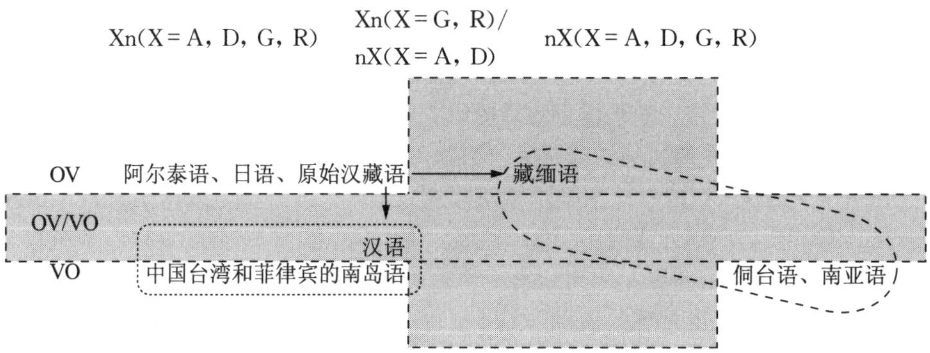

图 3　原始汉藏语 DP 语序演化假设

显然，问题还远远没有搞清楚。譬如，这种地理格局形成的深层次原因是什么？哪些语言普遍共性和历史关系怎么叠加才形成现在的地理格局？这些有待日后研究。

参考文献

顾阳,巫达.从景颇语和彝语的量词短语看名词短语的指涉特征[A]//李锦芳.汉藏语系量词研究.北京:中央民族大学出版社,2005.

金立鑫.什么是语言类型学[M].上海:上海外语教育出版社,2011.

金立鑫.普通话混合语序的类型学证据及其动因[J]汉语学习,2016(3).

金立鑫.广义语法形态理论的解释力——对普通话语序类型与论元配置类型的描写与解释[J].华东师范大学学报(哲学社会科学版),2019(2).

金立鑫,王红卫.动词分类和施格、通格及施语、通语[J].外语教学与研究,2014(1).

金立鑫,于秀金.从与 OV-VO 相关和不相关参项考察普通话的语序类型[J].外国语,2012(2).

李云兵.论语言接触对苗瑶语语序类型的影响[J].民族语文,2005(3).

梁敏.壮侗语族诸语言名词性修饰词组的词序[J].民族语文,1986(5).

刘丹青.汉语方言的语序类型比较[J].现代中国语研究,2001(2).

罗天华.施格语言的语序[J].外国语,2016(4).

倪大白.侗台语概论[M].北京:中央民族学院出版社,1990.

桥本万太郎著.余志鸿译.语言地理类型学[M].北京:北京大学出版社,2008[1985].

覃凤余.壮语分类词的类型学性质[J].中国语文,2015(6).

颜其香、周植志.中国孟高棉语族语言与南亚语系[M].北京:社会科学文献出版社,2011.

张敏.汉语方言双及物结构南北差异的成因:类型学研究引发的新问题[J].中国语言学集刊,2011(2).

赵斌.中国各民族语言的语序共性分析[J].语言研究,1989(1).

Bickel, B. & Nichols, J. 2006. *Oceania, the Pacific Rim, and the Theory of Linguistic Areas*. Paper presented at the Proceedings of the 32nd Annual Meeting of the Berkeley Linguistics Society.

Bickel, B. & Nichols, J. 2009. The geography of case. In A. Malchukov & A. Spencer(Eds.). *The Oxford Handbook of Case*. Berlin/New York: De Gruyter Mouton, 479—493.

Campbell, L. 2006. Areal linguistics: A closer scrutiny. In M.Yaron, M.April & V.Nigel(Eds.). *Linguistic Areas: Convergence in Historical and Typological Perspective*. New York: Palgrave, 1—31.

Chappell, H.M. 2015. Linguistic areas in China for differential object marking, passive, and comparative constructions. In H.M. Chappell(Ed.). *Diversity in Sinitic Languages*. Oxford: OUP, 13—52.

Comrie, B. 2008. The areal typology of Chinese: between North and Southeast Asia. In R.Djamouri, B.Meisterernst & R.Sybesma(Eds.). *Chinese Linguistics in Leipzig*. Paris: EHESS/CRLAO, 1—21.

Dryer, M.S. 1989. Large linguistic areas and language sampling. *Studies in Language*, 13(2):257—292.

Dryer, M.S. 1991. SVO languages and the OV:VO typology. *Journal of Linguistics*, 27:443—482.

Dryer, M.S. 1992. The Greenbergian word order correlations. *Language*, 68:81—138.

Dryer, M.S. 1996. *Mon Khmer Word Order from a Crosslinguistic Perspective*. Paper presented to the Sixth Annual Meeting of the Southeast Asian Linguistics Society.

Dryer, M.S. 2003. Word order in Sino-Tibetan languages from a typological and geographical perspective. In G.Thurgood & R.J.LaPolla(Eds.). *The Sino-Tibetan Languages*. London: Routledge, 43—55.

Dryer, M.S. 2008. Word Order in Tibeto-Burman Languages. *Linguistics of the Tibeto-Burman Area*, *31*(1):1—83.

Dryer, M.S. 2009. *On the order of demonstrative, numeral, adjective and noun: An alternative to Cinque*. Paper presented to the workshop on Theoretical approaches to disharmonic word orders, Newcastle University, 2009.

Greenberg, J.H. 1966[1963]. Some Universals of Grammar with Particular Reference to the Order of Meaningful Elements. In J.H. Greenberg(Ed.), *Universals of Language*. Cambridge: The MIT Press, 73—113.

Huson, D.H. & D.Bryant. 2006. Application of Phylogenetic Networks in Evolutionary Studies, *Mol. Biol. Evol*. 23(2):254—267.

Janhunen, J. 2012. On the hierarchy of structural convergence in the Amdo Sprachbund. In P.Suihkonen, B.Comrie & V. Solovyev(Eds.), *Argument structure and grammatical relations: A crosslinguistic typology*. Amsterdam/Philadelphia: Benjamins, 177—190.

de Sousa, H. 2015. The Far Southern Sinitic languages as part of Mainland Southeast Asia. In N.J.Enfield & B. Comrie(Eds.), *Languages of Mainland Southeast Asia*, 356—439. Berlin/New York: De Gruyter Mouton.

Szeto, P.Y., Ansaldo, U., & Matthews, S. 2018. Typological variation across Mandarin dialects: An areal perspective with a quantitative approach. *Linguistic Typology 22*(2):233—275.

Urban, M. 2007. Defining the Linguistic Area/League: An invitation to discussion. *Studia Linguistica* 124: 139—159.

数据来源

陈国庆.克木语研究[M].北京:民族出版社,2002.

陈国庆.克蔑语研究[M].北京:民族出版社,2005.

陈康,马荣生.高山族语言简志(排湾语)[M].北京:民族出版社,1986.

陈康,许进来.台湾赛德克语[M].北京:华文出版社,2001.

陈新义.中国阿尔泰语系的语序类型研究 [D].北京:中央民族大学,2012.

李云兵.中国南方民族语言语序类型研究[M].北京:北京大学出版社,2008.

梁敏.侗语简志[M].北京:民族出版社,1980.

梁敏.毛难语简志[M].北京:民族出版社,1980.

梁敏、张均如.临高语研究[M].上海:上海远东出版社,1997.

梁敏、张均如.标话研究[M].北京:中央民族大学出版社,2002.

柳俊.同源抑或区域趋同?——基于藏缅语语序类型参项的判断[J].语言研究,2016(2).

毛宗武,蒙朝吉、郑宗泽.瑶族语言简志[M].北京:民族出版社,1982.

欧阳觉亚.村语研究[M].上海:上海远东出版社,1998.

孙宏开,胡增益、黄行.中国的语言[M].北京:商务印书馆,2007.

张均如.水语简志[M].北京:民族出版社,1980.

de Sousa, H. 2015. The Far Southern Sinitic languages as part of Mainland Southeast Asia. In N.J.Enfield & B. Comrie(Eds.). *Languages of Mainland Southeast Asia*, 356—439. Berlin/New York: De Gruyter Mouton.

嘉戎语表趋向的状语及前缀:语法化与语法功能

北京大学　林幼菁

内容提要　嘉戎语素以丰富的趋向标记系统著称。本文聚焦趋向状语与趋向前缀,以丰富的词形变化以及自然口语语篇材料为依据,分析几种与趋向标记有关的语法化现象,同时详细介绍其语法功能。虽然历史上对嘉戎语的描写与记录不多,但通过动词词形变化的分析、跨方言证据的汇整,以及对自然口语语篇材料的观察,仍然可能在缺乏文字记录的条件下提出有力的证据,论证数种语法化现象的起源与发展。

关键词　嘉戎语;趋向前缀;语法化

1. 前　言

嘉戎语素以丰富的趋向标记系统著称。本文以嘉戎语卓克基话为例,首先介绍其语法系统中表趋向范畴的词性。接着聚焦趋向状语与趋向前缀,以丰富的词形变化以及自然口语语篇材料为依据,分析几种与趋向标记有关的语法化现象,同时详细介绍其语法功能。

2. 嘉戎语群语言及卓克基话

嘉戎语群语言是由四种亲缘相近但彼此不通话的语言组成的:四土、茶堡、草登和修梧(Jacques 2014; Sun 2015: 731)。嘉戎语群和另外两个语群(绰斯甲与霍尔)组成嘉戎语组(Jacques et al. 2017; Sun 2000a, 2015; Sun 2000b; 孙天心 2015),主要分布于阿坝藏羌自治州。

本文所研究的对象语言是嘉戎语群四土嘉戎语的卓克基话,主要分布在距离马尔康市约8公里的卓克基镇。本研究所采用的语料来自卓克基镇西索村第一及第二大队。

3. 六个趋向的各种词性体现

嘉戎语的趋向系统可细化为三个各呈二元对立的子系统(Lin 2002; Sun 2003:496; Sun 2000b:180),如表1所示:

表1　嘉戎语的趋向系统

太阳		河流		垂直	
东	西	上	下	上游	下游

卓克基话和其他的嘉戎语组语言一样（Jacques 2008；Lin 2009；Sun 2000a，2003；Sun 2000b），能以各种不同的语法标记和词性来体现这些趋向的对立。趋向范畴在卓克基话的体现非常丰富，其语法形式涵盖了三种名词、两种动词、动词前缀以及状语，如表 2 所列：①

表 2　卓克基话表达趋向对立的语法标记与词性（转载自 Lin 2017）

	太阳		河流		垂直	
	东	西	上游	下游	上	下
名词 1	akû 东方	adî 西方	atô 上游方	arê 下游方	atâ 上方	anâ 下方
名词 2	hakû 较远的东方	hadî 较远的西方	hatô 较远的上游方	harê 较远的下游方	hatâ 较远的上方	hanâ 较远的下方
名词 3	ʃakû 更远的东方	ʃadî 更远的西方	ʃatô 更远的上游方	ʃarê 更远的下游方	ʃatâ 更远的上方	ʃanâ 更远的下方
代词	akut 东方的那个	adit 西方的那个	atot 上游方的那个	aret 下游方的那个	atat 上方的那个	anat 下方的那个
动词 1 kɐ-（名物化）	kɐ-gô 朝东去	kɐ-dâ 朝西去	kɐ-rô 朝上游区	kɐ-rə̂ 朝下游去	kɐ-tʰô 朝上去	kɐ-jî 朝下去
动词 2 ka-（名物化）	ka-got 将某物拿去东方	ka-dit 将某物拿去西方	ka-rot 将某物拿去上游方	ka-ret 将某物拿去下游方	ka-tʰot 将某物拿去上方	ka-jut 将某物拿去下方
动词前缀	ko- 朝东-	nə- 朝西-	ro- 朝上游方-	rə- 朝下游方-	to- 朝上-	na- 朝下-
状语	kû 朝东	dî 朝西	rô 朝上游	rê 朝下游	tô 朝上	nâ 朝下

例（1）—（5）呈现了以上语法形式的实例。

（1）名词：atâ“上方”，带位格标记 = j

动词前缀：to-“朝上”，在此做完整体标记

［摘自“打猎中逃跑的马”（林幼菁 2016）］

ŋədʑê	**atâ** = j	**to**-mdə-tʃ = ti
1 双	**上游方** = 位格	**完整体：朝上**-到达 1-1 双 = 话题标记：旁格
	名词 1	动词前缀

---

① 超音段标记 ô 标示一个词带的是降调。卓克基话的声调是降调与零声调相对的缺性声调系统。林幼菁（Lin 2012）提供了详细的分析与论证。

“当我们到达上面的时候…”

(2) 代词:adit“西方那个”

(引导式提问)

ʃtə	wə-t^{h}olo	ma-ra,	**adit**	ra
这	3 单:领属-松树	否定-要	**西方那个**	要
			代词	

“不要这棵松树,要西边那个。”

(3) 状语:tô“朝上”

动词 1: kə-t^{h}ô“朝上去”

[摘自“鱼在燃烧的水里”(林幼菁 2016)]

ʃəkô = s	**tô**	kə-**t^{h}ô**	zə
树顶 = 向格	**朝上**	3 复:不及物-**朝上去 1**	助词
	状语	动词 1	

to-**kə**-tsis	nə-ŋos
完整体:朝上-名物化-说 2	观知-系词 1

“(如果鱼在水里烧起来了),当然会上到树顶去。”

(4) 动词 2:ka-dit“将某物拿去西方”

(引导式提问)

wəjo	t^{h}orʒetʃ^{h}imbo = s	skâ	**dit**
3 单	观音桥 = 向格	神像	**将某物拿去西方**
			动词 2

“他要把神像向西带到观音桥去。”

(5) 动词前缀:ro-“朝上游”,在此做祈使标记

状语:rô“朝上游”,rorô“朝上游”(重叠形式)

名词 2:hatô“较远的上游方”

动词 1:kɐ-rô“去上游方”

[摘自“打猎中逃跑的马”(林幼菁 2016)]

ʃtə	cok^{h}a	wə-ŋgu	**rô**	**ro**-tʃ^{h}ê-ɲ
这	山谷	3 单:领属-里面	**朝上游**	**祈使:朝上游**-去 1-2/3 复
			状语	动词前缀

“你(朝上游走)上到山谷里”

ptʂêrə	**hatô** = j
然后	**较远的上游方** = 位格
	名词 1

wətə	wə-ŋgu	**rorô**	**kɐ-rô** = tə = mənaŋorə
那	3 单:领属-里面	**朝上游**	名物化-**朝上游去** = 话题标记 = 话题标记
		状语	动词 1

“然后，如果你朝更里面（上游方），往里朝上游走的话……”

若比较例（1）和例（5），就可以看出作为前缀的趋向标记不仅表达趋向，还同时标记完整体或者祈使式的语义。这是从趋向到时间的演化，我们在第5节有更详细的讨论。

尽管嘉戎语体现趋向的语法形式及很多，然本文的研究重点集中在趋向前缀和趋向状语这两种语素的功能及语法化的情形。第4节首先论到前缀与状语的识别，因为在文献上这两种趋向标记的语法范畴分析曾经有混淆。在讨论过趋向状语后，本文将分别介绍趋向前缀的两个语法化轨迹，并详细描写两种语法范畴的功能。

4. 趋向状语

4.1 趋向状语与前缀的区别

在前人的研究中，瞿霭堂（1984）和林向荣（1993）都提到卓克基话有两套趋向前缀，如表3所示：

表3　瞿霭堂1984和林向荣1993提出卓克基话的两套趋向前缀

	第一套	第二套
东	ku-	ko-
西	di-	nə-
上游	ro-	ro-
下游	re-	rə-
上	to-	to-
下	na-	nɐ-

两位学者都表示第二套前缀既表示过去时[①]又表趋向，但第一套“前缀”只表示趋向。关于两者功能上的区别，这样的观察是符合语言事实的。同时，瞿霭堂（1984）和林向荣（1993）也表示第一套的前缀会用在未来时及现在时的语境中，但同时也可以放置在第二套前缀之前，如（6）所示：

（6）（林向荣1993：231）[②]

ŋa　　**di-nə**-stɕo-ŋ

1单　　**朝西**-过去时：**朝西**-送-1单

① 林向荣（1993）所提出的过去时以及现在/未来时范畴事实上分别是完整体和非完整体。具体分析请见林幼菁（Lin 2003）。

② 在引用林向荣教授的卓克基材料时，本文保留林先生原文的转写以及时体范畴注释，其他的语素（包括趋向以及人称范畴的标注）则一贯采用本研究已重新梳理的系统标记。

(第一套)-(第二套)

"我朝西送了他"

关于第一套和第二套"前缀"的分布情况及其是否带体范畴的信息,前人的描写大致符合相关语言材料所揭示的事实。问题在于这两套趋向标记都被分析为"前缀"是否合适。我们所记录到的第一套形式与表3中所列出的几乎完全一样(差别只在于前人的转写没有标记声调,而本研究的转写已确认声调),但进一步检视相关材料后,我们确定第一套不论在音系或句法上,都是独立于动词词干,因此不宜被分析为前缀;而第二套的形式在音系及句法上乃是黏着于动词词干上,因此是真正的前缀。

以下的例子显示"朝西"这个趋向的两套形式在音系及句法上的对比。从音系方面来说,第一套形式 dî 永远带降调,而且在声调上不会与动词发生交互作用,这是音系独立于动词词干的体现(7a);第二套形式 nə-不自带声调,表面的调值会随动词形式整体声调的调节而变化(7b)。

(7) 趋向意义:"朝西"

a. 第一套形式(引导式提问)

ŋa **dî** rɟə̂k-ŋ

1单 **朝西** 非完整体-跑 1-1单

"我朝西跑。"

b. 第二套形式(引导式提问)

ŋa **nə-**rɟûk-ŋ

1单 **完整体:朝西**-跑 2-1单

"我朝西跑了。"

就句法上来说,(7a)中第一套的形式 dî 可以从动词前移到句首,如(8a)所示。另一方面,若将(7b)中第二套的形式 nə-与动词词干分开,移到句首(如(8b)),就是不合语法的句子了。以上证据显示第二套形式在音系和句法上都必须依附于动词词干,因此宜分析为动词前缀。

(8) a. 第一套形式(引导式提问)

dî ŋa ko-rɟûk-ŋ

朝西 1单 非完整体-跑 2-1单

"我正在朝西跑。"

b. 第二套形式(引导式提问)

* **nə-** ŋa rɟûk-ŋ

完整体:朝西 1单 跑 2-1单

"我朝西跑了。"

第一套的形式并不是前缀。由于前人研究中这一套被分析为黏着语素,因此我们要进一步考虑这一套标记是不是依附词。考察相关材料后,我们发现第一套标记也不是依附词,因为它们并不具备依附词的特点,即"在韵律上居弱势(不带重音),不担任主要屈折或派生词缀的成分"(Halpern 1998:101—104)。事实上,这套标记带有自己的声调,而且能出现的位置基本上是不受限的。如(9b)所示,第一套形式 dî 和动词之间可以插入一个完整的名词以及时间状语:

(9)（引导式提问）

a. pi　tʂaʃi　**dî**　ŋɐ-rɟək
现在　扎西　**朝西**　非完整体-跑1
"扎西现在正在朝西跑。"

b. **dî**　pi　tʂaʃi　ŋɐ-rɟək
朝西　现在　扎西　非完整体-跑1
"扎西现在正在朝西跑。"

这些决定性的证据清楚确认第二套的形式在卓克基话是表趋向的唯一一套前缀，第一套形式则宜分析为为表达趋向的状语。综合以上考量，我们将两套趋向标记的语法范畴与形式界定并罗列如表4：

表4　卓克基话表趋向的状语及动词前缀

趋向类别 \ 语法范畴		状　语	前　缀
太阳	朝东	kû	ko-
	朝西	dî	nə-
河流	朝上游	rô	ro-
	朝下游	rê	rə-
垂直	朝上	tô	to-
	朝下	nâ	na-

4.2　趋向状语的语法化：组块化

"组块化"(chunking)是兴起新语法结构的一种机制。当两个（或多个）语法成分排列在一起出现，而且反复如此，就有可能形成组块(chunk)，被当做一个单一成分，并因此改变了原来的语法分析及组合原则(Bybee 2010)。在卓克基话自然语篇的材料中，我们发现趋向状语和表离格/向格的依附词 = s 有组块化的现象，其结果是形成新的、兼表趋向的方位格标记。

卓克基话的方位格标记都是辅音，因此依附的时候，不会使其宿主增多音节，也不会改变其表面调型。方位格基本上可以分成两种，一种是功能较广泛的位格 = j，可以表达一般位格，有时兼表向格语义。下面例(10)的 IU 161[①] 所呈现的是一般位格，加在事件发生的处所（"树上"）后面：

(10)［摘自"父亲与打猎"（林幼菁 2016）］

⟶161　tə-wam = ɲeɲê　ʃikô = **j**
　　　名词-熊 = 复：(重叠)树上 = **位格**

① IU 是 Intonation Unit（语调单元）的简称，根据 Chafe(1987，1994)的定义，IU 是说话时安排并呈现思路的最小单元，说话者会用几种基本韵律信号标明 IU 的边界。

162 tə-wi kə-za-ɲ = ti ptʂêrə

名词-橡实 名物化-吃 1-2/3 复 = 话题标记:旁格 然后

161—162“老熊在树上吃橡实的时候”

另一种方位格是表离格及向格的依附词 = s。例(11)所呈现的是 = s 的向格用法(也就是“朝”树林里去),而例(12)中的 = s 则是表离格(“从”的语义):

(11)[摘自“很会打猎的狗”(林幼菁 2016)]

59 ʃik^{h}a = **s** ʃô kə-tʃ^{h}ê na-ŋôs

树林 = **向格/离格** 经常 名物化-去 1 过去非完整-系词 2

59 “它经常去树林里”

(12)[摘自“撞鬼奇遇记”(林幼菁 2016)]

56 wə-ŋk^{h}u = **s** ra-â-w-nɐts^{h}us lû

3 单:领属-背后 = **向格/离格** 间证:完整体:朝上游-间证-3 复:及物-推 1 话语标记

56“(那些人)就从背后把他推进去”

在我们所收集的语篇材料中,有不少例子都有趋向状语接在带位格的名词短语后,如例(13)所示。

(13)[摘自“鱼在燃烧的水里”(林幼菁 2016)]

ʃəkô = s **tô** kə-t^{h}ô zə

树上 = 向格/离格 **朝上** 3 复:不及物-向上走 1 助词

to-kə-tsis nə-ŋos

完整体:上-名物化-说 2 观知式-系词 1

“‘肯定上树嘛’(他)说”

趋向状语经常以重叠的形式出现在带方位格的名词短语后,如例(14)—(15)。这些单音节带降调的趋向状语重叠成为双音节词之后,并非两个音节都带降调(例如 kû 重叠后并没有变成 kûkû),而是只有最后一个音节还保有原来的声调(kukû)。

(14)[摘自“骗国王学狗叫”(林幼菁 2016)]

ptʂêrə adî = **s** **kukû**

然后 西方 = **向格/离格** **朝东**:(重叠)

wə-mŋa = ɲê ka-â-ts^{h}ok ptʂêrə ŋə-pû = ɲê

3 单:领属-膝盖 = 复 间证:完整体:朝东-间证-安装 2 然后 1 单:领属-主人 = 复

“他就在门口跪下,说:‘我的主人’”

(15)[摘自“富人与穷人”(林幼菁 2016)]

ptʂêrə wə-la = **j** **nanâ** = tə təzɐtətʃi = ɲê

然后 3 单:领属-中间 = **位格** **朝下**:(重叠) = 话题标记 食物饮料 = 复

na-ka-tâ nə-ŋos

完整:朝下-名物化:复-摆放 2 观知式-系词 1

“然后中间摆了食物和饮料”

当卓克基话的母语者在切分以上[名词 = 方位标记 + 趋向状语]的序列时,一般都能将名词和方位格标记归组成一个更大的成分,与后面的趋向状语(包括重叠形式)以停顿分开。因此以上的案例只能表现[名词 = 方位标记 + 趋向状语]序列的重复发生,并不能证明组块化的存在。

然而，例(16)却显示，在名词"这"之后重叠的，并不只是趋向状语本身，而是离格/向格 = s 加上趋向状语 tô 或者 kû 的组合——stô/skû——发生重叠：stostô/skuskû。这个新构成的组块作为依附词接在"这"的后面，成了兼表趋向意义的方位格标记。

(16) [摘自"打猎中逃跑的马"(林幼菁 2016)]

tʂəla = j　ʃtəksân　cokʰa = j　ʃtə = **stostô** = te　kə-ndo
路 = 位格　这样　山谷 = 位格　这 = **由下朝上：重叠** = 一　名物化-有 1
ʃtə = **skuskû** = te　kə-ndo
这 = **由西朝东** = 一　名物化-有 1
"路，这样往山上有一条，往沟里(也)有一条"

这样的组块化模糊了带方位格之名词短语与趋向状语之间界限：原本 = s 是以名词短语为范围的依附词，不会接在状语之后，但组块化的发生使 = s 和后面的趋向状语被当成一个成分，在重叠的时候重复了整个组块。

需要注意的是，位格 = j 并没有和后面的趋向状语发生组块化，原因待查。

5. 趋向前缀语法化：完整体前缀

5.1 趋向意义淡化

嘉戎语不像英语可以用光杆动词构成祈使式，嘉戎语的动词如果要表达完整体或祈使式，趋向前缀是构成动词形式的必要成分。移动动词因为要标明移动的方向，所以六个趋向前缀都可以选取使用。例如：

(17) (引导式提问)

to-tʃê-n　"朝上去！"
祈使：朝上-去 1-2 单
na-tʃê-n　"朝下去！"
祈使：朝下-去 1-2 单
ko-tʃê-n　"朝东去！"
祈使：朝东-去 1-2 单
nə-tʃê-n　"朝西去！"
祈使：朝西-去 1-2 单
ro-tʃê-n　"朝上游去！"
祈使：朝上游-去 1-2 单
rə-tʃê-n　"朝下游去！"
祈使：朝上游-去 1-2 单

但还有许多动词并非移动动词，不需指定移动方向。这些动词在构成完整体及祈使式的时候，该如何搭配趋向前缀呢?

有一部分的动词我们可以从其内含的趋向意义来确认其配搭原则。比如说，kɐ-rwɐ̂s "起来，起床"这个动词无疑可以推论内含"朝上"这个趋向，而其完整体/祈使式前缀也的确是表"朝上"义的 to-。前缀 to-在这个配搭中带"朝上"的语义是多余的，因为这个趋向义已经蕴含在动词中了。以下分别列出配搭 to-"朝上"与 na-"朝下"为完整体/祈使式前缀的动词：

(18) 搭配前缀 to-"朝上"为完整体/祈使式标记的动词

kɐ-pʰə̂l	"献"
kɐ-rwɐ̂s	"起来，起床"
ka-rjap	"站"
kɐ-scor	"撑"
kɐ-sprɐ̂t	"上交"

(19) 搭配前缀 na-"朝下"为完整体/祈使式标记的动词

ka-səku	"埋葬"
ka-tʰem	"放低(头)"
ka-jê	"种植"
ka-ta	"放置"
ka-ɲî	"坐"

另外我们还发现了一些匹配"东"和"西"两个前缀为完整体/祈使式前缀的动词。我们认为这样的匹配经过了一个隐喻延伸的过程。一如孙天心在草登嘉戎语的研究中所主张的，以太阳为参考依据的这组对立的可以在语义上延伸到"向心-离心"的语义。也就是说，若以太阳为中心，"东"——朝向太阳——就是向心，而"西"——离开太阳——则是离心(Sun 2003：496)。当然，延伸到"向心-离心"的对立后，太阳就不再是唯一的中心了。我们在卓克基话也发现同样的语义延伸，首先来看搭配 ko-"朝东"这个前缀做完整体/祈使式标记的动词：

(20) 搭配前缀 ko-"朝东"为完整体/祈使式标记的动词

kɐ-sɐjtə̂n	"积累(v.t)"
kə-dɐ̂m	"团结"
kɐ-ktʃɐ̂r	"挤，拥挤"
ka-rgî	"穿针"
kɐ-nəpjɐ̂m	"烤火取暖"

这些都是隐含有"向心"词义的动词。例如在"挤"柠檬的时候，被挤压的组织是朝着一个中心变得更紧密；"烤火取暖"则是朝着火这个中心。

另一方面，选取前缀 nə-"朝西"的动词则隐含了"离心"的意义：

(21) 搭配前缀 nə-"朝西"为完整体/祈使式标记的动词

kɐ-prɐ̂t	"弄断(vt.)"
ka-ʃî	"死"
ka-pʰrâm	"把……晒干"
ka-ldʐ̩î	"剥(皮)"
kɐ-lɐ̂t	"释放"

当表达"东"和"西"的趋向前缀经过语义延伸，与具备"向心"、"离心"义的动词搭配做完整体及祈使式标记时，原本具体的趋向语义已被淡化。不过，趋向语义的虚化并不止于此。有更多的时候，动词为何选取某个趋向前缀作为完整体/祈使式标记已经无法从内含语义来

推断了。在这些情况中，趋向前缀已经完全失去了表达趋向的功能，进一步语法化为纯完整体/祈使式标记。①例如：

(22) ka-za“吃”(引导式提问)

wəjo　　**to**-za-w

3单　　**完整体-吃** 2-及物

“他吃了。”

在例(22)中，to-作为 ka-za“吃”的完整体标记，完全不带“朝上”的意思。同样地，在例(23)，na-“朝下”也被用来作为 kɐ-ʃɐp“赶上”的前缀，但从这个动词上我们并不能甄别出“朝下”的语义：

(23) kɐ-ʃɐp“赶上”(引导式提问)

kʰorlô　　**na**-ʃâp-ŋ

车　　**完整体-赶上** 2-1单

“我赶上了车。”

在诸多这类的情况中，动词拣选哪个趋向前缀做完整体/祈使式标记完全是约定俗成的。到这一步我们可以说趋向前缀已经没有具体的趋向意义，成为专表完整体及祈使式这两个范畴的语法标记了。

5.2　完整体的语法功能

卓克基话在形成动词结构时会区分词干 1 和词干 2，而完整体的构建方式是趋向前缀加上词干 2：

(完整体结构)　　趋向前缀 + 词干 2

完整体意味着一个事件是“有界限的”、“完全包含在事件框架内的”(Chung & Timberlake 1985:217; Comrie 1976)。这样的语义搭配动态动词及状态动词时，会得到不同的诠释。以下两个小节(5.2.1、5.2.2)分别介绍动态动词与状态动词在构成完整体后所表达的意义。

5.2.1　动态动词的完整体：单一、聚合、非连续的情况

典型的完整体动词表达一个情况在时间上是有界的(Bybee, et al. 1994; Comrie 1976; Dahl 1985)。Comrie(1976)提出，完整体所呈现是单一、聚合、非连续的情况。Smith(1991)用观点视角来界定体范畴，提出完整体呈现情况的整体，因此其语义含示边界(开头或末端，或者两者皆有)。在嘉戎语中，动态动词的完整体标示一个情况已终结或完成，如例(24)所示。

(24) Dahl 1985 问卷 B1

语境：你知道我昨天发生什么事吗？

a. ŋa　ʃikʰa = j　nɐ-ptʂe-j = ti　“我正在林子里走的时候”

1单　林子 = 位格　过去非完整体-走-1单 = 话题标记：旁格

b. kʰabre　te　**na-â-rɐ tʃɐ-ŋ**　“踩到了一条蛇”

蛇　一　**间证：完整体**-间证-踩 2-1单

① 同样的情况也发生在斯拉夫语系的语言，特别是现代俄语(Comrie 1976:89; Dahl 1985:84)，也就是原本标示趋向的前缀加到动词上，只添加了体的语义，完全没有趋向的语义。

c. prên ŋa-me=s kʰamtʃik te **ko-lât** "它咬了我的脚一口"
然后 1单:领属-脚=向格 咬(名词) 一 **完整体-放**

d. ŋa ɟələk te **to-dzə̂t-ŋ** "我捡起石头"
1单 石头 一 **完整体:朝上-取-1单**

e. kʰbre wa-ko=j nâ **na-lât-ŋ** "朝蛇的头丢过去"
蛇 3单:领属-头=位格 朝下 **完整体:朝下-丢-1单**

f. kʰabre ptʂê **nə-ʃi-s** "然后蛇就死了"
蛇 然后 **完整体-死 2-过去时**

在这个例子中,除了a.以非完整体陈述事件发生的背景,c-f用完整体所描述的事件都是上一事件终结后(包括b句,也用完整体表达),才开始下一事件。

5.2.2 状态动词的完整体:状态的改变

与状态动词搭配时,完整体形式所表达的是状态的改变(Chung & Timberlake 1985:217)。尽管状态的主体是静态持续的,但状态的开头与结尾却是动态的,所以完整体加上状态动词只能表示其起始或终结(Comrie 1976:50—51)。跨语言的研究显示,世界有许多语言若有状态动词的完整体,一般都是表示状态的起始(Chung & Timberlake 1985:217;Comrie, 1976:19)。

(25)(引导式提问)

a. ŋa-pu **mʃor** "我的孩子很漂亮。"
1单:领属-孩子 **漂亮**

b. ŋa-pu **to-mʃor** "我的孩子变漂亮了。"
1单:领属-孩子 **完整体-漂亮**

对比(25a)和(25b)的例子,光杆状态动词不带完整体标记(25a),表示一个说话者已经知道存在的状态事实。而状态动词加上完整体标记(25b)则含示从不漂亮进入漂亮的状态。

6. 趋向前缀语法化:非完整体

6.1 趋向意义虚化为非完整体

在探讨时—体范畴的相关研究中,表方向的标记如何语法化为时—体范畴标记,已经有了一定的观察结论。其中,俄语、匈牙利语、和格鲁吉亚语的研究(Comrie 1976; Dahl 1985; Bybee et al. 1994)都总结出一道发展轨迹,那就是表达方向的语素一开始会充当"界限标记",最后发展为完整体或者过去时标记。非完整体在呈现事件的时候则无视其起始点和终结点,因此在语义上是开放的(Smith 1991:111)。虽然完整体与非完整体从这样的定义来看似乎是彼此对立不相容的,但林幼菁(Lin 2009)已经论证,嘉戎语群内部跨语言的证据证实了完整体和过去非完整体能够从同一个趋向前缀(即表达"朝下"义的前缀)发展出来。

林文(Lin 2009)检视了三种嘉戎语的材料:四土(卓克基话)、草登以及茶堡(大藏话)。这三种嘉戎语都有六个相应的趋向前缀,除了表达趋向,还标示完整体、祈使式、以及非实然(Sun 2007);与此同时,表达"朝下"义的趋向前缀还发展出了过去非完整体的功能。通过比较两种体范畴在茶堡嘉戎语的间接示证形式,林幼菁证实了完整体表"朝下"的前缀与过去非

完整体前缀源自同一个趋向前缀(见表5):

表5　茶堡嘉戎语完整体表"朝下"的前缀与过去非完整体前缀的无标及间接示证形式
(转载并译自 Lin 2009 Table 4)

	完整体结构		过去非完整体结构
情貌无标	"朝上"tɐ- **"朝下"pə-** "朝东"kɐ- "朝西"nə- "朝上游"lɐ- "朝下游"tʰə-	+ 词干 2	**pə-** + 词干 2
间接示证	"朝上"tu-a- **"朝下"cə-a-** "朝东"ku-a- "朝西"ɲə-a- "朝上游"lu-a- "朝下游"cʰə-a	+ 词干 1	**cə-a** + 词干 1

关于嘉戎语趋向前缀发展为过去非完整体的分析,更多的细节请参见 Lin 2009。

6.2　非完整体的语法功能

6.2.1　过去正在进行的事件

嘉戎语过去非完整体与动态动词搭配时,可以用来表达过去正在进行的事件。不过,其内部语义会随动词本身的状态类型(situation types)而变。换句话说,所谓的"正在进行"并不都是指事件本体的持续。请参看以下的例子:

(26)(引导式提问)

a. wəjo　**na-**ŋakrû-s　　"他(那时候)在哭"
　3单　**过去非完整体-**哭2-过去时　　(活动动词)

b. ŋa　tarmok　**na-**rkôs-ŋ　　"我(那时候)在刻龙"
　1单　龙　**过去非完整体-**雕刻2-1单　　(成就动词)

c. wəjo　wəti　**na-**mdu　　"他(那时候)正快到了"
　1单　那里　**过去非完整体-**来2　　(完成动词)

d. *wəjo*　*wə-rtsʰos*　***nɐ-**pɐ̂-w*　　"他(那时候)在咳嗽"
　3单　3单:领属-咳嗽　**过去非完整体-**做2-及物　　(瞬间动词)

对a和b的活动动词以及成就动词来说,其内部结构含有能持续的主体,因此过去非完整体的确能表示当时事件主体正在持续进行。不过完成动词以及瞬间动词的主体是在一瞬间发生的,不可能持续进行。完成动词带自然的终结点,其结果是状态的改变(例如从未到达的状态切换至到达的状态),因此非完整体的观点一般聚焦在事件本体(状态改变)发生前的先导阶段(Smith 1991:58—63),所以非完整体加上"到达"这个动词(例 c)(直译就是"正在到")描述的是"到达"这个事件本体发生前的阶段。最后,非完整体与瞬间动词结合,也不是表示事件本体的持续,而是事件一再重复发生(Comrie 1976:42);因此例 d 的正在进行义并不是指某一声咳嗽的持续,而是咳嗽的动作一声声地反复发生。

6.2.2 过去的习惯体

习惯体描述"过去一段较长时间内存在的一个情况"(Comrie 1976:27—8)。在大部分的情况下,习惯体可以和"经常"这样的状语一起出现在语句中(Dahl 1985:97).例(27)中过去非完整体动词 na-za-w 与表达过去语境(kəscêj"以前")以及习惯(stoŋsnî"每天")的状语一起用,表达过去习惯体的语义。

(27) (引导式提问)

ŋə-tʃê	kəscêj	stoŋsnî	təmɲok	**na**-za-w
1 单:领属-弟弟	以前	每天	馍馍	**过去非完整体**-吃 2-及物

"我弟弟以前每天吃馍馍。"

6.2.3 过去的状态

过去非完整体搭配状态动词所表达的是存在于过去一个时间点或时间段的状态。例(28)的两个例子对比带过去非完整体标记(a)与不带该标记(b)的区别。不带标记的光杆状态动词(b)表达的是现在的状态,与(a)所表达过去的状态有时范畴的语义区别。

(28) a.

wətə	wə-tʃim	**na**-kəkte-s
那	3 单:领属-房子	**过去非完整体**-大 2-过去时

[语境:谈到一栋说话者以前住过,但现在已经拆掉的房子]

"房子很大"((Dahl 1985:问卷#3))

b.

ŋa	kə-ɲî-ŋ	wə-tʃim	**kəktê**
1 单	名物化-住 1-1 单	3 单:领属-房子	大 1

"我(现在)住的房子很大"

7. 结 语

本文呈现了嘉戎语表达趋向范畴的丰富词性及其用法,同时梳理了趋向状语以及趋向前缀的语法化现象。虽然历史上对嘉戎语的描写与记录不多,但通过动词词形变化的分析、跨方言证据的汇整、以及对自然口语语篇材料的观察,仍然可能在缺乏文字记录的条件下提出有力的证据,论证数种语法化现象的起源与发展。

注释缩写表

1	第 1 人称	(动词)1	词干 1
2	第 2 人称	(动词)2	词干 2
3	第 3 人称	复	复数
单	单数	间证	间接示证

参考文献

林向荣.嘉戎语研究[M].成都:四川民族出版社,1993.

林幼菁.嘉戎语卓克基话语法标注文本[M].北京:社会科学文献出版社,2016.

瞿霭堂.嘉戎语概况[J].民族语文 1984(2).

孙天心.黑水县沙石多嘉戎语动词人称范畴的特点[J].语言暨语言学 2015(16).

Bybee, J. 2010. *Language, Usage and Cognition Cambridge*: Cambridge University Press.

Bybee, J. & et al. 1994. *The Evolution of Grammar*. Chicago: The University of Chicago Press.

Chafe, W. L. 1987. Cognitive constraints on information flow. *Coherence and Grounding in Discourse*. ed. by R. Tomlin, 21—52. Amsterdam and Philadephia: John Benjamins.

Chafe, W. L. 1994. *Discourse, Consciousness, and Time: The Flow and Displacement of Conscious experience in Speaking and Writing*. Chicago: University of Chicago Press.

Chung, S. & Alan, T. 1985. Tense, aspect, and mood. *Language Typology and Syntactic Description*, Vol.3: *Grammatical Categories and Lexicon*. ed. by T. Shopen, 202—258. Cambridge: Cambridge University Press.

Comrie, B. 1976. *Aspect*. Cambridge: Cambridge University Press.

Dahl, Ö. 1985. *Tense and Aspect Systems*. Oxford: Basil Blackwell.

Halpern, A. L. 1998. *Clitics*. *The Handbook of Morphology*. ed. by A. Spencer & A.M. Zwicky, 101—122. Oxford: Blackwell.

Jacques, G. 2014. Clause linking in Japhug Rgyalrong. *Linguistics of the Tibeto-Burman Area 37*. 263—327.

Jacques, G.(Xiang, B.). 2008. *Jiarongyu Yanjiu (A Study on the rGyalrong Language)*. Beijing: Minzu Chubanshe(Ethnic Publishing House).

Jacques, Guillaume, Yunfan Lai, Anton Antonov & Lobsang Nima. 2017. Stau. *The Sino-Tibetan Languages*. 2nd Ed., ed. by G. Thurgood & R. LaPolla, 597—614. New York: Taylor & Francis.

Lin, You-Jing. 2002. A dimension missed: east and west in Situ rGyalrong orientation marking. *Language and Linguistics* 3. 27—42.

Lin, You-Jing. 2003. Tense and aspect morphology in the Zhuokeji rGyalrong verb. *Cahiers de Linguistique Asie Orientale* 32. 245—86.

Lin, You-Jing. 2009. *Units in Zhuokeji rGyalrong Discourse: Prosody and Grammar*: University of California, Santa Barbara PhD Dissertation.

Lin, You-Jing. 2012. By no means marginal: Privative tone in Zhuokeji Rgyalrong. *Language and Linguistics* 13. 621—62.

Smith, C. 1991. *The Parameter of Aspect*. Dordrecht: Kluwer Academic Publishers.

Sun, Jackson T.-S. 2000a. Stem alternation in Puxi verb inflection: Toward validating the rGyalrongic Subgroup in Qiangic. *Language and Linguistics* 1. 211—32.

Sun, Jackson T.-S. 2003. Caodeng rGyalrong. The Sino-Tibetan Languages. ed. by G. Thurgood & R. LaPolla, 490—502. London and New York: Routledge.

Sun, Jackson T.-S. 2007. The irrealis category in rGyalrong. *Language and Linguistics* 8. 797—819.

Sun, Jackson T.-S. 2015. Tshobdun Rgyalrong. The Sino-Tibettan Languages. ed. by G. Thurgood & R.J. LaPolla. New York: Taylor & Francis.

Sun, Jackson T.-S. 2000b. Parallelisms in the verb morphology of Sidaba rGyalrong and Lavrung in rGyalrongic. *Language and Linguistics* 1. 161—90.

再探台湾南岛语言中的作通格现象*

北京师范大学　潘家荣

内容提要　迪克森(Dixon 1979, 1994:9)认为,主宾格格局和作通格格局完全相异,S与A或与O共现,S与A共现的语言称为主宾格语言,S与O具有某些共性的语言称为作通格语言。本研究考察台湾南岛语言中的作格语言,考察的语言包括阿美语、布农语、排湾语、撒奇莱雅语、赛德克语、太鲁阁语和邹语。研究发现台湾南岛语言的普通名词与代名词呈现作格语言的格局,研究还发现台湾南岛语言也存在着句法作格的现象,本研究举关系小句为例。此外,个别存在一致关系的语言,如邹语,其一致关系呈现的则是主宾格格局。

关键词　南岛语言;作通格;主宾格

1. 引　言

迪克森(Dixon 1994)指出,所有语言都存在带有一个动词和一个NP的不及物句以及一个动词和两个NP的及物句。三种NP分类如下:

(1) S-不及物主语

　　A-及物主语

　　O-及物宾语

三种基本论元具有某些相同特性。S和A都具有主语特点,S和O也相关联,篇章话语中的新信息经常会充当S或O的功能,它们会涉及名词并入(Dixon 1994:6), S与O类似可以充当内部论元,如非致使动词。

及物句中的A和O名词短语须通过一些方法进行区分以避免混淆。语言中会采用不同策略,如形态格区别A和O名词短语。不及物句中的唯一论元不需要特殊标记。S与A或与O共现,S与A共现的语言称为主宾格语言,S与O具有某些共性的语言称为作通格语言。

根据Dixon(1979, 1994:9),主宾格格局和作通格格局完全相异,主宾格和作通格的对立为:

$$\left.\begin{array}{r}\text{nominative}\left\{\begin{array}{l}\text{A}\\ \text{S}\end{array}\right.\\ \text{accusative}\quad\ \text{O}\end{array}\right.\begin{array}{l}\text{ergative}\\ \left.\begin{array}{l}\\ \\ \end{array}\right\}\text{absolutive}\end{array}$$

* 本研究获黄成龙教授主持的2018年国家社科重大项目"中国民族语言形态句法类型学研究"(18ZDA298)(作者担任其子课题"南岛、南亚形态句法类型"负责人)的研究经费资助。

世界上约有25%的语言存在作格格局(Dixon 1994:224),世界语言的总数若以7 000种来计算,作格语言或有近2 000种之多!我国的少数民族语言研究中,也存在一定数量的作格语言,比如藏缅语族语言如倒话(阿错2007)、普米语(傅爱兰1998,戴庆厦、傅爱兰2001)、羌语(黄成龙2010)、藏语(Chang & Chang 1980, Delancey 1982、1983、1989, LaPolla 1995b, Vollmann 2008,胡坦1983、1993、1994,胡书津1997,戴庆厦、傅爱兰2001,江荻2006、2007)等等。而在南岛语研究中,也有数篇经典作格研究,比如噶玛兰和泰雅语(Liao 2004)、泰雅语(Huang 1994)、邹语(Chang 2011)等。

迪克森(Dixon 1979, 1994:9)将作格区分为形态作格和句法作格,Du Bois(1987a, 1987b)则将作格进一步拓展到语篇作格。本文考察七个濒危台湾南岛语的形态作格和句法作格,包括阿美语、布农语、排湾语、撒奇莱雅语、赛德克语、太鲁阁语和邹语。传统上,台湾南岛语将当事S和受事O(P/U)的格位分析为主格,施事A的格位则分析为属格或斜格(旁格)。本文试着从普通名词和代名词的格位形态表现以及句法作格的现象,将这些南岛语分析为作通格语言,并改正其传统的格位标记方式。

2. 形态作通格

典型的形态作格语言是用形态手段把及物宾语O与不及物主语S归为一类。

形态作格是在格系统中证实。不及物主语和及物宾语都是该系统中无标记的通格,通常具有零形态。及物主语A具有形态标记的作格。在处理格标记的语言中,作格经常与另外的格相同,最经常的是领格和工具格,有时是处所格或与格(Trask 1979)。台湾南岛语言也有同样的现象,不过,这并不是本文研究重点,本文不再加以赘述。

格位标记和代名词的功能包括体现事件参与者的语义角色及属性、语法功能、语用情景,有时还包含在说话者心中的认知地位。台湾南岛语言传统上不及物主语S和及物宾语O都被分析位主格,从语言类型学视角来看,这样的分析是不合理的,对于语言类型学研究或跨语言比较更是一大困扰。

以下台湾南岛语言的例子,第一部分,首先统一列出普通名词的传统分析与标注,然后是本文分析与标注;第二部分,先统一列出代名词的传统分析与标注,然后是本文分析与标注。

形态作格(普通名词):传统分析与标注

(1) 阿美语(吴静兰2016:73)

ma-patay=to　***ko***　waco　niyam.

主事焦点-死=了　主格　狗　我们.属格

我们的狗死了。

(2) 布农语(黄慧娟、施朝凯2016:104)

tangis　***a***　'uvaaz=a.

主事焦点.哭　主格　小孩=限定词.主格

小孩在哭。

(3) 排湾语(张秀绢2016:69)

q<em>aung　***a***　alja'　nimadju.

〈主事焦点〉.哭　主格　小孩　她的
她的小孩在哭。/她的小孩哭了。

(4) 撒奇莱雅语(沈文琦 2016:82)
mu-angic　***ku***　wawa　niza　ayza.
主事焦点-哭　主格　小孩　他.属格　现在
他的小孩现在正在哭。

(5) 赛德克语(宋丽梅 2016:48)
wada　taqi　***ka***　Dakis　di.
完成貌　睡　主格　人名　助词
Dakis 已经睡了。

(6) 太鲁阁语(李佩容、许韦晟 2016:78)
l〈em〉ingis　***ka***　laqi　gaga.
〈主事焦点〉哭　主格　孩子　那
那孩子在哭。

(7) 邹语
m-au'to'tohʉngʉ　***'o***　oko-su.
主事焦点-聪明　主格　孩子-你的
你的孩子很聪明。

形态作格(普通名词):本文分析与标注

(8) 阿美语(吴静兰 2016:73)
a. ma-patay = to　***ko***　waco　niyam.
主事焦点-死 = 了　通格　狗　我们.属格
我们的狗死了。

(9) 布农语(黄慧娟、施朝凯 2016:104)
tangis　***a***　'uvaaz = a.
主事焦点.哭　通格　小孩 = 限定词.主格
小孩在哭。

(10) 排湾语(张秀绢 2016:69)
q〈em〉aung　***a***　alja'　nimadju.
〈主事焦点〉.哭　通格　小孩　她的
她的小孩在哭。/她的小孩哭了。

(11) 撒奇莱雅语(沈文琦 2016:82)
mu-angic　***ku***　wawa　niza　ayza.
主事焦点-哭　通格　小孩　他.属格　现在
他的小孩现在正在哭。

(12) 赛德克语(宋丽梅 2016:48)
wada　taqi　***ka***　Dakis　di.
完成貌　睡　通格　人名　助词

Dakis 已经睡了。

(13) 太鲁阁语(李佩容、许韦晟 2016:78)

l⟨em⟩ingis　***ka***　laqi　gaga.
⟨主事焦点⟩哭　通格　孩子　那
那孩子在哭。

(14) 邹语

m-au'to'tohʉngʉ　***'o***　oko-su.
主事焦点-聪明　通格　孩子-你的
你的孩子很聪明。

形态作格(代名词):传统分析与标注

(15) 阿美语(吴静兰 2016:71)

mi-liloc-ay　***kako***.
主事焦点-洗澡-实现　我.主格
我正在洗澡。

(16) 布农语(黄慧娟、施朝凯 2016:57)

sai = sian ***= ik***　sia　lipin　katavin.
主事焦点.前往.经验貌 = 指示词 = 我.主格　处所格　日本　去年
去年我去日本。

(17) 排湾语(张秀绢 2016:44)

mavetu-anga ***= a'en***.
饱.主事焦点-完成貌 = 我.主格
我饱了。

(18) 撒奇莱雅语(沈文琦 2016:73)

ma-puling　***ciniza***.
主事焦点-跌倒　他.主格
他跌倒了。

(19) 赛德克语(宋丽梅 2016:63)

uxe ***= ku***　m⟨n⟩eyah　ani　t⟨n⟩texal.
否定词 = 我.主格　主事焦点⟨完成貌⟩来　任何　重叠⟨完成貌⟩一次
我从没来过一次。

(20) 太鲁阁语(李佩容、许韦晟 2016:91)

m⟨en⟩hedu ***= ku***　matas　da.
主事焦点⟨完成貌⟩完成 = 我.主格　主事焦点.书写　助词
我读完书了。

形态作格(代名词):本文分析与标注

(21) 阿美语(吴静兰 2016:71)

mi-liloc-ay　***kako***.

主事焦点-洗澡-实现　我.通格
我正在洗澡。

(22) 布农语(黄慧娟、施朝凯 2016:57)
sai = sian ***= ik***　sia　lipin　katavin.
主事焦点.前往.经验貌 = 指示词 = 我.通格　处所格　日本　去年
去年我去日本。

(23) 排湾语(张秀绢 2016:44)
mavetu-anga ***= a'en***.
饱.主事焦点-完成貌 = 我.通格
我饱了。

(24) 撒奇莱雅语(沈文琦 2016:73)
ma-puling　***ciniza***.
主事焦点-跌倒　他.通格
他跌倒了。

(25) 赛德克语(宋丽梅 2016:63)
uxe ***= ku***　m⟨n⟩eyah　ani　t⟨n⟩texal.
否定词 = 我.通格　主事焦点⟨完成貌⟩来　任何　重叠⟨完成貌⟩一次
我从没来过一次。

(26) 太鲁阁语(李佩容、许韦晟 2016:91)
m⟨en⟩hedu ***= ku***　matas　da.
主事焦点⟨完成貌⟩完成 = 我.通格　主事焦点.书写　助词
我读完书了。

3. 句法作通格

大部分作格语言是形态性作格,句法作格通常包括形态作格性。语言中句法操作运用于S和A,该语言是句法宾格。与此相对,同样方式运用于S和O是句法作格语言的特点(Dixon 1994:143)。台湾南岛语言的关系小句可说明句法作格的句法操作。台湾南岛语言的关系小句中不及物句主语S一定是被关系化的中心语;至于关系小句中及物句宾语O也一定是被关系化的中心语。台湾南岛语言传统上将关系小句中不及物句主语S(关系小句中心语)和关系小句中及物句宾语O(关系小句中心语)标注成主格或连系词。

本文试图将句法作通格的关系小句不及物句主语S,及物句主语A和及物句宾语O格位标注和形态作通格一样更改为作格和通格,至于中心语的连系词标记则保留。

以下台湾南岛语言的例子,第一部分,首先统一列出句法作通格的传统分析与标注;第二部分,则是本文分析与标注。

句法作通格:传统分析与标注

(27) 阿美语(吴静兰 2016:121)
ma-'araw = ako　koya　ma-palo-ay　ni　Aki　a　wawa.

受事焦点-看＝我.属格　那.主格　受事焦点-打-实现　属格　人名　连系词　小孩

我看到 Aki 打的那个小孩。

(28) 布农语(黄慧娟、施朝凯 2016:225)

sadu-an＝ku　tu　ta-tangis　a

看-处所焦点＝我.属格　连系词　重叠-主事焦点　主格

l⟨in⟩udah　mas　Subali＝tia　a　'uvaaz＝a.

⟨经验貌.受事焦点⟩打　属格　人名＝限定词.非主格　连系词　小孩＝限定词.主格

我看到 Subali 打的那个小孩在哭。

(29) 排湾语(张秀绢 2016:130)

na-ma'apala'-anga　a　za　vasa　a　'⟨in⟩an　ni　Kai.

完成-坏-完成　主格　那　芋头　连系词　⟨受事焦点⟩吃　属格　人名

那个 Kai 吃掉的芋头是坏的。

(30) 撒奇莱雅语(沈文琦 2016:153)

u　daecus-ay＝tu　kya　ni-kan-an

非人名标记　坏-名物化＝完成貌　那.主格　受事焦点-吃-受事焦点

ni　Aki　a　tali.

属格.人名标记　人名　连系词　芋头

那个 Aki 吃掉了的芋头是坏掉了的。

(31) 赛德克语(宋丽梅 2016:157)

ga　buyak-an　d-tama＝mu　ka　babuy.

进行貌　肢解动物-处所焦点　复数-父亲＝我.属格　主格　猪

lihu-un　a-asuw　dadal.

串-受事焦点　重叠-分　亲戚

我爸爸他们在肢解要分送给亲戚的串猪(肉)。

(32) 邹语(张永利、潘家荣 2016:119)

mi＝cu　aiei'i　ta　pangka　si　te-ta

实现.主事焦点＝已经　黏　斜格　桌子　主格　未实现-他

an-a　ci　naveu.

吃-受事焦点　连系词　饭

他要吃的饭已经黏在桌子上了。

句法作通格:本文分析与标注

(33) 阿美语(吴静兰 2016:121)

ma-'araw＝ako　koya　ma-palo-ay　ni　Aki　a　wawa.

受事焦点-看＝我.作格　那.通格　受事焦点-打-实现　作格　人名　连系词　小孩

我看到 Aki 打的那个小孩。

(34) 布农语(黄慧娟、施朝凯 2016:225)

sadu-an＝ku　tu　ta-tangis　a

看-处所焦点＝我.作格　连系词　重叠-主事焦点　主格

l⟨in⟩udah　mas　Subali = tia　a　'uvaaz = a.
⟨经验貌.受事焦点⟩打　作格　人名 = 限定词.非通格　连系词　小孩 = 限定词.通格
我看到 Subali 打的那个小孩在哭。

(35) 排湾语(张秀绢 2016:130)
na-ma'apala'-anga　a　za　vasa　a　'⟨in⟩an　ni　Kai.
完成-坏-完成　通格　那　芋头　连系词　⟨受事焦点⟩吃　作格　人名
那个 Kai 吃掉的芋头是坏的。

(36) 撒奇莱雅语(沈文琦 2016:153)
u　daecus-ay = tu　kya　ni-kan-an
非人名标记　坏-名物化 = 完成貌　那.通格　受事焦点-吃-受事焦点
ni　Aki　a　tali.
作格.人名标记　人名　连系词　芋头
那个 Aki 吃掉了的芋头是坏掉了的。

(37) 赛德克语(宋丽梅 2016:157)
ga　buyak-an　d-tama = mu　ka　babuy.
进行貌　肢解动物-处所焦点　复数-父亲 = 我.作格　通格　猪
lihu-un　a-asuw　dadal.
串-受事焦点　重叠-分　亲戚
我爸爸他们在肢解要分送给亲戚的串猪(肉)。

(38) 邹语(张永利、潘家荣 2016:119)
mi = cu　aiei'i　ta　pangka　si　te-ta
实现.主事焦点 - 已经　黏　斜格　桌子　通格　未实现-他
an-a　ci　naveu.
吃-受事焦点　连系词　饭
他要吃的饭已经黏在桌子上了。

4. 一致关系

一致关系指的是两个成分之间的一种形式关系,也就是一个词的形式需要与另一个词的形式相对应。动词上的通格和主格一致关系标记有相同分布。台湾南岛语言邹语的一致关系呈现的是主格格局,也就是一致关系的标记只和不及物句主语 S 和及物句主语 A 相呼应。

以下台湾南岛语言邹语的例子,第一部分,首先列出一致关系的传统标注;第二部分,则是本文的分析标注。

一致关系:传统分析与标注
(39) 邹语
a. mi-**<u>ta</u>**　peayofʉ　**<u>si　Pasuya</u>**.
实现.主事焦点-他　跑步.主事焦点　主格　人名
Pasuya 在跑步。

b. i-**ta** an-a **ta Pasuya** si naveu.
实现.非主事焦点-他 吃-受事焦点 斜格 人名 主格 饭
饭 Pasuya 吃了。

一致关系：本文分析与标注
(40) 邹语
a. mi-***ta*** peayofʉ **si Pasuya.**
实现.主事焦点-他.主格 跑步.主事焦点 通格 人名
Pasuya 在跑步。
b. i-***ta*** an-a **ta Pasuya** si naveu.
实现.非主事焦点-他.主格 吃-受事焦点 作格 人名 通格 饭
饭 Pasuya 吃了。

5. 结 语

迪克森(Dixon 1994)指出，所有语言都存在带有一个动词和一个 NP 的不及物句以及一个动词和两个 NP 的及物句。根据迪克森(Dixon 1979，1994:9)，主宾格格局和作通格格局完全相异，S 与 A 或与 O 共现，S 与 A 共现的语言称为主宾格语言，S 与 O 具有某些共性的语言称为作通格语言。

本研究考察台湾南岛语言中的作格语言，考察的语言包括阿美语、布农语、排湾语、撒奇莱雅语、赛德克语、太鲁阁语和邹语。研究发现台湾南岛语言的普通名词与代名词呈现作格语言的格局，从类型学角度和跨语言比较来看，有必要更正传统的格位标记形式。从类型学角度来看，作格格局的标记模式有三种：第一，作格有标记，通格没有(如 Dyirbal)；第二，作格和通格都有标记(如本文所探讨的太鲁阁语之外的其他六个台湾南岛语言)；第三，作格无标记，通格有标记(如太鲁阁语)。第一种标记方式是最精简的，也是最常见的；第三种则是最不精简，世界语言也很少见的。台湾南岛语言普遍采取第二种标记方式，太鲁阁语则是罕见地采取了第三种标记方式。研究还发现台湾南岛语言也存在着句法作格的现象，本研究举关系小句为例。此外，个别存在一致关系的语言，如邹语，其一致关系呈现的是主宾格格局。

参考文献

意西微萨·阿错. 2007.倒话[M]//孙宏开、胡增益、黄行.中国的语言.北京：商务印书馆，2007.
戴庆厦，傅爱兰.藏缅语的述宾结构——兼与汉语比较 [J].方言，2001(4).
傅爱兰.普米语动词的语法范畴[M].北京：中国文史出版社，1998.
胡坦.拉萨藏语中几种动词句式的分析[J].民族语文，1984(1).
胡坦.国外藏语语法研究述评[J].国外语言学，1993(2).
胡坦.藏语中的名动组合[M]//马学良等.藏缅语新论.北京：中央民族学院出版社，1994.
胡书津.试谈藏语动词的结构及其语法范畴[G]//胡书津.藏族语言研究文集.成都：四川民族出版社，1997.

黄成龙.羌语的施事者及其相关标记[J].语言暨语言学,2010(2).
黄慧娟,施朝凯.布农语语法概论[M].新北市:"原住民族"委员会,2016.
江荻.现代藏语动词的句法语义分类及其相关语法句式[J].中文信息学报,2006.
江荻.藏语动词的及物性、自主性与施格语言类型[C]//大连:第九届全国计算语言学学术会议.2007.
李佩容,许韦晟.太鲁阁语语法概论[M].新北市:"原住民族"委员会,2016.
沈文琦.撒奇莱雅语语法概论[M].新北市:"原住民族"委员会,2016.
宋丽梅.赛德克语语法概论[M].新北市:"原住民族"委员会,2016.
吴静兰.2016 阿美语语法概论[M].新北市:"原住民族"委员会,2016.
张秀绢.排湾语语法概论[M].新北市:"原住民族"委员会,2016.
张永利,潘家荣 2016.邹语语法概论[M].新北市:"原住民族"委员会,2016.

Chang, Henry Y. 2011. Transitivity, ergativity, and the status of O in Tsou. In Jung-hsing Chnag(ed.), *Language and Cognition: Festschrift in Honor of James H-Y.* Tai on His 70s Birthday. Taipei: The Crane Publishing.

Chang, Kun & Betty Shefts Chang. 1980. *Ergativity in spoken Tibetan*, Bulletin of the Institute of History and Philology, Academia Sinica 51(1):15—32.

DeLancey, Scott. 1982. Lhasa Tibetan: a case study in ergative typology. *Journa of Linguistic Research 2.1*: 21—31.

DeLancey, Scott. 1983. *Transitivity and ergativity case in Lhasa Tibetan*. BLS 9:131—140.

DeLancey, Scott. 1989. Verb agreement in Proto-Tibeto-Burman. *Bulletin of the School of Oriental and Afican Studies* 52(2):315—333, University of London.

Dixon, R.M.W. 1979. Ergativity. *Language*, 55:59—138.

Dixon, R.M.W. 1994. *Ergativity*. Cambridge: Cambridge University Press.

Du Bois, J. 1987a. The discourse basis of ergativity. *Language*, 63:805—855.

Du Bois, J. 1987b. Absolutive zero: paradigm adaptivity in Sacapultec Maya. *Lingua*, 71:203—222.

Huang, Lillian M. 1994. Ergativity in Atayal. *Oceanic Linguistics* 33(1):129—143.

LaPolla, Randy J. 1995. Ergative marking in Tibeto-Burman. In: Yoshio Nishi, James A. Matisoff &Yasuhiko Nagano(eds.), *New Horizons in Tibeto-Burman Morphosyntax*, 189—228. Osaka: National Museum of Ethnology.

Liao, Hsiu-chuan. 2004. *Transitivity and Ergativity in Formosan and Philippine languages*. PhD dissertation, University of Hawai'i.

Trask, Robert L. 1979. On the origins of ergativity. In: Frans Plank(ed.). Ergativity: *Towards a Theory of Grammatical Relations*, 385—404. London: Academic Press.

Vollmann, Ralf. 2008. Descriptions of Tibetan Ergativity: *A Historigraphical account*. Graz: Leykm.

南亚语的范围和地位*

[法]奥德里古尔(André G.Haudricourt)撰　华东师范大学　郑伟　译

本文将检视南亚语与包括占语、越南语、泰语和苗语在内的诸语言之间的联系。

区分不同语系的语言,弄清哪个语言属于哪个语系,这项工作在欧洲做起来比在东亚地区容易得多。在欧洲语言中,由于形态(morphology)和语法结构的特点,区分印欧语系与芬兰-乌拉尔(Finno-Ugric)或闪含(Semitic)语系比较容易。因为东亚语言既没有规则或不规则的屈折变化(inflection),也因为该地区的语言有着相同的句法特点,故而比较语言学家基本上只能完全依然靠词汇。直到现在,还有一些问题,语言学家在使用自己的理论和观点加以分析时,仍有模糊不清之处。当一个语言 A 和另一个语言 B 有一部分词汇相同,同时语言 A 又有一部分词汇与 C 语言相同时,可以说语言 A 是一种"混合语"。施密特(W.Schmidt)和马伯乐(Henri Maspero)所说的"混合语"——施密特所说的占语(Cham),马伯乐所说的越南语,就这些语言而言,尽管已经有了比较武断的、类似于带有 C 语言成分的 A 语言式的分类(如带有孟高棉语色彩的占语,带有泰语色彩的越南语等),进一步的发生学分类的工作仍然是必需的。

现在我们还有其他理论可以借鉴。从发生学角度来看,并没有像"混合语"这样的事物。假设 A、B 和 C 是同个系属的语言,它们发生混合以后,其中两种在词汇上要么数量均等,要么不均等。一部分词汇是本语言的,一部分是外借的。和 B 语言相联系的 A 语言从 C 语言借入了一部分词汇(占语是南岛语,越南语是南亚语)。

自 1875 年以来,占语及其方言的词汇、文本材料相继有些问世,①关于占语与马来语关系

---

* 原文为英文,发表信息如下:André G.Haudricourt,"The Limits and Connections of Austroasiatic in the Northeast",Norman H.Zide ed.,*Studies in Comparative Autronesiatic Linguistics*,London · The Hague · Paris:Mouton & Co.,44—56,1966。英文版译自 1961 年的法文版。

① 例如 A.Morice,"Etude sur deux dialectes de l'Indo-Chne. Les Tiams et les Stiengs",*Revue de Linguistique*(巴黎,Maisonneuve,1875)。R.Humann,*Vocabulaire français-tiame*[越南西贡(今胡志明市,下同),自印,n.d.]。A.Landes,*Contes Tjames*,*textes et caractères tjames*,*accompagnés de la transcription du premier conte en caractères romains et d'un lexique*(西贡,自印)。E.Aymonier,*Grammaire de la langue Chame ou Tchame*(巴黎,Leroux,1889)(该书亦见于 *Excursions et Reconnaissances*,31,西贡,1889)。可注意占人的发生学关系在 Crawford 的 *Grammar and Dictionary of Malay Language*(伦敦,1852)和 A. Bastian 的 *Sprachvergleichende Studien mit besonderer Berück-sichtigung der Indochinesischen Sprachen*(莱比锡,1870)等书中已有涉及。特别是法国传教士方丹(M.C.Fontaine 1815—1871)这样说道:"这些方言中的大部分,尤其是 Charay、Redai、Candio 和 Penong 语有如此多的共同点,它们只能被看成是某单个树干的枝丫。在这些部落里生活了几年之后,由于健康原因,我不得不返回新加坡。经过对马来语的一番短暂研究之后,我惊奇地发现,马来语包含了大量的与加莱(Charay)语相同的词,尤其是像数词这样的词,显示出这两种语言间惊人的一致。我确信,如果进行'深入研究',这些相似性仍将会更加惊人;它们的语法构造绝对是相同的。"(*Annales de l'Extrême Orient*,巴黎,Challamel,1882—1883,5,264)加莱(Jarai)语词汇的首次出版,归功于 J.Moura 的 *Le royaume du Cambodge*(巴黎,Leroux,1883) tome I,440—447 页、501—505 页。

的性质的推测开始出现。我们可以将其分成两类观点，一类是关于语言系属，还有一类是关于地理来源。

科恩(Kern)[①]、厄恩斯特·库恩(Ernst Kuhn)[②]和尼曼(K.Niemann)[③]都曾谈及占语、马来语与印度尼西亚诸语言的发生学关系，但希姆利(K.Himly)[④]和施密特[⑤]更倾向于认为占语是一种与南亚语有关的混合语。施密特被认为是"南亚语"这一术语的首创者，同时也是首位将南亚语和南岛语纳入"南方(澳)"语群("Austria" group)的学者，而他对占语地位所持的观点经常被非专业人士所接受。甚至有人发现其观点出现在萨尔兹纳(Salzner)的语言地图中。[⑥]但是，科恩的看法是，"占语和孟高棉语族的 Tahitian 语一样"[⑦]，并被专业学者所接受[⑧]。

早在 1877 年，哈米(Hamy)博士从上述观点中得出了以下结论："假如占人不是马来半岛上唯一讲马来语的部落，又假如西部山区主体范围的那些部落所操的是跟占人相同的语言，那么 Piak 人、加来人、占人则应该被视作真正的大陆马来族群；卡布孟邦(Menang Kabeu)人的迁移只是其民族史上的一段插曲而已，如果要探寻西大洋洲历史上扮演了最重要角色的某个人的来源，那应该是在中印山脉而不是在苏门答腊(Sumatra)。"[⑨]

科恩和施密特两位也持上述观点，越南、老挝和柬埔寨的山民被法国学者叫做印尼人并持续了一个半世纪，即使他们说的是南亚语。

仅仅在二十年前，本尼迪克特(P.K.Benedict)[⑩]的研究表明，南岛语在大陆上的来源应该进一步向中国广东沿海地区追溯。后来，戴恩(I.Dyen)对南岛语[⑪]*q 辅音的研究显示，*q>h 的音变在西部印尼语(Java 语、Sumatra 语)里尤其明显。我们大概可以从这一点，得出占语及其

---

① H.Kern, "Taalkundige gegevens ter bepaling van het stamland der Malaisch-Polynesische volken", *Versl. en Med. Der Kon. Akad. Van Wetenschappen*, III r., 6, 270 页，1889。

② Ernst Kuhn:"Beiträge zur Sprachenkunde Hinterindiens", *Sitzungber. d. k. bayer. Ak. d. Wiss. Philos.- philol. Cl.* München, 1889, 2 teil, 190—236 页。

③ G.K.Niemann, "Bijdarge tot de kinnis der verhouding van het Tjam tot de talen van Indonesië", *Bijdr. tot de Taal-, Land-en Volkenkunde van Ned. Indië*, 1891, 27—44 页。

④ K.Himly, "Spachvergleichende Untersuchung des Worterschatzes der Tscham-Sprache", *Sitzungber. d. k. bayer. Ak. d. Wiss. Philos.- philol. Cl.* München, 1890, 3. Heft.

⑤ W.Schimdt, "Die Mon-Khmer-Völker, ein Bindeglied zwischen Völkern Zentral-asiens und Austronesiens", *Archiv für Anthropologie*, 5(Braunschweig, 1906)，该文的法文版见于 *BEFEO*, 7, 223 页(河内，1907)，也见于 *Die Sprachfamilien und Sprachenkreise der Erde*(海德堡，1926)，135—147 页。

⑥ R.Salzner, *Sprachenatlas des indopazifischen Raumes*(Wiesbaden, Harrassowitz, 1960).

⑦ E.Aymonier & A.Cabaton: *Dictionnaire Cam-français*(巴黎，Leroux, 1906), vi。

⑧ 例如马伯乐为其兄(G.Maspero) *Un empire colonial français, l'Indochine*(巴黎，Van Oest, 1929, t.1, 66 页)一书所撰的文章。我们要记得，在 1912 年的文章(*BEFEO*, 12)里，马伯乐看起来是遵从了施密特的意见，把占语放到了有关孟高棉语的表格中。

⑨ 见 La Nature 8, IX(1877)，292 页，此处根据 *Annales de l'Extrême Orient*, 5, 264(巴黎，1882—1883)。

⑩ P.K.Benedict, "Thai, Kadai and Indonesian: a new alignment in Southeastern Asia", *American Anthropology*, 44(1942), 576—601.

⑪ I.Dyen, *The Proto-Malayo-Polynesian Laryngeals*(W.D.Whitney 语言学丛书)(巴尔的摩，1953)，文章还指出，q 不应是喉音而是小舌音。

方言也属于这一语群。即便该语群的最西北已扩展到缅甸 Mergui 群岛上的 Selung 语,且该语言另有音变* q>h 的观点,我们也能肯定,* q>h 的确曾在 Java、Sumatra 语里发生过①。

	Selung 语	马来语	占语
肝	katai	hati	hatai
虾(shrimp)	kodang	hudang	hudang
雨(rain)	kujang	hujang	hujiang
黑色的(black)	ketam	hitam	hitam
腿(thigh)	paka	paha	pha
树干(trunk)	pokon	pohon	phun
年(year)	takon	tahun	thun
树枝(branch)	dakan	dahan	dhan
地(earth)	tanak	tanah	tanäh
血(blood)	dalak	darah	darah
打(to beat)	bonok	bunoh	banuh

至少在 Sumatra 语中,存在一个南亚语的底层,从而造成了占语和 Acheh 语之间的相似性②。(甚至在占语里还有一些未知的马来半岛的孟高棉语底层词,例如"蟹",占语 *ketam*③,Bahnar 语 kötam,高棉(Khmer)语 ktam,孟(Mon)语 gatam, Samre 语 tham, Khasi 语 tham,佤(Wa)语 tam。)

南亚语比较语言学的学者需要面对的一个微妙的问题是,如何找出在占语周围的语言(Maa 语、Mnong 语、Bahnar 语)里,在被占人统治几百年的过程中进入那些语言的借词。借词可能来自梵语,但孟语、高棉语,以及受孟语、克篾语影响的方言里也有这些借词;这些借词也有可能来自印尼语,找出 Java 语、Sumatra 里的这些借词或许更不容易,因为那些地区的印尼语还借用了南亚语词。

长久以来,越南语的系属一直被错误地理解。洛根(J.R.Logan)④、福布斯(C.J.F.S. Forbes)⑤、穆勒(Fr. Müller)⑥、库恩(E.Kuhn)⑦和施密特(W.Schmidt)⑧等主张,从句法、词汇来

---

① Walter G. White, *An Introduction to the Mawken Languages* (Toungoo, SPG. Mission Press, 1911),有些例子见于 J.R.Logan, "The Silong tribe of the Mergui Archipelago", J. of the Ind. Arch., 4 (1850), 411—412; John Anderson, The Selungs of the Margui Archipelago(1889); W.J.S. Carrapiett, The Salons, Ethnographical Survey of India, Burma 2(Rangoon, Gov. Press, 1909)。

② H.J.K. Cowan, "Aantekeningen betreffende de verhouding van het Atjehsch tot de Mon-Khmer talen", Bijdragen tot de Taal-, Land- en Volkenkunde van Nederl. Indië, 1948, t. 104, 429—514. 该文的摘要见:H.J.K.Cowan, "Prospects of a 'Papuan' Comparative linguistic", *Bijdragen tot de Taal-, Land- en Volkenkunde van Nederl.* Indië, 1948, t. 113, 73—75。

③ H.J.Pinnow, *Versuch einer Historischen Lautlehre der Kharia-sprache*, 1959, 77 页。

④ J.R.Logan, "Ethnology of the Indo-Pacific Islands", Journal of Indian Archipelago, 6(1852), 658 页。

⑤ C.J.F.S. Forbes, *Comparative Grammar of Further India*(伦敦,Allen, 1881)。

⑥ Fr. Müller, *Grundriss de Sprachwissenschaft*, Bd. 4(Wien, 1888), 222 页。

⑦ 参看 Kuhn(1889)。

⑧ Wilhelm Schmidt, *Grundzüge einer Laulehre der Mon-Khmer Sprachen*(Wien, Holder, 1905).

看,越南语似乎和孟语有关。尽管基恩(A.H.Keane)①的观点是,越南语是由黄色人种所说的声调语言中的一种,认为它和棕色人种所说的非声调语言有很大不同。

马伯乐是一位受过良好训练的汉学家、法理学家和自学成才的语言学家,当任职于法国远东学院(l'Ecole française d'Extreme Orient)时,他写了一篇关于越南语②的论文,他认为越南语是语言混合的结果,而声调系统的存在一定是跟泰语群接触的结果。

正如 Keane 一样,对马伯乐来说,声调是一种语言的稳定特征;他也没有理会在语言发展的历史进程中,一种无声调语言是否会需要声调,或者是一种声调语言会失去声调。在马伯乐之前的语言学家,在讲越南语的词与孟语或高棉语进行比较时,并没有考虑到声调的因素。然而,在一项关于泰语③的研究中,马伯乐注意到了同个语系间各语言在声调上的规则对应。所以,把声调研究放在和元音或辅音同等重要的地位是合理的做法,此外马伯乐还放宽视野,注意到了声调与(非声调)音位之间的关系。对马伯乐而言,远东地区的声调语言,一个显著的特点就是声调和④声母辅音音位密切相关,但他没有区分共时和历时,也没有区分调位(toneme)和声调间的不同(这在当时也是可以理解的)。

马伯乐从他所做的比较中做了一下推论:

那些词进入越南语之后便具有了声调。不过,根据孟高棉声母音位的清浊、送气与否,声调表现也不相同。一般来说,带清的或半清声母的词,或者是带有非音节性的清音前缀的话,那么该词读"平声"(bǎng)调或"锐声"(sǎc)调,如果是带有鼻音或流音声母的词,那就读"玄声"(huyên)调;如果是带 *s* 或 *h* 声母,或者是鼻、流声母之前还有个前缀 *s* 或 *h* 的话,则归入送气声母一类,读锐声调;在其他类型的声母之前,前缀失落后不会影响声调。带塞韵尾的词读"锐声"和"重声"(nạng)调。最后,越南语里韵尾是-*h*(或者是-*s*)通常是读"重声"或"跌声"(ngā)调,有时候读"问声"(hỏi)调,具体读哪个调要看孟高棉语的声母是清的还是浊的⑤。

调位型语言中声调足可以区分不同的词,而非调位型语言中声调是有辅音的性质来自动决定的,马伯乐认为区分这两种不同类型的语言是不必要的。看马伯乐说的下面这一段话,就能理解为何他的看法会离现代语言学这么远:

> ……一个非常重要的事实,在我看来已经明确了:越南语的声调系统在本质上和泰语、汉语和藏缅语是一样的。声调为何,取决于由不同声母产生的音高(pitch),以及取决于韵母的形式。不过,历史演变会导致旧的系统的消解:六个声调各自保留了下来,但它们只是幸存者:在越南语里声调存活了十个世纪,但准确地说,声调系统已经不复存在了。⑥

今天看来,很清楚的一点是,声调的音高是由辅音声母的性质决定的,而且既然它的变化由韵

---

① A.H.Keane,"On the relationship of the Indo-Oceanic races and languages",*Journal of Anthropological Institute of Great Britain and Ireland*(伦敦,Trubner, 1880),该文的法译文见于 *Annales de l'Extréme orient revue asiatique et océanienne*, Paris, Challamel, t.5(1882—1883), 238—250、264—278页,题目是"Rapport ethnologiques et linguitiques des races indochinoises et indo-pacifiques"。

② Henri Maspero, "Etudes sur la phonétique historique de la langue annamite, les initiales", *BEFEO*, 12(1912).

③ Henri Maspero,"Contribution à l'étude phonétique des langues thai", *BEFEO*, 10(1910).

④ *BEFEO*, 12, 89 页注释 1。

⑤ *BEFEO*, 12, 99—100 页。

⑥ *BEFEO*, 12, 102—103 页。

尾辅音决定，那说明就没有音位性的声调，声调只是词音位的语音变化的结果；马伯乐看到的是声调的整个系统，我们看到的是没有声调（音位性声调）的语言。相反，当这个系统发生消解，当随着词首辅音的演变，它和声调的自主联系被打破，那么对我们来说，音位性声调才出现，才算有了真正的声调性语言。沿用马伯乐的术语来描述的话，远东地区的声调语言起初是没有音位性声调的。如此说来，用声调作为基本理由，把越南语和南亚语分开的观点是无效的。

对我们而言，剩下的问题，就是马伯乐关于声调与辅音对应的发现，是否可以解释越南语六个声调的来源。根据他的术语，声调是通过两种音高和三种变化产生的。

高			
中	平声	锐声	问声
低	玄声	重声	跌声
	词形演变 1	词形演变 2	词形演变 3

声调区别的来源是很清楚的，是因为辅音声母。早期的清辅音会产生一个高调。这可能是因为更早的清塞音导致的，如 *con*"孩子"，*chim*"鸟"，*đan*"编织"，*ba*"三"，*cá*"鱼"，*chấy*"虱子"，*chiết*"死"等词，它们更早是个清送气音声母；再比如 *tám*"八"、*tóc*"头发"等词，其早期声母形式可能是个带前置送气辅音的流音或鼻音，如 *năm*"年"，*lá*"叶子"，*lúa*"稻米"，*răng*"牙齿"。或者更早是一个前喉塞辅音，如：*năm*"五"，*nu'ó'c*"水"，*muôy*"盐"，*măng*"竹笋"等。

如果之前是个浊辅音的话，那么旧有的浊辅音会产生低调音位，如 *cằm*"下巴"、*đọng*"迟钝的"、*bụng*"腹部"，或者是流音，如 *ruồi*"飞"、*lu'o'i*"舌头"、*rễ*"树根"，或者是鼻音，如 *mũi*"鼻子"、*muoi*"蚊子"、*một*"一"、*mặt*"脸"等。

词形演变造成的声调分化不太容易显示出来。马伯乐借助于孟语、Bahnar 语-*h* 尾词与越南语的对应，把变化 3 的来源论述得比较清楚。通过对比，他想寻求变化 2 的来源，或者至少是在声母的送气特征中寻求锐声调的来源。这和马伯乐把词形变化归因于韵母的主张看起来是矛盾的。不过在当时的条件下，马伯乐并没有解决问题的证据。只有在 1954 年，格雷斯（G.H.Grace）关于 Riang 语，G.K.Izikowitz 关于 Lamet 语，以及 W.A.Smalley 关于 Khmu 语等未出版的语料被注意到以后，笔者才有可能提出一个解决方案①。变化 2 所辖的词在 Palaung-Wa 语群的许多语言里都以喉塞音（-ʔ）收尾。不过这可能让我们据此预测，出现上述变化的那些词是仅有的保留-c、-t、-p 韵尾的那些词。图示如下：

越南语的词形变化	1	2	3
南亚语的韵尾	浊音	清塞音	清送气音

布莱格登（C.O.Blagden）②、布兹拉斯基（J.Przyluski）③对越南语和泰语之间的发生学联

① "De l'origine des Tons en Viêtnamien", *Journal of Asiatique* 242, 1(1954), 68—82 页。

② C.O.Blagden, "The Classification of the Annamese Language", *Journal of the Royal Association Society*(1913), 427—432.

③ A.Meillet & M.Cohen, *Les langues du monde*，第一版，1924 年，395 页。

系提出了怀疑，但 W.施密特①、萨尔兹纳（R. Salzner）②则表示接受和采纳。即使平诺（Pinnow）在他的著作中频繁地引用越南语的材料③，他并未将其编入索引，他把其他南亚语的材料都编入索引，却似乎对越南语并没有做相同的处理。

就我们的观察，同意本篇论文的观点的，只有安德鲁（N.D. Andreev）④。

泰语和南亚语的关系问题，与上述讨论很相近。如果越南语属南亚语，那么马伯乐在越南语里发现的泰语词汇，该如何看待？

正如我们一开始就着力进行的，通过考察词汇进而进行发生学分类研究的过程中⑤，会发现越南语的异质性。

首先，我们并不认为汉语和泰语有理所当然的系属关系，泰语里很多看起来像是汉语的词都是早期借词，而且如果这些词还见于越南语，那也可能只是借自汉语而已。

大多数越南人看待汉语与越南语关系的方式在这里应该说一说。对他们来说，汉语是一种被学习的语言；古代汉语的发音在越南语里被保留下来，可追溯到公元 10 世纪。越南语的口语词，越南语的专有名词，从汉语借来，发音也是汉语的。很明显，他们并不怀疑，大部分借词是被中国统治期间借入的，在 10 世纪以前，有更老的汉语词被借进来，发音也和后来的不同⑥。我们在之前的两篇文章里⑦，⑧指出了这些借词的重要性。我们可以援引马伯乐所列泰语和越南语的共有的、且一定来自汉语的词表：*cheò*“吵闹（吵）”、*chì*“治”、*đôi*“对”、*bè*“竹筏”、*băn*“分”、*bánh*“粉”、*phâh*“灰尘（粉）”、*tiêng*“噪声（声）”、*khem*“抑制（禁）”、*kim*“针”、*đũa*“筷子（箸）”、*đữ’c*“公的（特）”、*ngà*“象牙（牙）”、*nàng*“先生（侬）”、*mèo*“猫”，等等。

马伯乐指出的其他大部分泰语词都是南亚人所在地区的征服者所使用的词。掸人在 Palaung-Wa 邦被发现，暹罗（泰国）将高棉族从孟族分开，老挝人（Laotian）是他们自己国家的少数民族等。我们一定可以预料到，在这些泰语群中能找到南亚语借词。在马伯乐的词表里，如 *bung*“腹部”可以和 Khmu 语 *bung*、Samrê 语 *pung*（在 Samrê 语里有以下音变：p＜* b，t＜* d，k＜* g，ph＜* p，th＜* t，kh＜* k）、*nghe*“听见”，Riang 语 ngar；*nganh*“钩子”，高棉语 *ngieng* 等。

最后，马伯乐的偏见——认为越南语与泰语有联系——导致他比较的是越南语和泰语，而不是从词形和词义两个方面比较越南语和其他南亚语。像越南语的 *cổ*“脖子”、*cằm*“下巴”，以及泰语有南方来源的一些植物名和动物名，一定是从南亚语里借来的，如 *gạo*“稻谷”、*gà*“小鸡”，*cà*“大象”等。

---

① W. Schmidt, *Die Sprachfamilien und Sprachenkreise der Erde*（1926），126 页。

② 参看 Salzner（1960）。

③ 参看 Pinnow（1959）。

④ N.D. Andreev, “K voprosu o proisxoždenii vjetnamsogo jazyka”, *Sovetskoe vostokovenie*, 2（1958），101—111.

⑤ “La place du vietnamien dans les langues autroasiatiques”, *BSL*, 49, 1（1953），122—128.

⑥ 参看 L. Cadière, *BEFEO*, 2（1902），1—113；*BEFEO*, 8（1908），93—148，381—481；10（1910），61—92，287—337，*BEFEO*, 11（1911），67—110，以及近来 Nguyễn Bạt-Tụy, *Chữ’và vần Việt khoa-học*（西贡，1950）和 *Ngôn-ngữ’-học Việt-nam*（西贡，1959）所做的工作。

⑦ 参看奥德里古尔：1954 年关于越南语声调起源的论文。

⑧ “Comment reconstruire le chinois archaïque”, *Word*, 10（1954），351—364.

泰语与南亚语比较的精确程度，取决于泰语中现有词的早期形式如何被构拟。我们必须承认，吴克德(K.Wulff)①和本尼迪克特②两位还没有提供泰语、越南语和印尼语之间的充足的规则对应，也解释不了声调的起源(通过越南语-南亚语的比较之后)。我们几乎已经开始拥有了足够多的泰语群(Daic)材料，当然对卡岱语(Kadai)的全貌基本上还是一无所知。这很大一部分归功于李方桂的调查和近来中国语言学家的杰出工作，使得我们暂时可以将台语分作四个语组。

南部语组，或者说泰语群，应该被划作以下分支：一个是到红河(Red River)西岸，包括越南(白 Tay 和黑 Tay)、云南(Tay Lü 和 Tay Nüa)、老挝、泰国(暹罗和 Youn)、缅甸(Khün、掸和 Khamti)、印度(阿含)的征服者和文人的语言；另一个是红河东岸，包括越南(Tay 和 Thô)和中国(侬语、龙州土语)的普通老百姓的语言。语音对应的规则显示应构拟单音节性的原始泰语③。

东部语组仍未为人所熟知，除了老挝的 Sêk 语④，越南的 Man Cao-lan 和 Ts'ün-lao 语⑤。有些词的发音不一样，暗示了这些语言的共同祖语可能是双音节性(disyllabic)的。该语组的部分语言分布在中国，可能有人会觉得它们跟李方桂调查的天保、永顺方言有关系。

西部语组，长久以来以 Dioi 语闻名，它也是李方桂所谓的北部语组。越南的某些移民性族群(Nhang、Giây、Qui-châu)说这一类语言，在中国有广西(壮族)、贵州(布依族)。该语组经常跟上面所说的东部语组在语音上相同，但有些词的声母辅音不同。由此似乎应该得出早期为双音节性语言的推断，目前保存的声母辅音应是元音之间的成分。

北部语组包括了中国中部的一些语言，包括李方桂、谢尔久琴科(Serdyuchenko)命名的侗水语(Kam-Sui)⑥，很可能还可以加上海南岛北部沿海的 Be 语⑦。该语组直到最近还是未知状态，由于它的存古性，所以在语言比较的时候尤其重要。这里有两个例子：共同泰语的"狗" * hma，和其他泰语群的语言不一样，侗语是 *hng^{w}a*，表明这里有个拟声词(onomatopoetic

① K. Wulff, "Über das Verhältnis des Malayo-polynesischen zum Indochinesischen", *Det Kgl. Danske Videnskabernes Selskab. Hist.-Philol. Meddeleser*, 27, 2(København, 1942)，页 157。

② 参看 Salzner(1960)。

③ 构拟由马伯乐(1910)开始，K.Wulff("Chinesisch und Tai, Sprachvergleichende Untersuchungen", *Det Kgl. Danske Videnskabernes Selskab. Hist.-Philol. Meddeleser*, 20, 3, 34—90 页，1934)做了接棒的工作。在笔者的论文"Les phonèmes et le vocabulaire du Thai commun"(*Journal Asiatique*, 236[1948], 197—238 页)；"Les consonnes uvularies in Thai"(*BSL*, 48[1952], 1, 84—85)；"Les consonnes préglottalisées en Indochine"(*BSL*, 46[1950], 1, 172—182)；"De la restitution des initiales dans les langues monosyllabiques, le problème du Thai common"(*BSL*, 49[1956], 1, 307—322)，最后一篇是对李方桂"Consonant Clusters in Tai"(*Language*, 30.3, 369—379, 1954)的回应。

④ 我在莫斯科东方学会议(1960)的交流论文"La langue Sê"将刊登在会议论文集上。

⑤ 可参看我的论文"Note sur les dialects de la region de Moncay"(*BEFEO*, 50, 168—173, 1960)。

⑥ 参看 G.P.Serdyuchenko "A survey of Zhuang-Tai languages in the Chinese people's republic"(论文曾提交第二十五届东方学国际会议，莫斯科，1960，第 18 页以后)，以及李方桂(*Language*, 24, 2, 1948)论文的注释 2, 165 页。该名称也出现在 *Gaeml-Gax jianming cidian*(《侗汉简明词典》，贵州，1959)，第 254 页以后。

⑦ *Dictionaire Ong-Bê*，是 F.Savina 的手稿，我正在加以编辑。

words)取代了其他的词。泰语本来没有专指"竹笋"的词,于是我们有:Sêk 语 *nāng*,Mak 语 *nāng*,水语 *nāng*,侗语 *nāng*,Bê 语 *nang*,Dioi 语 *rāng*,Chuang 语 *nāng*,它们不但和 Đay 语(卡岱)*müöng* 明显是可以比较的,而且和越南语 *măng*,Müöng 语 *ʔbăng*,Bahnar 语 *tö ʔbăng*,孟语 *ʔbăng*,Khmer 语 *lampăng*。

目前,Daic 语和南亚语的关系一时难以遽断,但两者的比较是很有用的,就像 Dai 语和印尼语的比较可以让我们知道原始 Daic 语是多音节性。

虽然苗瑶语的研究还不够充分,对它的比较研究还在一个初期的阶段。戴维斯(R.M.Davies)①把它归入南亚语,他的观点近来被富励士(R.D.Forrest)②采纳,马伯乐和其他众多学者更倾向于把它归到藏缅语里③。施密特和布兹拉斯基(Przyluski)④继承了马伯乐的看法,就像汉语一样,把它和泰语混在了一起。

正如我在其他文章里指出的⑤,我们现在对这些语言的语音发展开始有了较清楚的认识,有些词典也相继问世⑥。汉语、Daic、越南语的声调系统是可以相互比较的,但苗瑶语和这些语言不通,它的韵母只在两种瑶语里得以保留,其他的苗语是有开音节组成的,有的有鼻化韵,或者没有。和其他语言相比较,有些苗语方言的声母因具有 *mp*、*nt* 等前置鼻辅音而显得更加保守,这很可能暗示其来自鼻音前缀,小舌音 *q*、*g* 等甚至在汉语借词中得以保留,复辅音声母不仅有带 l 的 *pl*、*npl*、*ml*、*kl* 等,还有带 r 的 *pr*、*mpr*、*tr*、*ntr* 等。因此原始苗语的词比泰语词有更多的相关特征,在比较构拟时也更加有用。

如果越南语-ʔ 是词形变化 2 的结果,-h 是词形变化 3 结果,通过类比,原始苗语的构拟也可以借助于与南亚语的比较。于是 Davies 提出的几个例子可以再行验证一下:

1. "狗",苗语 *tle*,Hmu 语 *tla*,Kanao 语 *hla*,勉瑶语 *kyo*,mun 瑶语 *klo*,原始苗语 **klo*,Pinnow 的语料(112 页):Khmu 语 *soʔ*,Riang 语 *shoʔ*,越南语 chó,可以构拟早期的 **čoʔ*,既然 *ch* 有时对应于 *kl*,比如"香蕉",越南语 *chuôi*,泰语 *kluoi*,Kharia 语 *soloʔ*(老孟文 *clüw*,孟语 *klüw*)也能证明早期 **č* 构拟的合理性。

2. "眼睛",苗语 mua,Hmu 语 ma,Kanao 语 mai,勉瑶语 muoi,mun 瑶语 mei,原始苗语 **muaih*。没有更多理由让我们用南亚语带-t 韵尾的例子,而不是用藏缅语带-k 尾的例子来比较。

3. "鼻子",苗语 *ncü*,Hmu 语 *nai*,Kanao 语 *nyi*,勉瑶语 *blui*,原始苗语 * *mbruih*。-r-的

---

① R.M.Davies, *Yünnan, the link between India and the Yangtze*(剑桥,1909),341 页。

② R.A.D. Forrest, *The Chinese Language*(伦敦,Faber,1948 年),89—96 页。

③ A.Meillet & M.Cohen, *Les langues du monde*,第二版(1952),563—566 页。

④ 参看 Meillet 和 Cohen(1913)。

⑤ "Introduction à la phonologie historique des langues miao-yao",*BEFEO*,44(1954),555—576.

⑥ *Qiandong Fangyan Hmub-Diel jianming cidian*(《苗汉简明词典》,贵州,1958),让我们可以对 J.Esquirol, *Dictionaire Kanao-français et français-kanao*(香港,1931)所记苗语的方言有更加精确的认识。*Chuanqiandian fangyan Hmongb-Shuad jianming cidian*(苗汉简明词典,贵州,1958)的出版就显得 Savina 所编"Dictionnaire Miao-tseu-français"(*BEFEO*,16[1916],1—246)已经过时了,能够正确地记录这个语言的欧洲人,只有 David Crockett Grham 的 *Vocabulary of the Ch'uan miao*(Chunggking,1939)和 G. Linwood Barney、W.A. Smalley 的 *Third Report on Meo*(*Miao*)(Xienghuang,1953)。关于瑶语,我们可以看 Savina 的"Dictionnaire français-man"(*BEFEO*,26[1926],12—255)。

构拟可由下列某些具有-r-的词证明：

“五”，苗语 *či*，Hmu 语 *tsa*，Kanao 语 *kya*，勉瑶语 *pla*，mun 瑶语 *pya*，原始苗语 **pra*。

“房子”，苗语 *če*，Hmu 语 *tsai*，Kanao 语 *kyi*，勉瑶语 *plau*，mun 瑶语 *pyau*，原始苗语 **prauʔ*。

“鱼”，苗语 *nče*，Hmu 语 *nai*，Kanao 语 *nyi*，勉瑶语 *plau*，mun 瑶语 *ʔbyau*，原始苗语 **mbrauʔ*。韵母的语音形式与南亚语“鼻子”保持一致，越南语 *mũi* ＜**muih*。

4. “血”，苗语 *nšā*，Hmu 语 *šhā*，Kanao 语 *šhie*，勉瑶语 *žham*，mun 瑶语 *šam*，原始苗语 **nčham*。可比较 Sanatali 语 *mayam*，Bahnar 语 *maham*，高棉语 *jham*。

5. “骨头”，苗语 *tshā*，Hmu 语 *shō*，Kanao 语 *shō*，勉瑶语 *ʔbung*，mun 瑶语 *sung*，原始苗语 **tshung*。但因为苗语需要一个-*h* 调，勉瑶语需要另一个声母，我们要看一看南亚语，如 Santal 语 *jang*，Khasi 语 *šʔeng*，高棉语 *cʔing*，Khmu 语 *cʔang*，越南语 *xüöng*，Riang 语 *khruang*。

6. “水”，苗语 *tle*，Hmu 语 *ö*，Kanao 语 *au*，勉瑶语 *uom*，mun 瑶语 *wam*，原始苗语 **ʔuom*。可比较 Palaung-wa 语 *om*；另一方面，既然 tle 代表了更早的* gloʔ，所以证明它并非如马伯乐所想的，苗语更接近缅语的 *re* 而不是藏语的 *čhu*。在苗语的有些方言里，*tle* 变成 *ʔde*，但这也不能证明它和南亚语的 *ʔdāk* 有什么关系。

7. “风筝”，苗语 *tlā*，Hmu 语 *tlā*，Kanao 语 *hle*，mun 瑶语 *klang*，原始苗语 **klangʔ*。可比较 Bahnar 语 *klāng*，高棉语 *klêng*，Khasi 语 *khlieng*。

8. “名字”，苗语 *mpe*，Hmu 语 *pi*，Kanao 语 *pie*，勉瑶语 *puo*，mun 瑶语 *pu*，原始苗语 **mpuoh*。可比较 Khmer 语 *jmoh*，Riang 语 *mus*，但也有老孟文的 *simoʔ*。

苗瑶语和南亚语没有接触关系，他们被藏缅语、泰语、卡岱语隔开。越南的瑶（蛮）人只是 17 世纪迁入的，苗人则是 19 世纪迁入的。

有些词，像“月亮”，苗语 *hli*，Hmu 语 *hla*，Kanao 语 *hla*，勉瑶语 *hla*，mun 瑶语 *la*，原始苗语 **hlah*；“猪”，苗语 *mpua*，Hmu 语 *pa*，Kanao 语 *pa*，原始苗语 **mpaih*，更适合跟缅语 la'、wak，藏文 zla-ba、phag 相比较。而“杀死”，苗语 *tua*，瑶语 *tăy*，原始苗语* taih；“死”，苗语 *tua*，Hmu 语 *ta*，Kanao 语 *ta*，瑶语 *tăy*，原始苗语 **daih*，则可以和泰语 *tāi*，印尼语 *matai* 做比较。“鸟”，苗语 *nong*，Hmu 语 *nö*，Kanao 语 *nau*，勉瑶语 *nōk*，mun 瑶语 *noʔ*，原始苗语 **nongh/nok* 也可以泰语 *nŏk*，印尼语 *manuk* 比较。

苗瑶语看起来是链接南亚语和藏缅语的纽带，其作用和克伦语（Karen）相似，它音系上的丰富性在语言构拟时颇为有用。

参考文献

A.Bastian，*Sprachvergleichende Studien mit besonderer Berück-sichtigung der Indochinesischen Sprachen*，莱比锡，1870。

A.H.Keane，“On the relationship of the Indo-Oceanic races and languages”，*Journal of Anthropological Institute of Great Britain and Ireland*，伦敦，Trubner，1880。

A.Landes，*Contes Tjames*，*textes et caractères tjames*，*accompagnés de la transcription du premier conte en caractères romains et d'un lexique*(西贡，自印)年份不详。

A.Meillet & M. Cohen, *Les langues du monde*，第二版，1952。

A.Meillet & M.Cohen, *Les langues du monde*，第一版，1924 年。

A.Morice, "Etude sur deux dialectes de l'Indo-Chne. Les Tiams et les Stiengs", *Revue de Linguistique*，巴黎，Maisonneuve, 1875。

C.J.F.S. Forbes, Comparative Grammar of Further India，伦敦，Allen, 1881。

C.O.Blagden, "The Classification of the Annamese Language", Journal of the Royal Association Society (1913), 427—432.

Crawford, *Grammar and Dictionary of Malay Language*，伦敦，1852。

David Crockett Grham, *Vocabulary of the Ch'uan miao*, Chunggking, 1939.

"De l'origine des Tons en Viêtnamien", *Journal of Asiatique* 242, 1, 68—82 页，1954。

E.Aymonier & A.Cabaton, Dictionnaire Cam-français，巴黎，Leroux, 1906。

E.Aymonier, *Grammaire de la langue Chame ou Tchame*(巴黎，Leroux, 1889).

Ernst Kuhn: "Beiträge zur Sprachenkunde Hinterindiens", Sitzungber. d. k. bayer. Ak. d. Wiss. Philos. -philol. Cl. München, 1889, 2 teil, 190—236 页。

Fr. Müller, *Grundriss de Sprachwissenschaft*, Bd. 4, Wien, 1888.

G.K.Niemann, "Bijdarge tot de kinnis der verhouding van het Tjam tot de talen van Indonesië", Bijdr. tot de Taal-, Land-en Volkenkunde van Ned. Indië, 1891, 27—44 页。

G.Linwood Barney, W.A.Smalley, *Third Report on Meo(Miao)*, Xienghuang, 1953.

G.Maspero, *Un empire colonial français, l'Indochine*，巴黎，Van Oest, 1929。

G.P.Serdyuchenko, "A survey of Zhuang-Tai languages in the Chinese people's republic"，第 15 届东方学国际会议论文，莫斯科，1960。

Haudricourt André G. "Comment reconstruire le chinois archaïque", Word, 10, 351—364, 1954.

Henri Maspero, "Contribution à l'etude phonetique des langues thai", *BEFEO*, 10, 1910.

Henri Maspero, "Etudes sur la phonétique historique de la langue annamite, les initiales", *BEFEO*, 12, 1912.

H.J.K. Cowan, "Aantekeningen betreffende de verhouding van het Atjehsch tot de Mon-Khmer talen", *Bijdragen tot de Taal-, Land- en Volkenkunde van Nederl. Indië*, 1948, t. 104, 429—514.

H.J.K. Cowan, "Prospects of a 'Papuan' Comparative linguistic", *Bijdragen tot de Taal-, Land- en Volkenkunde van Nederl.* Indië, 1948, t. 113, 73—75.

H.J.Pinnow, *Versuch einer Historischen Lautlehre der Khariasprache*, Wiesbaden: Otto Harrassowitz, 1959.

H.Kern, "Taalkundige gegevens ter bepaling van het stamland der Malaisch-Polynesische volken", Versl. en Med. Der Kon. Akad. Van Wetenschappen, III r., 6, 1889.

I.Dyen, *The Proto-Malayo-Polynesian Laryngeals*(W.D.Whitney 语言学丛书)，巴尔的摩，1953。

"Introduction à la phonologie historique des langues miao-yao", BEFEO, 44(1954), 555—576.

J.Esquirol, *Dictionaire Kanao-français et français-kanao*，香港，1931。

J.Moura, *Le royaume du Cambodge* tome I(巴黎，Leroux, 1883).

John Anderson, *The Selungs of the Margui Archipelago*, 1889.

J.R.Logan, "Ethnology of the Indo-Pacific Islands", *Journal of Indian Archipelago*, 6(1852).

J.R.Logan, "The Silong tribe of the Mergui Archipelago" *J. of the Ind. Arch.*, 4(1850), 411—412.

K.Himly, "Spachvergleichende Untersuchung des Worterschatzes der Tscham-Sprache", Sitzungber. d. k.

bayer. Ak. d. Wiss. Philos.- philol. Cl. München, 1890, 3. Heft.

K.Wulff, "Chinesisch und Tai, Sprachvergleichende Untersuchungen", *Det Kgl. Danske Videnskabernes Selskab. Hist.-Philol. Meddeleser*, 20, 3, 34—90, 1934.

K.Wullf, "Über das Verhältnis des Malayo-polynesischen zum Indochinesischen", *Det Kgl. Danske Videnskabernes Selskab. Hist.-Philol. Meddeleser*, 27, 2(København, 1942), 页 157。

"La place du vietnamien dans les langues autroasiatiques", *BSL*, 49, 1, 1953, 122—128.

N. D. Andreev, "K voprosu o proisxoždenii vjetnamsogo jazyka", *Sovetskoe vostokovenie*, 2, 1958, 101—111.

P.K.Benedict, "Thai, Kadai and Indonesian: a new alignment in Southeastern Asia", *American Anthropology*, 44, 576—601, 1942.

Qiandong Fangyan Hmub-Diel Jianming Cidian(《苗汉简明词典》),Guìzhou,1958。

R.A.D. Forrest, The Chinese Language(伦敦,Faber,1948 年).

R.Humann, *Vocabulaire français-tiame*,越南西贡,自印,n.d.年份不详。

R.M.Davies, *Yünnan, the link between India and the Yangtze*,剑桥,1909.

R.Salzner, Sprachenatlas des indopazifischen Raumes, Wiesbaden, Harrassowitz, 1960.

Savina, "Dictionnaire français-man", *BEFEO*, 26, 12—255, 1926.

Savina, "Dictionnaire Miao-tseu-français", *BEFEO*, 16, 1—246, 1916.

Walter G.White, *An Introduction to the Mawken Languages*, Toungoo, SPG. Mission Press, 1911.

Wilhelm Schmidt, *Grundzüge einer Laulehre der Mon-Khmer Sprachen* Wien, Holder, 1905.

W.J.S. Carrapiett, *The Salons, Ethnographical Survey of India*, Burma 2, Rangoon, Gov. Press, 1909.

W.Schimdt, "Die Mon-Khmer-Völker, ein Bindeglied zwischen Völkern Zentral-asiens und Austronesiens", *Archiv für Anthropologie*, 5, Braunschweig, 1906.

W.Schmidt, *Die Sprachfamilien und Sprachenkreise der Erde*, 1926.

老派宁波方言同音字汇*

——基于《宁波方言词典》的字音汇编与校释

复旦大学　盛益民　马俊铭

内容提要　本文根据汤珍珠等《宁波方言词典》(1997)做成同音字汇,校正了书中的印刷错误,并结合他人与笔者的研究考证了部分本字。

关键词　《宁波方言词典》;同音字汇;考本字

1. 引　言

宁波简称"甬",是浙江省下辖的副省级市、计划单列市,国务院批复确定的中国东南沿海重要的港口城市、长江三角洲南翼经济中心。截至 2018 年,全市下辖 6 个区、2 个县、代管 2 个县级市,总面积 9 816 平方千米,常住人口 820.2 万。

本文所说的宁波话指的是老城区(包括海曙、江东、江北三区)的方言,属于吴语太湖片甬江小片。

从清末民初传教士对宁波话的记录至今,宁波方言的研究已经取得了丰硕的成果,关于宁波方言研究的详情,请参周志锋(2010)的综述。宁波方言在词汇研究方面成果卓著,比如有两本《宁波方言词典》(朱彰年等 1996,汤珍珠等 1997),这在汉语方言中也不多见。不过老派宁波话尚缺乏一份比较详尽的同音字表,是较大的遗憾。因此,本文打算依托汤珍珠等的《宁波方言词典》(1997),将其整理成同音字表;同时参考朱彰年等《宁波方言词典》(1996)、朱彰年等《阿拉宁波话(修订本)》(2016)和学界的相关研究,用注释的方式,对书中的印刷错误做出订正,并对部分本字问题做了重新考证。

2. 音　系

本节的音系主要根据汤珍珠等(1997)的"引论"部分,发音人等相关信息请参该书的介绍。

2.1　声母

宁波话有 29 个声母,包括零声母在内。零声母开头有轻微的喉塞音[ʔ],列举声母时作

* 本文为复旦大学青年创新项目"近代上海方言文献的整理研究及数据库建设"的成果,第二作者得到复旦大学本科生"曦源"项目的支持。文章承蒙周志锋等先生的指教,特申谢忱。

[∅]，记音时不写。

p　pʰ　b　m　f　v，t　tʰ　d　n　l，ʦ　ʦʰ　ʣ　s　z，ʨ　ʨʰ　ʥ　ȵ　ɕ　ʑ，k　kʰ　g　ŋ　h　ɦ　∅

2.2　韵母

宁波话有 50 个韵母，包括自成音节的[m̩　n̩　ŋ̍]在内。韵母右上角的数字是韵母的次序，单字音表与词典正文都用这个次序，本字汇也用这个顺序。

ɿ[1]	ɥ[2]	a[6]	ɔ[9]	o[10]	e[14]	ɛ[16]	ʏ[18]	ø[20]	ɐɪ[21]	əu[23]	œʏ[24]
i[3]		ia[7]		io[11]	ie[15]		iʏ[19]				
u[4]		ua[8]		uo[12]		uɛ[17]			uɐɪ[22]		
y[5]				yo[13]							
ã[25]	ɔ̃[28]	ũ[31]	əŋ[32]		oŋ[37]	ɐʔ[39]	oʔ[42]			əl[47]	
iã[26]			iŋ[33]			iɐʔ[40]		iɪʔ[44]		m̩[48]	
uã[27]	uɔ̃[29]		uəŋ[34]			uɐʔ[41]				n̩[49]	
	yɔ̃[30]		yəŋ[35]	ɥøŋ[36]	yoŋ[38]		yoʔ[43]	yəʔ[45]	ɥœʔ[46]	ŋ̍[50]	

其中[yo　yɔ̃]两韵词典未见，[yo]只见于个别字的老派文读，[yɔ̃]韵只见于“降~落伞”。

2.3　声调

2.3.1　单字调

宁波话有 7 个单字调，表示如下：

阴平 53　　阴上 35　　阴去 55　　阴入 ʔ55

阳平 24　　阳上去 213　　阳入 ʔ12

下文分别用数字 1(阴平)、2(阳平)、3(阴上)、5(阴去)、6(阳上去)、7(阴入)、8(阳入)代表。

2.3.2　连读变调

宁波话的两字组连读变调比较复杂。单字调阳上、阳去不分，但在连调中阳上处于前字有独立的变调规律。所以下表中凡阳上处于前字都独立提出。阳上处于后字变调与阳去无别，记为阳去。连读变调调值除上述 7 个单字调外，还出现 6 个新调值：

[55]　[22]　[31]　[23]　[ʔ44]　[ʔ22]

两字组变调规律根据原书论述总结为下表：

前＼后	阴平	阳平	阴上	阴去	阳去	阴入	阳入
阴平	44-53	44-53	44-53	44-55	44-55	44-ʔ55	44-ʔ55
阳平	22-53 22-44	22-53	22-44	22-44	22-44	22-ʔ44	22-ʔ44
阴上	44-31 44-44	44-31	44-31 44-44	44-31 44-44	44-31 44-44	44-ʔ22	44-ʔ22 44-ʔ44
阳上	23-31 23-44	23-31 23-44	23-31 23-44	23-31	23-31 23-44	23-ʔ22 23-ʔ44	23-ʔ22
阴去	44-31 44-44	44-31 44-44	44-44	44-31 44-44	44-31 44-44	44-ʔ22 44-ʔ44	44-ʔ44
阳去	22-44	22-44 22-53	22-44	22-44	22-44	22-ʔ44	22-ʔ44
阴入	ʔ44-31 ʔ44-44	ʔ44-31 ʔ44-44	ʔ44-31 ʔ44-44	ʔ44-31 ʔ44-44	ʔ44-44	ʔ44-ʔ22 ʔ44-ʔ44	ʔ44-ʔ44
阳入	ʔ22-44	ʔ22-35	ʔ22-35	ʔ22-44	ʔ22-35	ʔ22-ʔ44	ʔ22-ʔ44

3. 同音字汇

3.1 体例

第一，收字顺序说明：单字音表中的字是本字汇的骨架，排列为音节首字；然后依次是可出现于首字和只出现于非首字的字，有音无字的一律置于最后。

第二，符号说明：下加着重号表示单字音表所收之字(əl、m、n、ŋ 四韵未列入单字音表，不过表前列出的部分字也加着重号)；加灰色底纹表示单字音表中有而正文未见之字；单字音表未出现的音节，整体加下划线；仅作为同音字出现的字，外加框表示；原文下加圈的同音替代字以及无同音字用□的，一律改为□代替；用下标“1. 2. 3 …”表示一个字区别意义的不同读音，下标“又”表示一义多音。书中注明的小称形式(包括变调、变韵)，置于◇之后。原书的符号标调一律改成数字标调，原书的送气符号 ‘ 一律改成 ʰ 。

第三，注释说明：非常用字及常用字的非常用义项，一般都加上使用环境；只出现于非首的字至少注明了一处使用环境，以方便读者查找原书；释义基本上按照原书，只有部分过于繁琐的释义做了简化。注释中的页码均指《宁波方言词典》(汤珍珠等，1997)。

3.2 字汇

1

ʦ　[1]资之支芝栀(～珠花：栀子)鲻(～鱼)肢滋痴$_{\text{又}}$(“假～假呆”的一种快读。又读 ʦʮ^{1})兹(黑～～)　[3]纸子$_{1}$ 子①

① 本字可能为“枝”，读阴上可能是小称变调所致。

（树丫～：树枝）子①（牙～：牙齿）仔（～洁：使用东西仔细）仔（时体助词，相当于"了$_1$"）指煮紫鼠$_1$（老～、水老～、黄～狼）籽（菜～）址（河姆渡遗～） ［5］至痣齿志（神～无□［tsɿ^5］：形容糊里糊涂；神思不清明）□（神志无～）□（硬～～：副词，硬是，硬生生）

tsʰ ［3］此雌 ［5］刺次次（～毛：差劲，不好）厕翅（鱼～）

dz ［2］瓷慈词 ［6］饲稚（幼～园）

s ［1］诗司私尸施师斯丝狮筛②（～谷）蛳（～螺：螺蛳）笥（土～：装有长提梁，可以肩挑的竹箕，用来挑秧、挑稻草等）鸶（鹭～）□（屁得～轻：很轻）□（掩～板：老式房子门旁的木板，与门同高，比门窄，可脱卸）□③（癞～：蛙类的统称）□（后～颈：后脑勺儿） ［3］史梳④（～：梳子；～头）使□（癞～□［kəu^1］：蝉的一种，因其鸣声而得名） ［5］四试（考～）□⑤（日长～久：日子长久）

z ［2］时锄$_1$鲥（～鱼）如$_{文}$（"譬～勿得"的快读变音）□（～件：做成食品的家禽的内脏） ［6］字士仕巳示市自字事柿是祠（～堂）寺（天童～）视（远～眼）豉（豆～酱）竖$_{文}$（横～：反正）似（勿相～）匙（钥～）

ɥ

ts ［1］朱珠支炷株蛛（～～：蜘蛛）侏（草木、毛发等短）猪（～肝）痴$_{文}$（"假～假呆"的一种快读）知（通～） ［3］主嘴子$_2$⑥（钉～。韵母特殊，仅限于本条）◇猪⑦（单用，声调为小称变调） ［5］蛀制拄（顶，抵住）拄（～鞋：修补鞋子）注（～意）注（对着瓶口喝酒的动作）疰（～车：晕车）蛀致（情～、兴～）铸□（堵塞使不通）□（扎～：牢固；魁梧结实）

tsʰ ［1］趋吹处（～暑）处⑧（旧时用蒸笼蒸米做饭须蒸两次，第一次蒸的饭称"头～饭"，第二次称"两～饭"）痴□（豁～～：一种游戏，各人同时伸手，以手势来定胜负） ［3］取鼠$_2$ ［5］趣粢（～饭：糯米饭揉的团）觑（眯～眼：看东西须眯缝眼睛的人。又读［tɕʰi^5］）

dz ［2］橱除厨□（卤～：沥出的盐水，味苦） ［6］住治柱滞$_1$（～膛：饭饱而滞胀）缒（以重物往下压）槌（敕～：洗衣服时用来捶打衣服使干净的粗短木棍）锤⑨（秤～：秤砣）坠（耳朵～）□⑩（量词，顿，如一～饭）□（量词，用于坟墓、石磨等）

s ［1］书尿舒贳⑪（借，租）须（牙～：胡须）

---

① 本字可能就是"齿"。吴语多有 tsʰɿ 音节读不送气的例证，宁波的"鼠"读 tsɿ 也是类似的现象。

② 本字当为"簁"，来自《广韵》所绮切。该词是吴闽语的同源词。

③ 周志锋(2012)认为本字为"䖺"，《广韵》支韵式支切："䗅䖺，蟾蜍别名。"

④ "梳"读阴上，可能来源于小称变调。

⑤ 周志锋(2008)认为本字当作"时"，但是"时"为浊声母字。笔者认为本字当作"世"。

⑥ 笔者怀疑本字是"锥"，不过声调不合，存疑。

⑦ 相关问题请参陈忠敏(1992)的讨论。

⑧ 本字当为"炊"，南部吴语多用"炊"表示"蒸"。下文的"粢饭"可能也是"炊饭"，但声调不合，存疑。

⑨ "锤"为阳平，声调不合，本字当为"缒"。

⑩ 本字当为"厨"，该词在浙江吴语中广泛分布。读阳去可能为变调的形式。

⑪ 朱彰年等(1996:240)"贳器店"条中注音为阴去。吴语对应的说法多为阴去，如：苏州 sɥ^5、绍兴 sɿ^5、宁海 ɕy^5。本字当为"税"，请参盛益民、李旭平(2018:66)的讨论。

[3]水$_1$ 水$_1$（量词，衣服洗过一次）暑输（足～赢）　[5]世庶（富～）势（手～）势（打～：指禽类交配）岁$_1$（过～：订婚）□（挂～①：好看，漂亮）

z　[2]储如糍（麋～：一种菱形或方形的糯米块，无馅）　[6]树竖聚谁（～侬：谁）薯②（番～）绪（木头木～：形容一点不了解情况）

i

p　[1]编屄（女阴）揙（脚斜踢）蝙篦（～箕：篦子）鞭边煸（生～）　[3]比比（啬～～：吝啬，不大方）扁③秕（～子：空的或不饱满的子粒）鳊（～鱼）贬（嫌～）匾（床～）□（叫～：哨子）　[5]变闭（眼开眼～）

p^h　[1]披批偏篇砒（白糖～霜）　[5]骗片屁剕（用刀平削）譬嚭（伯～：今指花言巧语、夸夸其谈、好说假话骗取私利的人）

b　[2]皮肥（～皂）枇琵（～琶襟：开在胸前右侧靠锁骨处一直往下的衣襟）脾蹁（行路时脚板歪斜）纰（贴～：衣服内缘往里折叠的部分或附着的布条）　[6]避坒（量词，排，列，层）便被（～头：被子）辫鐾（磨，擦）鐾（掭笔）牑（砖～：垫在瓦片下的薄砖片）毙（枪～鬼）□（低～：身份或地位低）

m　[2]棉绵眉眠弥$_1$　[5]眯咪□（嘴唇略开喝一点或吃一点：老酒～～）　[6]面面④（节头节～：节日里）米味尾$_1$（～子骨：尾骨）未（还早着）面免鮸（～鱼）弥$_2$（～海碗：）黂（～花眼瞭：形容昏然欲睡，但尚未熟睡的样子）

f　[1]飞菲（～薄）妃（天～娘娘）榧（香～子）柿（木～：用斧子砍下来的碎木片，烧火用）　[3]<u>匪（土～）</u>　[5]肺痱费（书～）

v　[2]维肥（施～）薇（蔷～）　[6]未味（量词，指中药）味（～之素：味精）尾$_2$（羊～笋）

t　[1]低颠瘢（白～风）癫（羊～风）　[3]底点抵典点⑤（四～）□（“搭渠$_{给他}$”的合音字）　[5]店滞（水等液体滴下）踮蒂⑥（香烟～头）帝（关～菩萨）

t^h　[1]天添（垫入，夹入；往磨眼中加入米、黄豆等）掭（～笔）□（火～：火铲）　[3]舔体□（～□[t^ha^{44}]：形容脏乱，不整洁）　[5]剃軆（细软，细腻，滑爽）替

d　[2]甜蹄田堤提填鳀（～鱼：一种海鱼）　[6]电弟地第钿⑦（铜～银子）垫簟殿（十～阎王）

l　[2]犁连莲离镰驴（雌～、雄～）狸（狐～）蛙（蚱～：蝉）廉（查查～～：查问，盘问）怜（可～）帘（窗～）□（量词，截：一～带鱼）　[5]謰（～～謱謱：形容话多而含混不清的样子）　[6]礼里李里利荔旅痢（～疾屡）摙（将衣被等东西搭在肩上或用双手抱；量词，用于两手合抱的散漫的东西：一～柴，一～衣裳）楝（～树）敕（～槌：洗衣服时用来捶打衣

---

① 周志锋（2012：273）认为本字为“架势”。

② 吴语一般用阳平的“藷”。宁波读阳去，声调存疑。

③ 第39页“延笆豆”词条下“扁豆”中标为阳平24，为阴上35的印刷错误。

④ 朱彰年等（1996：55）写作“尾”，是“节头节尾”的说法在吴语中常见。

⑤ “点心”中声调标为阴平，朱彰年主编（1996）所有“点心”相关的词条均为阴上，阴平可能是印刷错误。

⑥ “蒂头”中声调标为阴平，朱彰年等（1996：390）为阴去，阴平可能是印刷错误。

⑦ “钿”声调对不上，本字当为“钱”，具体请参盛益民、李旭平（2018：88）的讨论。

服使干净的粗短木棍)簩(刬:用舌头将食物中的异物分离出来)瓻(瓜瓤)练漱(烧得烂熟,一般指烧粥)敛(拉:帐子~开)鲤链漉(液体往下滴)蛎(~黄:牡蛎)齾(牙齿露出唇外;舌头伸出外面搅动)脸(瓜子~)鳢(乌~鱼)殓(大~)丽(大~花)理(拗嘴夺~:形容伤和气)泪(眼~水:眼泪)莉(茉~花)蜊(蛤~油)娌(妯~)厉□(将动物往地上猛摔以致死)□(□[tɕia^{5}]□[pɐʔ^{7}]~:很尖的嗓音;指嗓门尖利而爱吵闹者,多指女性)

tɕ [1]尖箕$_{1}$ 基肩肌(~身热:发烧)煎鸡(~蛋)叽机兼①(连~:介词,连,表示强调)毡(~鞋)枝(荔~)脂$_{又}$(胭~)饥(肚~)镰(沙~:割稻用的弯刀)虀(咸~:用新鲜雪里蕻腌制而成的菜,是宁波的传统腌制品)鲫(河~鱼)坚(定~)稽(滑~戏)麂(角~)□(意~:言行举止)□②(臀~:臀部因长时间坐而生出的疮) [3]剪己(天干之一)姊几虮(~仔:虱卵)箕$_{2}$③(土~:盛土、盛猪粪等用的竹器)挤(挨~勿开)茧(老~)几(茶~)□(~□[sɐʔ^{7}]觉:很短时间的睡眠)◇鸡(单用,小称变音) [5]寄占见计计(挣家~:攒钱置办家当)垡(斜着支撑)记记(量词,下)祭齒(~饭:盛饭)既(那样:介也弗依心相,~也弗依心相)荐(~头人)系继纪(年~)穄(芦~:高粱)季(月~)□(装意~:撒娇,作态,多指小孩)□(~手勿动:什么事情都不干)

tɕ^{h} [1]欺契千栖④(~虫:孑孓)牵溪迁椠(削)签纤妻(夫~)□(~□[tɕ^{h}io^{5}]:不平直)□(铜~:铜质的盛饭的勺子) [3]浅起杞□(~脚:把剩余的货物全部买下) [5]气器欠汽芡去觑$_{又}$(眯~眼,又读[tsʰɥ^{5}])瞭(𪾢花眼~)

dʑ [2]旗池(~塘)奇敧⑤(用筷子、钳子夹取)钳荠(~菜)齐迟(~早点:迟早)钱脐缠鳍鲚(~鱼:即凤尾鱼)其(怕~:难道)棋(弹子~)箸(筷~笼:筷子筒;~夹管:面疙瘩)淇(冰~淋)□(~~:形容词后缀,附着在少数单音节形容词后面:腐~~、粉~~)□(□[ɦa^{2}]□[bu^{2}]~:痴,呆;低能者) [6]健件忮(偏斜)忌忮(执拗,固执任性)苎(~麻)渠$_{1}$(单数第三人称代词)痔(~疮)掮(~客)庣⑥(牲口圈)滞$_{2}$(雨毛~~:形容下毛毛雨的样子)

ȵ [1]黏 [2]年泥宜(便~)尼呢(一种较厚较密的毛织品)埿(用水泥、石灰等均匀涂抹)疑阎(~罗大王)黏□(~胡正经⑦:一本正经) [5]黏⑧ [6]染二耳研(~船)砚(~瓦爿:砚台)碾(~子)腻(~腥:肮脏)蚁(蚂~)艺(手~人)瘾⑨

---

① 本字很可能是"至"。绍兴也说"连至"。

② 本字当为"胝"。绍兴话"肩上的老趼"叫"肩胝",丽水碧湖话手趼叫"手胝[ɗi^{1}]"。"老趼"用"胝"是共同吴闽语的同源词。

③ "箕"读阴上限于本词,朱彰年等(1996:11)标为阴平。声调存疑。

④ 本字当为"蛆"。象山、丽水碧湖等地皆用"蛆虫"表示"孑孓",绍兴柯桥称为"倒笃蛆"。

⑤ 本字或为"搛",声母发生了浊化。

⑥ 本字当为"圈",绍兴等地就说"猪圈"。

⑦ 周志锋(2008)认为当作"俨乎正经"。

⑧ "黏"吴语多为阴平,阴去可能是误排。

⑨ 本字当为"念",用"念"表示"瘾"在吴语中常见。

(过～)□(～□[zɛ²⁴]:人或动物口中分泌的黏液;泥鳅、黄鳝等动物身上分泌的黏液)

ɕ　[1]西鲜仙先筅①(天萝～:丝瓜成熟后包在皮内的网状纤维,晒干后可洗碗刷锅、入药等)轩(～轿:以布帛为顶的轿子)稀嬉(交合,性交)圾髓杴(火～:灶内出灰用的铁制或木制畚斗)籼蚬(黄～)□②(～枕头:塞枕头心子)□③(大声喊叫)□(～里□[hœʏ³]□[lœʏ⁶]:言行或想法出奇,不合常理)　[3]喜死筅(～帚:炊帚)闪癣险(危～八刺)显(明～～)□(阿难～:很为难)　[5]细线线④(脓～头:脓根子)扇搧(～巴掌)戏骟⑤(～鸡:阉割过的公鸡)絮(花～:棉絮)世(前生前～)婿(女～)系(拉关～)苫(草～:用草编成的遮盖东西的器物)

ʑ　[2]前齐　[6]贱自

k　[1]肝泔(～脚)干(～菜)甘该⑥(～应:本该)锯⑦干(树～)秆(芦穄～)竿(钓鱼～)杆(桅～)干(相～)柑(金～)□⑧(～人家:女子许配人家)　[3]赶感敢(怕～)◇狗$_{又}$(黄～⑨)

kʰ　[5]看$_1$

ɦ　[2]盐延迤(～风斜雨:形容风雨交加)沿姨移蜒(～蚰螺:蛞蝓)蜒(海～:一种小鱼干,由鳀鱼的幼鱼腌制而成)蚰(蜒～螺)肄(～业)瘍⑩(疾病传染)遗蝖(软体动物爬行)檐盐⑪(～白菜:腌制的白菜)炎(肺～)言(千～万语)□⑫(擦肥皂)□(量词,阵:一～乌风猛暴)□(□[tsʰoʔ⁷]～⑬:蚯蚓)　[6]异以$_1$现勚(器物磨损)筵(待～:旧俗结婚当天新娘抬到后,男方特备筵席宴请新娘)鳝$_{又}$(～鱼、黄～)焰(放～口)□(～～动:形容胃里翻腾、欲吐的感觉)

ø　[1]衣依依(～掉:本来已经)胭烟嫌(～憎:嫌弃)蔫(食物不新鲜)腌(～笃鲜)瞖(眼珠上长的一层白膜,障蔽视线,看不清物)医□(给器物装上柄)□⑭(弄:该遭$_{这下}$咋$_{怎么}$～～)□(给予,拿给:吃场$_{吃的东西}$～眼拨渠)□(蚊虫～丝:蚋)

---

① 书中他处"筅"均标为阴上,朱彰年等(1996:28)"天罗筅"中正注音为阴上,阴平当为印刷错误。笔者认为"筅"的本字当为"絮","天萝絮"在浙江吴语中比较常见。声调读阴上,或为小称变调的残余。

② 周志锋(2008)认为本字为"絮"。

③ 周志锋(2008)认为本字为"嘶"。

④ 绍兴叫"脓髓头"。

⑤ 本字当为"𫛬",张自烈《正字通》:"𫛬音线。今俗雄鸡去势谓之𫛬,与宦牛、阉猪、骟马义同。郭师孔误书'𫛬'作'线',说见《謇斋琐缀录》。""𫛬鸡"的说法在吴语中非常普遍。

⑥ 韵母特殊,仅限于此条。也许是"应"主元音 i 的逆同化所致。

⑦ 睦礼逊《汇解》记为 ken。现今读 ki 是否来源于早期的 ken,待考。

⑧ 本字可能也是表示拥有的"启"。

⑨ 原书释义为"黄色的狗",不确。周志锋(2012:41)已经指出,"黄狗"为狗的通称。

⑩ "瘍"中古为昔韵羊益切,韵母对不上,本字可能就是"移"。下文"蝖"为中古上声狝韵以浅切,声调不符合,本字可能也是"移"。

⑪ 朱彰年等(1996:291)标为阳去。吴语表示腌制义的"盐"基本上均读阳去,来自《广韵》去声艳韵以赡切:"盐,以盐腌也"。

⑫ 周志锋(2008)指出,本词当读阳去,本字为去声艳韵的"盐"。

⑬ 周志锋(2008)认为此词的本字当为"蚰蟮"。后不出注。

⑭ 对应的说法绍兴为 ɦi⁴。

[3]椅$_{又}$(又音 y^3、u^3)掩以$_{又}$① 魇(结～:结痂) [5]意咽(～酸:吐酸水)厌魇(比长短)燕堰(它山～)□(～房:妻子死后续娶的妻子)□(用在完成体的句子中,表示前一动作的反复态,如:吃好～好、讲过～过)□(踢～子:踢毽子)

u

p [1]谱(词条未见。【木匠】:～儿子会使斧,歌手女儿会曲谱) [3]补 [5]布布(～告)

pʰ [1]脯$_1$(桃～)铺(～陈:指嫁女妆奁中的被席等物)潽(因沸腾而溢出) [3]浦普 [5]铺(床铺)

b [2]菩(～萨)菩(日头～里:太阳光照的地方)脯$_2$(嘴～:禽兽的嘴)脯$_2$(谷粒在铁锅中炒熟,糠皮爆裂而脱去,米粒舒张如球,俗呼胖～)脯$_2$(僵～饭:夹生饭)鯆(土～鱼:一种淡水鱼)䩺(牛控～:牛笼嘴)□(□[ɦa^2]～□[dzi^2]:痴,呆;低能者) [6]步部埠蒲(～荠、～鞋)② 孵③ 箁(用篾条等编成的盛器,比箩筐矮,编得较疏)瓠(早～:瓠子)簿(点名～:点名册)□(泥、沙等受挤压)

f [1]夫呼敷肤(～壳衣:头皮屑)麸(～皮)𢷾(用手挥洒液体或粉末等)乎(燥～～)孚(美～灯) [3]虎斧府(明～鲞) [5]富戽(～水)副

v [2]扶芙浮$_1$(差来～去:差不多,相近) [6]腐父(厨工师～)妇(新～:媳妇)雾④

t [1]都都(嘴巴～起:撅起嘴)都(末～囡:排行最小的女儿) [3]赌肚(～子:胃) [5]妒

tʰ [3]土 [5]兔吐(～丝)堍(～头:桥两头靠近平地的地方)唾(馋～:唾沫)

d [2]图徒涂(弹～鱼)屠(杀猪～:屠户)□(量词,堵,如:一～墙、一～板壁) [6]镀杜肚度(量词,次)渡喥(发～:发怒)

n [2]奴 [5]呶 [6]怒

l [2]炉卤⑤(汤,汁)芦鲈颅(骷～头)卢□⑥(～琴:弦乐器,主要指二胡、京胡) [6]路路(～梯:楼梯)卤(～□[dzʮ^2]:沥出的盐水)橹露鹭(～鸶)□(手□[bū^2]～头:手腕子)

ts [1]租 [3]阻祖□(杜～:一种生活在水田中的蠕虫)

tsʰ [1]粗初 [3]楚 [5]醋瘄(～子:麻疹)

dz [2]雏锄$_2$(～地) [6]助

s [1]苏梳须(牙～:胡须)酥(焐～豆:加盐煮烂的蚕豆)疏(囡～⑦:孙女)□(污～:肮脏;不干净) [3]数 [5]素数(名词,数字;命运)塑(～子:面貌、相貌)诉(告～)

k [1]孤估咕(～～忖:沉思)姑蛄(游～:蝼蛄)菇(蘑～) [3]古股牯(～猪:公猪)臌(～胀病:血吸虫病)鸪(步～:布谷鸟)鼓$_1$(打腰～) [5]雇顾

kʰ [1]箍枯骷 [3]苦 [5]裤库

---

① 第 40 页"以……"词条下注:"'以'有时读为阴声调"。

② 全书"蒲"多标阳去,但第 23 页"地栗"词条下"蒲荠"的"蒲"标为阳平。朱彰年等(1996)中"鞋孛荠"(463 页)条注音为 bu^2,"蒲鞋"(423 页)条注音为 bu^6。绍兴话"蒲荠、蒲鞋"等词中"蒲"读阳平。

③ 书中 44 页注:本字当作"伏",广韵去声宥韵扶富切:"鸟菢子"。

④ 只在"发雾露"条下(包括"下雾露")标为 vu^6,"雾露、下雾露"条下标为 ɦu^6。

⑤ "卤"读阳平,声调特别,也许是小称变调。

⑥ 吴语多称"胡琴",前字可能本字为"胡"。绍兴柯桥"胡须"的"胡"也音 lu^2。

⑦ 笔者怀疑本字就是"女孙"。

g　[2]跍(蹲)　[6]咕(唠里唠叨地责备)跍(矮～～:形容矮矮的)

ɦ　[2]胡胡①(～咙:喉咙)和$_{2}$(麻将用语)和$_{又}$(嬲～:玩,又读)狐壶葫(～芦)湖无蝴(～蝶)糊凫(水～鹭:野鸭子)诬(～告)胡(赖$^{=}$柴～子:络腮胡子)黄$_{又}$(～狗、呒郎～狗。又读 ɦuɔ̃^{2})□②(～□[hũ^{5}]头:黄昏)□(□[uɐɪ^{3}]～:惶恐)　[6]武户午$_{2}$(地支之一)戊务梧舞雾护

ø　[1]乌污洿(深陷,陷没)莴(～苣笋)诬$_{又}$(～告)熓(灯、火等熄灭)恶(可～)衣③$_{又}$(～橱。又音 i^{1})□(～□[tsʰe^{3}]/～□[se^{5}]/～□[dɔ̃^{6}]/～□[dœɤ^{2}]/～□[tʰe^{5}]:地方)□(铺～:铺位)□(折～:经折叠而留下的痕迹)　[3]椅$_{又}$(又音 y^{3}、i^{3})　[5]焐捂(～心:心里舒服)

y

tɕ　[1]捐车(象棋子的名称)绢(～帕:手帕儿)龟(乌～)苣$_{又}$(莴～笋)矩(循规蹈～)　[3]卷鬼举　[5]贵句卷(考～)据(收～)眷(亲～:亲戚)

tɕʰ　[1]区亏$_{1}$(～煞:多亏,幸亏)圈$_{1}$(套盘～:绕大圈子)　[3]犬圈$_{2}$(量词;动词,围,画圈)④　[5]劝去(～风、～湿)

dʑ　[2]拳颧(～骨)渠$_{2}$(水～)权⑤(怕～:使人畏惧的力量)　[6]诡柜具(文～店)苣(莴～笋)

ȵ　[2]原元愚(～猪:猪)　[6]软女蕊(～头:花蕾)语(千言万～)芋$_{2}$(香拣～)愿(许～心)

ɕ　[1]虚楦(鞋～)靴(皮～)　[3]许(词条未见。举例中"介许多"常见)　[5]楦⑥毁$_{1}$(旧时指小孩换乳齿)掬(用脚踢,用拳打)

ɦ　[2]圆玄(～色:黑色)围$_{1}$(～巾)榆余(～多⑦:其余)悬员(饲养～)园(地～:菜园子)盂(饭～:瓷做的盛器,口小腹大,有盖有耳)丸$_{又}$(乌贼卵～:指雌性乌贼缠卵腺的干制品)　[6]元羽雨预远院(鸡～:用木或砖围成的养鸡小院)

ø　[1]冤衣$_{又}$(～橱。又读)淤(～血)鸳　[3]鞔(称东西时容器的重量)椅　[5]怨

a

p　[1]叭八(王～:乌龟)　[3]摆　[5]拜爸

pʰ　[5]派□(～□[la^{6}]⑧:小孩健康,易于抚养)□(做事粗线条,不精细)

b　[2]排牌$_{1}$□(～～船:船,儿童用语)　[6]败牌$_{2}$(水～:旧时商店中临时记事用的,放在写字台上的小搪瓷牌;旧时旅馆中登记旅客房号、姓名用的,挂在墙上的大型木牌)鲌(～鱼:淡水鱼类之一,身体侧扁,嘴向上翘)

m　[1]□(走路慢且左右摇摆)□(稍稍挪动一下)　[2]埋□$_{又}$(走路慢且左右摇摆)□$_{又}$(稍稍挪动一下)　[5]妈(姆～:

---

① 本字应该就是"喉",侯韵读 u 的古音遗存。

② 本字当为"黄",与"黄狗"可读 ɦu$^{24-23}$ ki$^{35-44}$ 是相同的现象。

③ 与下文"衣"读 y 原文均注"仅限本条"。当都为受"橱"同化所致。

④ 本书"圈"做后字的"套盘圈、眼圈、项圈、领圈"均读阴平 53,而单用及前字的"圈廨"读上声 35,声调特别。

⑤ 朱彰年等(1996:227)写作"惧",是。绍兴就说"怕惧"。

⑥ "楦"单字音表的记音与正文有别,单字音表可能有误。

⑦ 周志锋(2008)指出,本词前字读音当为 ɦiɤ^{4},本字当作"有"。

⑧ 本字可能是"泼辣"。

妈妈） [6]买卖马$_{文}$（～～虎虎。限于本条）□（发～□（[za^2]）病：疟疾发作）

v [2]□（反复问句的否定词。一般认为是否定词“勿”与语气词“啦”的合音）

t [5]带带（助词，用在动词与补语之间，使动补结构不甚紧密，在语气上略显委婉）戴$_1$

t^h [1]它（～山堰）拖$_{文}$（动物用嘴叼走东西；伸舌头；拿，含贬义；劝架。又音 t^hau^1）䑏$_{文}$（舌头伸出。又音 $t^h\varepsilon^1$） [5]泰太□（□[t^hi^3]～：形容脏乱，不整洁）□（～饶：求饶）

d [2]埭（量词，条，排）□（秋～：秋天连绵不停的过量的雨） [6]大大（调～：空闲）扒（用指甲等抓、挠）扒①（～藤：瓜类等长出藤蔓）埭（三～头：指旧上海的外国巡官）

n [1]哪$_1$（句末语气词，可表示命令、建议、请求、警告、同意、认可等）那（旧～～：很旧） [2]艿$_1$②（芋～）淖（～泥：泥土） [5]那 [6]奶艿$_2$（沿边芋～、山～）嬭（～和：玩）

l [1]拉剌$_{文}$（□[t^hi^3]里□[t^ha^5]～：形容脏乱，不整洁）啦（句末语气词） [2]剌 [6]赖癞攋（带齿工具用钝后锉齿使利；用钉耙等工具将分散的草、叶等聚拢）垃（～圾）喇（～叭）□（□[p^ha^5]～：小孩健康）□（～柴胡子：络腮胡子）

ʦ [1]抓斋（素～） [5]债

$ʦ^h$ [1]差扯③（统～：平均计算）□（顺手牵羊）□（溜，溜走）□（～板桌：一种比较简陋的方桌）□（～鱼：一种小淡水鱼，身体狭长） [3]扯（牵～：形容不注意仪容，衣着不整洁；形容事情缺乏条理） [5]蔡□（～眼：眼镜，指戴眼镜的人）

dz [6]咋（怎么）屘（排泄；腹泻）

s [3]洒耍（武～～：形容举止粗犷） [5]晒

z [2]柴豺（～狗：豺）□（发□[ma^6]～病：疟疾发作） [6]簗（用竹篾编成的器具，圆形平底，边框很浅）𢶍（①手端筛子左右晃动以去除杂质；②摇，摇动；③身体与物摩擦；④搬不起而着地移动）

k [1]街阶（～沿：石台阶） [3]解$_1$④ [5]界（搭～：相关联，有牵扯）介（这么，如此）戒芥（～菜）㾏（～橱：食橱，碗柜）届解$_2$（支付，结算：～钞票；对冲，抵消）尬（尴里尴～）

k^h [1]揩（擦） [3]卡（～车：载重运货汽车）

g [2]茄$_2$（番～）□（～～鸭：鸭子，儿童用语） [6]懈（松，松懈；次数少，频率低）解$_3$（用锯、刀等割物使断；用手牵拉条状物体使来回移动）

ŋ [6]外外⑤（～鹅：大雁）捱（拖延）犽（孲～：婴儿）

h [1]哈 [3]蟹 [5]罅（脚～缝：两条大腿之间的部分）

ɦ [2]鞋还$_{文}$（～只：刚刚。又音 $ɦua^2$）□（～□[bu^2]□[$dʑi^2$]：痴，呆；低能者） [6]也（词条未见。举例中副词“也”常用）

---

① 本字可能是“拕”，《广韵》歌韵徒可切：“引也”。

② “艿”读阳平，声调特别，可能是小称变调的残余。

③ “扯”读阴平声调特别。第29页“牵扯”词条中注音为阴平，但该词批注与“牵扯阿姆”中则注音为阴上。

④ 单字音表“解”误排入阳平，“界”误排入阴上。

⑤ 本字当为“雁”，吴语区普遍把大雁叫“雁鹅”。宁波“雁”读 $ŋa^6$，当是早期韵尾受到“鹅”声母 ŋ-异化所致。

ø　[1]挨鸦$_2$（～片鬼。韵母特殊，限于本条）　[3]矮庴（人坐着或斜倚着时将枕头、被子等垫在背后；用东西抵住）　[5]叆（～愁愁：形容天阴沉灰暗的样子）

ia

t　[1]爹　[3]嗲

tɕ　[1]佳家$_3$（～务事）　[3]姐　[5]借□①（～～虫：纺织娘）□②（～手：左手）□（～□[pɐʔ^7]□[li^6]：很尖的嗓音；指嗓门尖利而爱吵闹者，多指女性）

tɕ^h　[3]笪（不正，斜，偏）　[5]且$_1$

dʑ　[2]茄$_1$（～子）

ɕ　[3]写相③（飞～：象棋术语，相向前方行走）焉（往杯子或碗里倾倒）　[5]卸泻（霍乱吐～：霍乱）

ʑ　[2]斜　[6]谢

ɦ　[2]爷霞$_1$（红～）　[6]夜野

ø　[1]鸦$_3$　[3]雅　[5]亚呀（～～糊：形容很差劲、很糟糕）

ua

k　[3]拐　[5]怪

k^h　[1]蒯　[5]快

g　[2]怀$_2$（～里：胸前。限于本条）

h　[1]歪　[3]歪④

ɦ　[6]坏（～账）还（～好：还可以；～只：刚刚）怀$_1$

ø　[1]坏（品质恶劣）娃（洋～～）　[5]哇

ɔ

p　[1]包胞　[3]饱保宝⑤　[5]报豹暴$_1$（突然而来的大风）爆（突然破裂或迸出）鸨（老～）

p^h　[1]抛脬（卵～：阴囊）　[5]炮泡泡（香～：土柚）疱（天～疮：脓疱疮）□（～□[ʦ^{h}oŋ^1]：过分兴奋、嬉闹，以致有些忘乎所以）

b　[2]刨袍（皮～子）跑（～码头）　[6]抱暴$_2$（刚刚开始，其初；指腌制的时间短暂）

m　[1]莫⑥（不要）猫$_1$（张～：一种逗小孩的游戏）　[2]毛毛（大约～⑦：大约）茅锚（抛～）□（次，遭：下～）□（炒～麸：大米炒熟以后加糖、橘皮等配料磨制而成的粉末）□（淡水～□[tɕiã^1]：形容淡而少油水、甜味等）　[6]帽卯冒（感～）冒（呕吐）冒（呕吐）猫$_2$（～头鹰）莫$_又$（不要。又读）貌（相～）

t　[1]刀　[3]岛（词条未见。【发心】：渠该回总算发大心嚅，搭北京、天津、青岛、大连团团去走一圈）倒捣擣（～地聋：耳朵完全听不见声音）　[5]到□（待，对待）

t^h　[1]滔（散～～：形容颗粒状物体松散不黏连）　[3]讨　[5]套

d　[2]逃桃陶（～成：剩余）掏（挖取：～阴沟）淘萄（葡～）□（眼睛或眼皮向上翻动）　[6]稻道道（～伴：同伴）盗（强～）

---

① 本字或为“幯”，《广韵》去声霁韵子计切：“幯缉。麻纻名。出《异字苑》。”绍兴方言“纺织娘”叫“绩幯婆婆”。

② 本字或为“济”。具体请参秋谷、汪维辉（2015）、盛益民、李旭平（2018：65）的讨论。

③ 书中可能漏标了鼻化符号。

④ 正文中“歪”的声调一律为阴上，而单字音表中的阴平正文未见。

⑤ 第 26 页“【鲤鱼】=『元宝鱼』”条下“宝”记为阳平 24，为印刷错误。

⑥ “莫”为训读字，可能来源于“无可”谈的合音。

⑦ 本字可能是“大约摸”。

窔(大～:大)蹈(循规～矩)□①(～□[ɦio²]:人情来往等的开支)

n [2]挠 [6]闹脑□(用脚践踏)恼(懊～)

l [1]捞 [2]牢劳痨(～病:肺结核) [6]老老(～菔干:萝卜腌制成的一种酱菜)佬(花～:婊子)疷(疡～:疥疮)□(再次叮嘱)

ʦ [1]糟爪₂②(鸟类用爪子将物扒开)搔③(～痒:抓痒)遭(～眼:偶一看见) [3]早④找(～头:找回的钱)枣(红～)蚤(跳～)爪₁⑤(脚～)□(卷衣袖、裤管等) [5]灶罩(食～)

ʦʰ [1]抄(洋～簿)钞(～票)操 [3]草吵炒 [5]糙耖(～田)躁

ʣ [2]曹 [6]造₂(～反)

s [1]骚捎(用自行车附带)梢(～头:树枝的顶端)筲(长旋形而不闭合的指纹)□(背□[moʔ⁸]～:上当) [3]扫嫂(阿～:嫂子) [5]燥(干)潲(雨斜着落进来)悛(豪～:赶紧)

z [2]槽漕(～嘴:一头不通的港汊)□(～锄头:说话口气冲,言辞生硬不圆转)□(～～动:形容类似笋未煮熟或笋多吃了让口腔或肠胃感觉难受的样子)□(独～嘴:指称脾气固执、不通情理的人) [6]造₁皂(肥～)上文(以～)⑥

k [1]高交₁(～运)茭(～白)珓(～背:占卜用具)教(～书先生)膏篙(～子)糕胶₁(鱼～:鱼鳔胶)鲛(马～鱼)告₂⑦(有～:有,有什么)□⑧(计～:计谋,打算) [3]稿绞₁铰(～链:合页)缟(麻～布:一种细薄的麻织品) [5]告₁叫⑨(～花子:乞丐)酵(～头)校(对正:秤去～～准)觉(困晏～:睡午觉)□⑩(这种,这样的)

kʰ [1]敲拷(零卖液体物品;大批量地买入或卖出)拷⑪(～火油箱:旧时指嫖低级妓女) [3]考烤 [5]靠鲓⑫(～头:小海鱼干制品的总称)铐(手～)

ɡ [6]搅(复杂,麻烦;扰乱,使糊涂)交₃(传家产给后代。音限于本条)绞₂(～丝旁;～股:关节)搞(～七～八)

ŋ [2]熬 [6]咬傲□(称赞)

h [1]痚(～驼病:气管炎)蒿(～菜)蒿(～～动:形容食物日久变质渗油的一种刺喉的味道)歊(张口呼气) [3]好 [5]哮(～管:家禽的气管)孝₂(～子、～堂)

ɦ [2]豪(～悛:赶紧)噢(语气词)壕(～沟) [6]号

ø [1]㷞(～底)𩕄(～脸:面孔内凹、眼部深陷的脸型)鏖(～糟:脏;灰尘,脏物,垃圾)凹(脚～:人体背面大腿与小腿之间弯曲的部分) [3]拗(折,弯曲使断)拗(～斗:半球形的舀水木器)謸(毫无

① 朱彰年等(1996:332)写作"陶窑",前字为阳平。绍兴话对应的词,前字也读阳平。

② 朱彰年等(1996:40)"爪(鸟类用爪子把东西抓开)"条记为阴上。

③ 本字就是"抓"。

④ 第31页"迟早点"条"早"标为阳平24,为印刷错误。

⑤ 第27页"鸡脚爪"条"爪"标为阳平24,为印刷错误。

⑥ 见于第40页"以上"条,或为遗落鼻化符号的手民之误。

⑦ 对应的"呒告"声调则标为阴去。而朱彰年等(1996:97)"有告"条中,"告"就标的是阴去。

⑧ 周志锋(2008)认为实际不读阴平而读阴去,本字为"较"。

⑨ 第89页"叫花子"词条注明,"叫"此音仅限于本条。本词的本字当为"教化子",具体请参俞理明(2005)。

⑩ 宁波另可用"格貌"表示"这样",我们怀疑本词为"格貌"的合音。周志锋(2012:150)也有类似的观点。

⑪ 在"火油箱"条下举例时写作"敲"。

⑫ 原文注:"本字当为'薧',广韵上声皓韵苦浩切:'干鱼'。"

根据地说别人做了坏事）袄（棉～）[5]懊燠（在容器里加水）澳□（椿～：香椿树的嫩枝叶）

o

p　[1]疤巴$_1$（～结：勤快）芭（～蕉扇）笆（延～豆：扁豆）虲（癞□[sɿ¹]蛤～：癞蛤蟆）[3]把　[5]坝靶（到～：时间、年龄等达到一定的阶段）霸（打～势：以蛮横、霸道的行为压人）

pʰ　[5]怕

b　[2]爬扒（用手或耙子一类的工具拨物）耙杷（枇～）琶（琵～襟）巴$_2$（下～）□（背～：上当）[6]齙（上齿露出唇外）稗（～草：稗子）

m　[1]嬷（～～：父母的姐姐）[2]麻麽（～糍：一种菱形或方形的糯米块，无馅）㵟（有些食物用水烧开后表层浮起的许多小泡沫）[6]马码（～头）码（堆叠：砖头～起来）蚂（～蟥）□（□[o¹]～：嘴巴，含贬义）

t　[1]朵$_1$（一～花，耳～）[3]躲朵$_2$（～拄：挑担歇肩时用于支撑担子的上端有杈角的木棒）朵$_2$①（～辫子：编辫子）採（～索：打绳子；～浆糊：调浆糊）□（～发：施舍钱物）□（"搭我$_{给我}$"的合音字）

tʰ　[3]□（用脚底或手指摩擦使黏附着的东西分离）□（汗出～㵘：形容出汗很多的样子）

d　[6]大②（～家）□（鲜～～：形容味道过分鲜或颜色过分鲜亮）唾$_又$（烂/馋～水：唾沫）

n　[1]拿　[2]哪$_2$ 囡③（儿～：儿女；～疏：孙女）拿（～周：婴儿一周岁）[6]挪（油～～：形容油腻）

l　[5]謱（謰謰～～：形容话多而含混不清的样子）

ʦ　[1]遮蚱（～蜢：蝉）鹧（～鸪）蔗（甘～）[3]揸（用五指捉物，揪：～头发）[5]炸柞（～树：栎树）搾（挤压）榨（～面）榨（屙～猫：梦魇）

ʦʰ　[1]车叉$_1$ 叉$_1$（～～：猪乳旁的肥肉）叉$_1$④（～鱼：鲳鱼）差$_1$（～扳：相差）搓$_2$（～麻将）杈（树丫～）衩（开～）汊（港～：交叉的小河）钗（轧～：一种金属小钗）[3]扯（撕）[5]岔差$_2$（差[ʦʰo¹]～：不大好，不足）瘥（病情有好转）

ʣ　[2]茶查蛇搽（涂抹）痄（～乱：憨痴，憨痴的人）楂（山～片）□⑤（～手：丧失运动能力的手）□（□[zɛ²]～水：唾沫，涎水）[6]社（旅～）

s　[1]纱沙舍（依正屋边墙搭建的小屋）砂啥$_1$（～地方：什么地方）痧（～药）稍（～为：稍微）蓑（～衣）赊□（滑行）[3]所（厕～间）舍（勿～得：舍不得）[5]舍（猪～）

z　[2]麝　[6]惹（～嫌）惹（形容人的言行、神情异样，不合常理）射（斜着看）

k　[1]瓜瓜⑥（～～儿：鸡，儿童用于）家$_1$ 加枷（头～锁）□（量词，块：一～西瓜）

---

① 笔者认为其与"採""to³（～发）"本字均为"打"，这些说法均为宋室南渡之后从官话中进入吴语的。相关问题容专文讨论。

② 原书注："韵母特殊，限于本条"。徐通锵（2008：438）认为歌韵字"大"读 o 是离散式音变中断后的残留。当然，另一种可能性是"大"受到麻韵字"家"的逆同化。

③ 本字为"女"，请参潘悟云（1995）的讨论。

④ 本字很可能是"鲳"，读阴声韵是由于受到"鱼"鼻音的异化。

⑤ 本字可能是"瘸"。

⑥ 当为拟声词，"瓜"只是记音字。

□□(卵～～:赤子阴) [3]假寡(望门～:还未嫁到夫家,未婚夫已去世的女子) [5]嫁架挂价(～钿:价钱)价(夏天～:夏天)假(暑～)褂(马～)

kʰ [1]夸 [3]髂(开～:上衣下部的两边不缝合也不安纽扣) [5]扝①(用手拿或抓)歌(～～:儿童用语,睡觉)

g [6]□(～～:开水,儿童用语)□(～～謦:形容不断地骂人)

ŋ [2]牙蚜(～虫)衙(～门)芽(韭菜～:韭黄) [6]瓦₁ 我砑(摩擦,碾压)

ɦ [6]夏下

ø [1]丫鸦₁(老～:乌鸦)垩(～本⁼:施肥)摦②(用手或工具拨沙土等)摦③(～船:划船)阿(～弥陀佛)□(～□[mo⁶]:嘴巴,含贬义) [3]哑瘂(枯萎) [5]挜(强予,强加)挜(掷:头拨人家石头～痛噹)

io

p [1]标滮(液体激射)镳(保～) [3]表婊裱表

pʰ [1]飘□(口感鲜嫩,滑爽) [3]漂(～白) [5]票漂(～亮)

b [2]瓢薸(浮萍) [6]嫖(词条未见。【揾】:嫖赌勿论钱,吃饭要～盐)

m [1]瞄(瞥,扫视) [2]苗苗(覆盆子)描 [6]庙

t [1]刁雕(涂脂抹粉,化浓妆;制作皮衣:～皮袄)弯(～角:偏僻)雕(花～:表面画有彩图的盛酒的口小腹大陶器) [3]鸟 [5]钓④吊

tʰ [1]挑(～担)挑(～刺) [3]斛(给人轻易可得的好处) [5]跳銚(～头王:在某一群人中最出色者)

d [2]条 [6]掉调□(缓～□[dɛ⁶]:慢慢,悠着)

l [2]疗撩(伸长手臂或借助工具向远处或河里取物)辽(抄近路)瞭(～高:旧时商店中,店主高坐在一角,以监视伙计的货款出入)缭(～缴:旧时一种系于胸腰之间的长布)醪(～白:面容苍白,毫无血色)聊(讲～天) [6]料了(～藤:瓜类等长出了藤蔓)敹(长～～:形容又细又长的样子)

tɕ [1]焦交₂(～杯酒)交₂(～关:很多,非常)招胶(～菜:大白菜)浇椒(花～)蕉(芭～扇)醮(打～:为消除灾殃,请道士设坛诵经祈福)娇(作～:撒娇)朝(明～:明天)□⑤(～身:擦澡) [3]饺缴(缭～:旧时一种系于胸腰之间的长布) [5]叫叫(小孩哭闹)教(～棒:教鞭;改～:纠正)照窍⑥(断～:真正;实在)□(～面:旧时已嫁的女子去除脸面、脖颈等处多余的汗毛)

tɕʰ [1]超超⑦(要:该,还是)缲(手工缝合)桑(饭～:盛饭的勺子) [3]巧锹(铁～) [5]翘俏(行～:销路好)跷(～脚:跛足)□(～～走:形容在家待不住,总

---

① 第83页"老鹰扝小鸡"条记为ko,遗漏了送气符号。

② 原注:"集韵上声马韵乌瓦切:'吴俗谓手爬物曰摦。'宁波今读阴平。"

③ 本字当为"划"。

④ 正文与单字音表中"钓"字注音不同,正文第108页为阴平53,单字音表为阴去44。阴平恐为印刷错误。

⑤ 朱彰年等(1996:287)写作"绞身",声调为阴上。南部吴语多用上声的"缴⁼"表示{擦},请参曹志耘、秋谷主编(2017:441)的讨论。

⑥ 朱彰年等(1996:374)记为送气。"窍"读不送气恐怕为印刷错误。

⑦ 很可能来源于"只要"的合音词"㫨",这种合音也见于绍兴。宁波读送气可能是一种弱化。

是在外串门、闲逛的样子)□(□([$tɕ^hi^1$]～:不平直)

dʑ　[2]桥朝乔(～话:虚伪的捧人的话)潮荞(～头:藠头)荞(～麦)□(称物时秤杆向上翘起,秤尾高)　[6]轿撬□(～铺:临时搭床铺)

ȵ　[2]饶哓(～猪:猪)　[6]绕

ɕ　[1]烧肖(～蟹:意为笨得不知所以)消销(～钉:插销)捎(打屁股)啸(呼～蛇:一种无毒蛇)箫(横～)□(揭开)　[3]小晓筱(竹～:竹子上端的细竹枝)　[5]笑少孝$_2$(～子)

ʑ　[6]绍

ɦ　[2]摇遥(～凌凌:形容个子很高)鹞①(～子:风筝)窑(烧～个)□(□[$dɔ^6$]～:人情来往等的开支)　[6]耀

ø　[1]腰腰(挎在手臂上)妖　[3]舀闄(把房间从中间隔开)闄(工作中途暂停)　[5]要

uo

h　[1]花$_1$ 花(食物用刀纵横轻划而不使断)虾(～仁)呵(～酣:哈欠)□(稍睡一会儿)　[3]◇虾(单用,小称变音)　[5]化煅(将熟的食物再蒸熟或加热,一般是在烧其他食物时顺便为之)

ɦ　[2]华(词条未见。【评书】:南词唱华堂,走书下农庄,～进茶坊)铧　[6]话画

ø　[1]蛙　[5]□(用筷子拨饭入口)

yo

tɕ　[1]家$_2$　[5]嫁$_2$②

ɦ　[2]霞$_2$　[6]下雅暇

ø　[1]鸦$_3$

e

f　[1]□③(不要)

t　[1]呆(书～子)点$_{又}$(～心。又读 ti^1)　[5]戴$_2$ 戴$_2$(～头篷:旧时结婚时盖住新娘头脸的龙凤绣花缎巾)

t^h　[1]胎梯④(路～:楼梯,梯子)苔$_2$(舌～)　[3]□(性子缓,轻松不着急)□(舒～:和缓,不紧急)　[5]态(词条未见。【各样】:我上回意见提过,第二回去该人态度～眼嚅)□(□[u^3]～:地方)

d　[2]抬苔$_1$ 台　[6]袋代待(～筵)怠玳(～～花)绐$_{又}$(绷紧的物体由于受压而松弛凹下。又读 $dɐi^6$)

n　[5]◇奶⑤　[6]耐$_2$ 廿念念(～伴:一种不僧不道的巫师)罱(～河泥:用罱具在河上把河泥夹上船,可做肥料)验(测～)□⑥(～年:明年)□(～嬉肥:詈语,相当于"他妈的")

l　[2]来来(在,可做动词、介词、副词)

ts　[1]灾崽(西～:旧时洋行里的勤务员)　[3]宰　[5]再赘(入～女婿)

ts^h　[1]猜　[3]彩睬⑦采(晐到各～:各地)

---

① 朱彰年等(1996:471)记为阳去。读阳平声调特殊。

② "嫁、雅、暇"三字见于第5页的"引论"部分。

③ 原书第122页注释中认为是"勿要"的合音词,但语音上相差甚远。笔者认为可能是"弗爱"的合音,这与温州方言的情况一致。

④ 第47页"路梯"词条下注:"'梯'韵特殊,限于此条及与此条意义相关数条。"不过全书未见"梯"的其他读音。

⑤ 第123页注:"'奶'读[ne^{44}]为儿化残留。"不过蟹摄对应的小称变韵形式为 ɛ,韵母读 e 存疑。

⑥ 周志锋(2008)认为本字当为"来",为 l-、n-声母个别相混之例。当然,"来"读鼻音声母,也可能是受了"年"的声母逆同化。

⑦ 第124页记成了阳平调24,为印刷错误。

□(□[u^{35}]～:地方) [5]菜啐(受惊吓时,自拍胸口,说"～～")

ʥ [2]财才(肚～:才智,才气)材$_2$(木～行) [6]在

s [1]腮 [5]帅赛□(□[u^3]～:地方)

z [2]裁材$_1$(棺～)□(吃,含贬义)

k [1]该该(用于谓语动词之后,表示存在或表示动作、状态的持续,远指)戾$_{又}$(拥有,又读 ki^1) [3]改拣(香～芋) [5]盖概(气～)

k^h [1]开 [5]看$_2$(用在动词或动词结构后面,表示试一试,前面的动词常用重叠式)墈$_1$(高的堤岸)

g [6]隑$_1$(斜靠,倚)饺(嗝儿;饱过头要吐)戤(～钹:小的铜钹)

ŋ [2]呆(傻,愚蠢) [5]岸 [6]艾隑$_2$(站立)岸(该～:那儿)

h [1]蚶鼾(眠～:鼾声)酣$_1$(奶～;婴儿因吃了足够的乳汁而长得白胖;呵～:哈欠) [3]海 [5]汉许(女子嫁人)许(愿心:许愿)□(量词,衣服、料子等一片或一幅)□①(红出～～:指面泛红光,气色高)

ɦ [2]亥 [6]害(词条未见。【削骨脸】:该人多少厉害的啦,面孔～个)亥②咳(语气词,用在句首或句尾,表示肯定、赞同的语气)

ø [1]哀 [5]爱案$_{又}$(人～:图画中的人像及泥偶、木偶等的统称。又音 $ɐi^5$)

ie

ʨ [1]皆

$ʨ^h$ [3]且$_2$

ʥ [2]茄$_3$③(～:茄子;辣～:辣椒)

ɦ [2]谐 [6]械

ɛ

p [1]斑班瘢(～疤:疤痕) [3]版板板(打～子:旧称疟疾)畈(量词,指成块的田)扳$_1$(推～:差劲,不好;相差)□(□[$ɐɪ^1$]～一样:形容做事有规律,总是如此) [5]扮掰(绊)扳$_2$(使转向,挽回)□(□[$lɛ^{24}$]～:偶尔)

p^h [1]攀 [3]◇帕(绢～:手帕) [5]盼襻(～头:器具的提梁、把手)襻(纽～:中式服装上扣住纽扣的套)

b [2]◇牌(派司～、扑克～、老 K～;神主～:灵牌) [6]办爿(量词:一～商店)蹩④(跨,迈)瓣(花叶～)

m [1]蛮$_1$(～好) [2]蛮$_2$(野～) [5]咩(～～羊:羊,儿童用语) [6]慢晚(～米;～爹、～娘:继父、继母,叙称)万$_2$(～子:麻将中的一类牌)□(僵个～:指称个子矮小、很早就停止发育者)□(□[$tɐʔ^7$]～:将要)◇猫(～;电灯/工～:旧称电工)

f [1]翻番幡(招魂～) [3]反 [5]贩泛(经久变色)疲(恶心欲吐)□(好;熟练)

v [2]烦帆 [6]饭万$_1$犯范(动词,把握分寸)

t [1]单担$_2$(扁～)耽(安～:安稳,安定) [3]胆掸 [5]担$_1$(一～米)旦(武～)带$_{又}$(助词,用在动词与补语之间,使动补结构不甚紧密,在语气上略显委婉)

t^h [1]摊滩(～簧)坍(～台)舑(舌头伸出。又音 t^ha^1)勩(疲倦已极)瘫(风～) [3]坦毯 [5]炭叹$_1$(～苦经:诉说苦衷)

① 周志锋(2008)认为本字当为"䫲"(《广韵》覃韵:"䫲,面红。火含切。")。

② 第 128 页标为阳去,与单字音中"亥"的声调不同。单字音中的"亥"可能是"孩"的误排。

③ 是"茄"的小称变韵形式。睦礼逊《宁波方言字语汇解》(下文称《汇解》)正记为 gyæn,也可参徐通锵(1985)的讨论。

④ 朱彰年等(1996:473)记的是阳平,吴语其他方言对应的说法一般也读阳平。书中记阳去,存疑。

d　[2]痰弹(～琴)谈坛(量词,一～灶)燂(～茶:过去烧少许开水,所用柴火不多,谓之燂茶)檀□(～嘴:下唇略微下垂的嘴型)　[6]淡但(～便:不管)蛋蛋(扯～①:吹牛)氮弹(打～子)□(缓□[dio⁶]～:慢慢,悠着)

n　[2]难　[6]乃(～、～遭、～末:现在)烂又(～污泥:较湿的泥土。又音 lɛ⁶)

l　[2]兰蓝篮褴(布～:围裙)榄(橄～)拦(对折～腰环:指原价打对折)□②(～□[pɛ⁵]:偶尔)　[6]懒③烂□(～唾水:唾沫)

ʦ　[1]斩④(砍)邅(更换时间地点)　[3]盏　[5]溅⑤斩(～肉:割肉,剁肉)撍(两手上下簸动盛器,使里面的东西调匀)蘸灒(溅)瓒(好,用以赞赏事物)饡(油～子:麻花)

ʦʰ　[1]搀掺餐(半夜～)　[3]铲产(小～:流产)　[5]灿忏(拜～)刬(只,仅)龇(～牙:小孩换牙时,乳牙还未脱落,却已从旁长出的新牙)

ʣ　[2]馋(～痨:嘴馋)残　[6]赚栈(～房)站壈(～头:水畔伸出之地)绽(饱满;突起)蟚(～蚍:蟋蟀)□⑥(错:弄～,看～)

s　[1]三山杉舢(～板)伞⑦衫(棉毛～)　[3]散(施～米:旧时指和尚或道士做道场时掷米以飨饿鬼)　[5]散赛(～可:犹如)

z　[2]镵(犁～头:犁铧)馋(稍稍吃一点儿;动物以嘴叼或捕取)馋(～唾:唾沫)涎(围～:围嘴。见第104页)螺(虾～:龙头鱼)□⑧(□[ȵi⁶]～:人或动物口中分泌的黏液,或泥鳅、黄鳝等动物身上分泌的黏液)　[6]劗(用刀、锄头等器具猛击)孱(责骂;训斥)

k　[1]奸监◇阶(踏步～:台阶)　[3]裥(服装上的褶子,皱纹)间橄(～榄)拣(挑选)减减(将饭菜等从碗中拨出一部分)谏⑨₂(～训:教育训诫)□(量词,片)□(乃～:现在,与"过去"相对)　[5]尴□(便后用手纸等擦屁股)

kʰ　[1]铅堪₂(田～:田沿边)　[3]砍槛₁(落～:形容词,言行在理;动词,服帖,服气)　[5]嵌槛₂(～窗:窗户)

g　[6]谏₁(唠叨,责备)

ŋ　[2]岩颜　[6]眼眼(～～叫:恰巧)

h　[1]骸(筋～:筋)骸(瘪～～:形容体弱乏力、精神不振的样子)　[3]喊　[5]苋

ɦ　[2]咸闲　[6]馅限陷

ø　[3]◇鸭　[5]晏(迟、晚)

uɛ

k　[1]关关(～胎:牲畜交配)　[5]惯

kʰ　[5]筷⑩

g　[2]环₁(名词,提梁)环₁(～头:桶、箩筐

---

① 本字当作"扯淡"。

② 本字或为"难",绍兴话正做"难"。

③ 单字音表排入阴上,为印刷错误。

④ 本字当为"劖"。《玉篇》卷十七刀部:"剃发也,减也,切也",子践、子丸二切,宁波读音符合后者。

⑤ "溅"当为训读字,正文中作"灒",是。

⑥ 本字当为"赚"。《说文新附》:"重买也,错也。"或作"赚",《集韵》直陷切:"市物失实。"汪维辉(1990)、郑张尚芳(2012[2005]:218)、周志锋(2012)等均有讨论。

⑦ 原文注:"宁波读阴平,不读阴上。"

⑧ 第144页"馋唾水"词条下又"馋⁼茶⁼水"的词首字应亦是此字。

⑨ 第144页"谏训"词条注为阴去44调,据该词条内注"谏音[kɛ³⁵]"补入。

⑩ 睦礼逊《汇解》记为 k'uæn,当为"筷"的小称变韵形式,也可参徐通锵(1985)。

等上面可插入扁担、棍棒的绳索。又音 guɐʔ8） [6]掼（扔，掷，甩：～炸弹；跌，摔：～一交；打，拍：～席子）

h [1]儇（小孩听话，不吵人；聪明，有才干） [5]甩（摇动。又音 huɐʔ7）

ɦ [2]顽1 还 [6]患环2（下垂）

ø [1]弯弯①（耳朵～：耳挖子） [3]挽（以容器舀取）挽（托人从中说合某事）畹（～子：剪裁衣服剩下的大片布料，特指裁中式上衣挖夹肢窝剩下的那块布）顽2②（小～：男孩儿）

Y

t [1]丢（红～～：形容红而有光泽）

l [1]溜1（乌～～） [2]刘留流榴（石～）溜2③（水～：安装在房檐下的横向的槽型排水管） [6]柳溜3（滑行：～冰；光滑）□（用棍棒等搅动）

ʦ [1]砖鳟（青～鱼：鲐鱼） [3]转 [5]钻钻（～浆：勾芡）

ʦh [1]川穿窜2（～头：意外的利益、机会、好运等）撺④（暗中挑拨离间）蹿（跃上）□⑤（火～：大灶用的铁制通条） [5]窜1串

ʣ [2]全泉（～水）椽（～子）諓⑥（因惦记而反复念叨）

s [1]酸宣闩（门～） [3]选 [5]算蒜

z [2]船旋（头发旋儿） [6]善鳝（～鱼）

iY

ʨ [1]周纠（～会：旧时一种自由结合的在经济上互帮互助的活动）帚（筅～）鸠（斑～）灸（针～）究1（讲～）□（～作：整理，收拾） [3]九韭酒帚⑦ [5]救昼（～饭：午饭）究2（考～）咒（罚～：发誓，赌咒）

ʨh [1]秋丘（一～田）抽（～斗：抽屉）揫（箍；制作圆木器）糗（用布包好湿物置于灰中使干燥，或挂起来沥干其中水分）鳅（泥～） [3]丑 [5]臭

ʥ [2]球求搐（将长绳、长线收拢；抱住圆柱体或抓住绳子往上爬）稠（～薮）绸泅（打～：游泳）酬（应～） [6]旧桕（～子树：乌桕）舅就（迁～、将～）臼（捣～）

ȵ [1]扭1（用手指捏住一小块皮肉使劲拧：～痧气） [2]牛（文读，口语音 ŋœʏ2）原 [6]纽扭2（头转动）钮（门～：固定在门框上的铁扣）

ɕ [1]收修休兽（野～）羞（含～草）宿（星～） [3]手手⑧（老鼠～：瘰子）守首 [5]锈绣秀（幼～：腼腆，害羞）

ʑ [2]柔 [6]袖受（～委气：受气）寿□（既笨且傻，言行不合时宜）

ɦ [2]游酉油釉（～璃家火：易碎的器物）鱿 [6]有友（朋～）友（面～：护肤霜的统称）右（…左～）

ø [1]优幽（人或动物藏起来）幽（微弱）悠（笃～～） [5]幼

---

① 睦礼逊《汇解》记"搂耳朵挖"条记为 ẅæn，当为"挖"的小称变韵形式，也可参徐通锵（1985）。

② 周志锋（2008）认为当为"娃"的异读。而徐通锵（1985）明确指出这是"娃"的小称变韵形式。

③ 本字可能为"霤"（《广韵》去声宥韵力救切："屋水流也。"）。读阳平调可能是小称变调的残余。

④ 原书注曰："本字当为詀，集韵平声盐韵处占切：'多言'。"

⑤ 笔者怀疑为"叉"的小称变韵形式。

⑥ 本字可能是"传"，周志锋（2012：56）正写作"传"。绍兴话用"传"表示背后的夸赞。

⑦ 第 46 页"芦稼扫帚"条"帚"记音为阳平 24，为印刷错误。

⑧ 我们怀疑本字是"疣"，为云母读 h-的残存。这个问题容专文讨论。

ø

b　[2]婆$_{又}$①(老太～。又读 bəu^2)

t　[1]端$_1$　[3]短　[5]锻(词条未见。【脱绞】:渠每日天亮跑步锻炼身体,随便落雨落雪,呒没～过)

tʰ　[1]□(～头:零头布)□(量词,指一段路程)

d　[2]团团(～子)□(～□[dɔ̃^{2}]:举止失当、没有分寸的人,多指女性)　[6]断段缎(红～镶边)

n　[2]囡②(女儿)　[5]囡(～～:对小孩的昵称)　[6]暖

l　[2]鸾　[6]乱卵$_1$

ɐɪ

p　[1]悲杯背(～大刀:撮合不正当的男女关系)碑褙(～簔:将多层破布用浆糊粘合后晒干成硬布片)贝(干～)　[5]背(用背驮)背(动物用嘴叼东西)辈(～份)

pʰ　[1]坯　[5]配

b　[2]赔陪□(稻～:稻穗)　[6]备(词条未见。【舒意】:该回囡去读大学,我东西搭渠准备勒交关～)背(健忘,爱唠叨;不合时宜)背(～阴:太阳照不到)被(～告)焙(烘)

m　[2]煤玫枚眉梅媒霉谜(～子:谜语)□$_{又}$(稻～:稻穗。又读 bɐɪ^2)□(纽子纽～:中式服装上的纽扣和纽襻)　[5]妹$_1$(～～。新叫法)　[6]美妹$_2$(姊～,～夫)每焻(无烟烧)□(～心勿过:心里感到过意不去)

v　[2]𫧮(“勿会”的合音词,指不会)

t　[1]堆　[3]𠡒(拉:衣裳～直)𠡒(咋依八～:诸如此类的话,含贬义)　[5]对

tʰ　[1]推煺(将已宰杀的猪、鸡等用开水烫后去掉毛)叹$_2$(懒～气:因失望而放弃努力)　[3]腿　[5]退探(～监)润(将竹器浸于水面晃动、拍击使干净;水面与物面相平)

d　[2]窞(～～:浅坑)窞(酒～:酒窝)覃(呒～头:形容人痴顽不解事,或指痴顽不解事的人)◇头$_{又}$(老～。又读 dœʏ^2)[6]队兑(～糖)绐$_{又}$(绷紧的物体由于受压而松弛凹下。又读 de^6)

n　[2]男南楠　[6]内𦙶③(软)耐$_2$(气～勿牢:按捺不住心中之气)

l　[2]雷嚅(句末语气词,相当于“了$_2$”)[6]类沬(干净的东西稍有沾染)擂④(滚动;碾压;躺)瘤(皮肤上长的小疙瘩)垒□⑤(～鱼:鳓鱼)

ʦ　[1]追(□[guã^2]□[guã^2]～:形容追得很急的样子)锥(～子)簪　[5]醉

ʦʰ　[1]崔　[5]脆翠(碧绿青～)凑$_{又}$(连词,“跟”“和”之义,表示将相关的事物对举。又音 ʦʰœʏ^5)

ʣ　[2]□(“咋会”的合音词,表“怎么会”)

s　[1]虽　[3]水$_2$　[5]碎糁(饭～:饭粒)岁$_2$□(东西随手乱放)□(～气:样子吓人,让人感觉极不舒服;脏,乱;言行低级,让人生厌)

z　[2]蚕随随(～面:最上面)　[6]罪

h　[1]酣$_2$　[5]熯(利用水蒸气的热力使食物熟或热)

---

① 并无其他 ø 拼唇音声母的例证,该读音存疑。

② 第 28 页“继拜囡”条记为 ȵø。单字音表与正文均无 ȵø 的声韵组合,应该是印刷错误。

③ 第 140 页“烂饭”条下写作“䐊饭”条,而 168 页词条写作“𦙶饭”。

④ 本字为“踈”。《集韵》去声队韵卢对切:“足跌。”

⑤ 第 36 页“鲜白垒⁼鱼”中标为阳平,用的同音字却是阳去的“垒”,阳平可能为印刷错误。本字当为“鳓”,喉塞尾收到“鱼”鼻音声母影响而脱落。

ɦ [2]含寒晐(满,遍)哎$_{又}$(用于招呼及应答。又音ɐi^1) [6]汗旱

ø [1]庵安哎鹌(～鹑)□(～□[pɛ^3]一样:形容做事有规律,总是如此) [5]暗按(～杖棒:拐杖)案

uɐɪ

k [1]归癸规桧①(油炸～:油条)瑰(玫～) [3]轨(铁～) [5]桂会(～计)鳜

kʰ [1]亏$_2$(～空) [3]块$_1$(量词) [5]块$_2$(～头:指身材大小和胖瘦)槐(糯米蒸熟后捣碎做成的掌心大的扁圆块儿,无馅)

g [2]葵(向日～) [6]愧

h [1]灰 [3]毁$_2$悔 [5]晦贿(行～)

ɦ [2]围$_2$(～墙、～旗)围(上～:挂在方顶帐帐门上方的一尺见宽的布或绸缎)回危茴桅槐(～树)苇(芦～) [6]胃为(～仔:因为)会(～钞:出钱)汇(～角:建筑物两个边沿相接的地方)纬卫位(牌～)惠(乐～:舒服,合意)

ø [1]威萎(衰颓,萎靡)煨(～番薯) [3]委(受～气:受气)□(～□[ɦu^2]:惶恐) [5]慰

əu

p [1]波$_1$菠

pʰ [1]坡 [5]破□(□[pʰã^1]～:薜荔的果实,球形,汁可做凉粉)

b [2]婆 [6]缚(用绳子捆物体)

m [2]模$_1$磨(名词,把粮食弄碎的工具;动词,用磨把粮食弄碎)蘑(～菇)摩$_1$(～登蓝。见"士林蓝"条下) [6]墓

t [1]多

tʰ [1]拖拖(动物用嘴叼走东西;伸舌头;拿,含贬义;劝架。又音tʰa^1)□(～黄:形容非常软) [3]妥(倭～:柔顺,婉转) [5]忒$_{又}$(太,过于。又音tʰɐʔ^7)

d [2]驮(拿)驼(～背)陀(弥～芥菜)□(戤～钹:铜钹) [6]舵大惰(懒～坯)砣(秤～)

n [2]侬挼(用手轻轻来回抚摩) [6]糯侬②(你)

l [2]箩腡(圆旋形的指纹)罗萝(～卜)锣螺(蛳～)猡(猪～)啰$_2$(小～嗦:很小。见"小"条下)□(煤球风～:用煤饼或煤球作燃料,用于做饭、烧水等的炉子,) [5]啰$_1$(～唆) [6]裸攎(手贴着物体表面平移的动作)逻(巡视)卵$_2$(柴角～:松球)卵$_2$(老伏～:多年的老母鸡)篓$_2$(淘～:淘米箩)

ʦ [3]佐左 [5]做做(同一:～部电影)做(连词,要是)

ʦʰ [1]搓$_1$(～绳) [5]错

s [1]梭啥$_{又}$(～辰光:什么时候。又音soʔ^7)嗦(小啰～:很小) [3]锁 [5]唆

z [6]坐座□(水渗入凹陷的地方)

k [1]歌哥锅果③(水～)□(癞□[sɿ^3]～:蝉的一种,因其鸣声而得名) [3]果裹□(～锹:用来铲粮食等的木制农具,形状跟铁锹相似,但柄较短) [5]过个$_2$(后缀,用于形容词重叠式之后)

kʰ [1]科(用刀斧砍)棵窠(动物的窝)髁(脚～头:膝盖) [3]可可(大概,大约;

---

① 原书注:"相传有油炸宋朝奸臣秦桧夫妇的说法"。这当是一种通俗词源,本字或为"馃"的小称变韵形式。

② 单字音表列入阳平,而正文为阳去。朱彰年等(1996:211)记为阳去。"侬"表示第二人称乃"尔侬"的合音,具体请参盛益民、陶寰(2018)等的讨论。

③ 单字音表、正文他处"果"均为阴上,此处存疑。

估算）□①（真～：实在，确实）　[5]课骒（～马：母马）

ŋ　[2]俄鹅蛾（蚕～）　[6]饿鹅（外～：大雁）

h　[1]□（脊背、木板等弯曲拱起）　[3]火伙伙（有～：很多）　[5]货呵（淡～～：形容味儿淡而不咸）

ɦ　[2]河禾和$_1$（所有，整个）和$_1$（混入液体）荷　[6]祸（闯～胚）

ø　[1]倭倭（～豆：蚕豆）倭（～脚：走路内八字；～肩：向前弯的肩膀）倭（～妥：柔顺，婉转）捼（抱：～鸡贼）捼（～浜：特别漏水的田，再在接近田边处做一条小田塍）窝（～风：背风）煨（～暖：温暖，暖和）　[5]屙（大便）屙（脾气倔，执拗）

œʏ

m　[2]谋（词条未见。【靠硬】：该人蛮～个，介多年数税务工作做落来，从来勿谋私利）姆（河～渡。又音 m^2）　[6]母（师～）牡（～丹）

f　[3]否（词条未见。【下头】：做领导一碗水要端平，否则～要有意见个）

v　[2]负（词条未见。【一到】：渠对工作～交关负责）浮$_2$（～面：最上面；～尸）

t　[1]兜兜②（凑起来：钞票～拢）　[3]抖斗（～斗，屌～）　[5]斗③（垃圾畚～）斗（～鸡眼）斗④（正对着：～风）

tʰ　[1]偷斢（量词，幢，座）敨$_2$（小～卵：称爱出风头、举止不稳重的年轻人）　[3]敨$_1$（展开：～被头）　[5]透□⑤（花头～：花招多）

d　[2]头投（将液体在两个容器中倒来倒去使冷却；食物中毒后灌肠使毒液吐出）投（做事不稳重；急躁而冒失）□（□[u^3]～：地方）　[6]豆痘（水～）窦（雪～山）

l　[1]镂（挖取）镂（深陷，内凹：眼睛～进）　[2]楼　[6]漏篓$_1$（竹制器具）偻（～勾师：一心算计别人的刻薄狠毒的人）□（～□[$hœʏ^3$]）：言行或想法出奇，不合常理）

ʦ　[1]奏啁（叽～：纠缠不休，惹人厌烦）　[3]走　[5]皱

ʦʰ　[5]凑□（放入：嘴巴里～进）

s　[1]搜馊漱（冷～～：形容有点儿冷，有凉意）飕（痒～～）　[3]毪（禽类、鸟类用嘴整理羽毛）　[5]瘦嗽揪（鸭子等以嘴觅取食物）

z　[2]愁　[6]□（拟声词，形容哭的声音）

k　[1]钩勾沟（水～）　[3]狗枸（～杞头）　[5]够遘（一～昼：一昼夜）

kʰ　[1]抠　[3]口　[5]扣讴（事先与人说定）

g　[6]趵（肢体蜷曲不直；衣物等缩水、干瘪）

ŋ　[2]牛　[6]藕偶（～凑：不巧）

h　[1]□（急切，急迫）　[3]吼（寻～势：故意找茬）□（□[$lœʏ^6$]～：言行或想法出奇，不合常理）　[5]鲎⑥（彩虹）□（冷饭加少量水用文火加热）

ɦ　[2]猴猴（见钱眼开，不知满足）喉　[6]后厚候候（任，随：要啥东西～侬讲）

---

① 周志锋（2008）指出，此词中有送气、不送气两读，本字当为“个”。

② 周志锋（2008）认为本词当读阴去，本字为“斗”。

③ 单字音表排入阳去，为印刷错误。

④ 周志锋（2008）认为本词当读阴平，本字为“兜”。不过，绍兴等地也读阴去。

⑤ 写作同音字为“透”，但是注音为阴平，恐为印刷错误。本字应该就是“透”。

⑥ 周志锋（2012：195）推测，表示彩虹的“鲎”，可能就是“虹”的音变。这个问题进一步的讨论，请参陶寰、盛益民（待刊）。

ø [1]欧呕(叫,喊)哎$_{又}$① [5]伛(～倒:弯曲,低下来)

ã

p [1]浜(河～)绷帮$_2$②(鞋～) [3]◇伯(阿～:大伯子;老头～:老头子;老～:管家;～～:伯父)

p^{h} [1]乓□(量词,串)□(～□[p^{h}əu^{5}]:薜荔的果实) [5]碰$_2$(～和台:一种打牌用的方桌;硬～硬;～杯:干杯)

b [2]彭彭(～～扬:形容尘埃飞扬的样子)朋棚膨(头痛～胀)聋(聋～:聋子,耳聋)□(拼,合)□(火种～生:指可能引起火灾) [6]甏(米～:盛米的坛子,比米缸小)碰$_1$(～着:碰见)碰(～静:踝子骨)螃③(～虫:白蚁)蚌(河～)

m [1]□(～～:饭,儿童用语) [2]孟孟(长～～:形容长长的形状)蜢(黄～:牛虻) [6]猛□④(金～:石榴树的果实)□⑤(青～瞎:青光眼)

t [3]打□(□[hã^{1}]□[mɐʔ^{8}/bɐʔ^{8}]□[lã^{3}]～:一共;总共) [5]□(□[lã^{5}]～:劣质的)

t^{h} [1]□(～锣:一种小锣,声音尖)□(慢～～:形容动作缓慢的样子)

d [6]趤$_1$(逛)宕$_1$(拖延;悬:～秋千)

l [5]□(～□[tã^{5}]:劣质的) [6]冷冷(动词,搁置使冷)□(～士:旧时指称老板)□(□[hã^{1}]□[m/bɐʔ^{8}]～□[tã^{3}]:一共,总共)

ʦ [1]争 [5]挣(～家计:攒钱置办家当)挣⑥(～株:树结子)静(手～子头:胳膊肘儿)

ʦ^{h} [1]撑

ʣ [2]锃(金光～亮) [6]碾(紧塞)锃⑦(～亮:很光亮)瞠(睁大眼睛)

s [1]生$_1$ 生$_1$(装上:～梗拉链)甥(外～)生(～姆娘:产妇) [3]省 [5]竦(竹木上极细小的芒刺)

k [1]羹庚耕粳更⑧(五～) [5]梗(形容脾气犟,不顺从)梗(动物钻入泥土中)

k^{h} [1]坑 [5]掯$_{又}$(抛,投掷,丢弃。又音 ã^{5})

g [6]鲠(事物卡住)□(捣～:阻挠)

ŋ [6]硬

h [1]亨(趤～:闲游放荡、不务正业的人)亨(中央～:中间)亨(黄～～:有点黄)□(～□[m/bɐʔ^{8}]□[lã^{6}]□[tã^{3}]:一共,总共)

ɦ [2]行(～为)行(婴儿学步)桁(～条:檩) [6]杏

ø [1]樱$_1$(～桃;青～～:颜色发青)阿⑨(～姆:父亲的嫂嫂,丈夫的嫂嫂,母亲)鹦(～哥:鹦鹉) [3]犆(小牛犊) [5]掯(抛,投掷,丢弃。又音 k^{h}ã^{5})

iã

l [2]梁良凉量粮 [6]亮$_1$ 两

ʨ [1]张(量词)张(窥看,探视)将(象棋术

---

① 第 172 页"哎"条下注:"单字'～'应答时,有时读成[œʏ^{53}]。"
② 该读音比较特别。
③ 可能是"白蚁"的合音。
④ 南部吴语多叫"金樱",我们怀疑宁波也是如此,"樱"读 m-声母是受"金"早期-m 尾同化的结果。
⑤ 朱彰年等(1996:187)写作"盲",声调也读阳去。
⑥ 本字当为"桭",《广韵》平声耕韵楚耕切:"木束。"。
⑦ 第 208 页"锃亮"条中标为阳去 213,而单字音表与"金光锃亮"中标为阳平 24,存疑。
⑧ "净更半夜"条中"更"记为 gã^{53},浊声母配阴调,g 当为 k 的印刷错误。
⑨ 原注:"'阿'音[ã^{53}]特殊,限于'阿姆'及以本词组成的词条。"当为受"姆"鼻音逆同化所致。

语)将(～面聋:耳稍有点背①)僵(发育不良)浆浆②(拣落～:别人挑剩下的东西)姜腔$_2$③(死～:怪样儿;自造～:指自个儿编造出来的东西)　[3]蒋长涨桨◇脚(水缸～:水沉在缸底的剩余物;蹁～:一种腿病,行路时脚歪斜不正;碗～)雀(麻～)　[5]账胀帐酱绛(紫～红)□④(～箜:针线筐)□(淡水□[mɔ^2]～:形容淡而少油水、甜味等)

tɕʰ　[1]枪腔$_1$(贼～)腔(瓦～:蚶子的壳)羌(～饼)□(一段日子:上～、该～、过～)□(～柿子:漤柿子)　[3]厂抢　[5]畅(词条未见。【瘟跌倒】:夜里$_{夜晚}$呒没困畅)呛唱(盐卤浸渍:～蟹、～虾)□(酒味香烈)

dʑ　[2]强长场(量词:一～雨;晒～:晒谷的场院)肠蔷(～薇)　[6]汏⑤(洗)丈仗(～人势)仗⑥(伸懒～:伸懒腰)杖弶象$_2$(～山:宁波地名)犟(～头倔脑:形容倔犟)场$_2$⑦(摆～面:讲究排场)

ȵ　[1]□(～乌猫:猫,儿童用语)　[2]娘央$_{又}$(当中～～、中～～、中～～亭:当中。又音iã^1)　[6]让仰(～死～倒:形容吵架时接连不断地、凶狠地骂人)壤(地～:地面)酿(酒～)穰(烧饭时掺些冷饭,跟生米同煮,使出饭率高,这些冷饭称为"冷饭～")亮$_2$(天～:清晨,早晨)

ɕ　[1]香相(白～果:玩具)相⑧(有～有量:相互商量)乡厢(～房)厢⑨(里～:里面;外～:外面)箱镶(～盆:拼盘儿)　[3]想(词条未见。【且可】:思想～有介好嚯)鲞响　[5]向相(看;～貌)

ʑ　[2]墙　[6]像⑩象$_1$ 橡匠(篁～)

ɦ　[2]杨羊洋阳$_1$ 扬(～谷)　[6]痒炀(溶化,熔化)养$_2$(～生新妇:童养媳)瀁(液体晃动外溢)样样(地～:地面)羕(恶心～～:形容要呕吐的感觉;形容使人厌恶)

ø　[1]央阳$_2$(～沟:指露天的排水沟)秧鸯(鸳～)　[3]养$_1$(～娘:养母)养(把食物浸于水中,以防干萎,或将食物中的盐分、烂泥等浸出,使其洁净)

uã

k　[1]掼(泥水匠用泥刀将一团水泥甩在墙上并抹匀)掼(被脏物沾染)　[3]梗(量词,条;植物的茎)　[5]光$_2$(～火:发火)□(～酸:形容味道非常酸;～青:形容颜色很青)

g　[2]□(～～奔:匆忙奔跑的样子)

h　[1]□(打～:开小差)　[5]□(走路摇摇摆摆的样子)

ɦ　[2]横$_1$(与"直"相对)　[6]横$_2$(顺便拐到另一处;斜着看)□(～、～赌:打赌)

---

① 原注:"宁波人有时戏称为'借米聋',意思是提出向你借米,你就耳背了。"这恐怕是一种通俗词源,也许当为"济面聋"。

② 周志锋(2008)认为当为"脚"儿化的残留。

③ 声母特别,存疑。

④ 秋谷、汪维辉(2015)提到,宁波话"幯箜$_{旧时家庭中常用的针线筐}$"的"幯"读作[tɕia^5]。绍兴、富阳等地也说"幯箜篮",前字均读 tɕia^5。《词典》标阳声韵,较为特别。

⑤ 本字当为"净"。上海郊区及上海话早期文献就用"净"表示洗涤义。

⑥ 第 110 页"调觉"条下举例中做"伸一只懒丈",用字不同。

⑦ 除了本词,其他的"场"均为阳平。

⑧ 朱彰年等(2016:138)写作"商量"。

⑨ 本字当为"向",在吴语分尖团的方言中,一律来源于团音。

⑩ 第 11 页"如心像意"条中音 ɕiã^{213},为 ʑiã^{213} 的手民之误。

ø [1]横₃(～至⁼至⁼:硬是,硬生生地;～劬:偏执,固执)

ɔ̃

p [1]帮₂ [3]绑膀(吊～子)榜(出～) [5]磅(～秤)

pʰ [5]胖髈(～蹄:蹄髈)

b [2]旁防螃 [6]棒傍(～早:趁早)

m [2]忙芒盲虻(牛～) [6]梦(乱～:梦)忘望₁网

f [1]方坊(油～) [3]纺(～花车)访(私行察～)坊(染～)枋(门～:门框直木)仿(同年相～)□(弄～:恐怕,也许) [5]放

v [2]房 [6]望₂(～门寡:还未嫁到夫家,未婚夫已去世的女子)

t [1]当(～中)当(挈～:有环可提挈的小水桶)铛(～～响:很好,名气大)裆₁(连～码子:干坏事的同伙;裤～)档₁(路梯～)□(助词,用在动词、形容词等的后面,表示客观存在或表示动作、状态的持续,近指。又音 toŋ¹) [3]党 [5]裆₂(穿连～裤)当(以为,把……当作;～店)挡(扶;抵挡,支撑)档₂(老搭～、断～)

tʰ [1]汤汤(水明～:浅水坑)淌(～白:暗娼)□(现～:家里藏有的现金) [3]躺倘① [5]烫耥(～田;～蛳螺:捉取螺蛳)踼(踉～:瘸腿的人撑在腋下帮助走路的拐杖)

d [2]糖堂搪(以湿泥等均匀涂抹)溏(～黄)溏②(□[diŋ²/dʑiŋ²]～:屋檐、山崖或树枝上所结的冰锥)镗(～锒银子:钱)塘(塘～)棠(海～)膛(肉～:原指肉的肥瘦程度,有时引申指钱财)唐□(□[dø²]～:举止失当、没有分寸的人,多指女性)□(分⁼～纸:临帖用纸) [6]荡(空～:空处)荡(这)荡③(缝～:缝隙)荡(加水晃动以洗去污物;悬空来回摆动)趤₂(趤～公子:游手好闲不务正业的人)宕₂(石～:采石场)□(□[u³⁵]～:地方)

n [2]囊 [6]儾(尺寸、数量等略放宽余一点;宽裕,不紧迫)

l [2]郎蓢(～花:稻等抽穗开花授粉)朗(～炕:久雨暂晴)朗④(打莲花～:旧时要饭的唱着曲儿踩着步子乞讨)廊(～檐)榔踉(～踼:瘸腿的人撑在腋下帮助走路的拐杖)螂(蟑～)锒(镗～银子:钱)㝗⑤(壳～:外壳,框架)□⑥(稀疏) [5]諒(～话:闲言冷语) [6]浪浪(～食⑦:浪费粮食)眼(晾)趤(～趤公子:游手好闲不务正业的人)□(稀疏,间隙大)

ts [1]装妆庄章樟桩⑧蟑 [3]掌 [5]壮葬

tsʰ [1]仓菖(～蒲)窗苍疮(嘴角～)昌(文～菩萨) [3]闯(～祸胚) [5]唱摐(用棍棒等垂直击物)创□(～鬤桶:把

① 第355页“铁防”条下注为:“‘铁防’可能是‘倘 tʰɔ̃³⁵’的缓读。”他处未见。

② “溏”可能为“澤”的小称变韵形式。“澤”《广韵》入声铎韵徒落切:“楚词云冬冰之各澤。”

③ 宁波又可以说“缝道”,所以笔者怀疑“荡”为“道”的小称变韵形式。

④ 原注:“‘朗’的本字应为‘落’”。读阳声韵,当为小称变韵形式。

⑤ 绍兴叫“壳落⁼”,我们怀疑宁波为“落⁼”的小称变韵形式。

⑥ 周志锋(2012:184)写作“朗”,是。“朗”表示稀疏在北部吴语常见,也见于汉语史文献中,如嵇康《琴赋》:“朗密调匀,华绘雕琢。”

⑦ 周志锋(2008)认为本字当为“狼藉”。

⑧ 第11页“树桩”注音为 tsɔ⁵³,遗漏了鼻化符号。

吃剩的鱼肉蔬菜倒在一起烹成的菜肴）

dz　[2]常藏（地～王）　[6]撞幢①（叠起来放）藏（～青）状（奇形怪～）脏（内～）

s　[1]伤桑舂（把东西放在石臼或乳钵里捣去皮壳或捣碎）丧（～事）霜双商（有～有量）爽$_{2}$②（鲜～：鲜美可口）孀（孤～：寡妇）鲿（鉠～鱼：黄鲿鱼）　[3]爽$_{1}$磉（～子：柱础）　[5]搡（猛击）丧③（出～：出殡）

z　[2]床尝　[6]上尚（～怕：生怕）状晌（较短的一段时间）鞝（～鞋：把鞋帮鞋底缝在一起）裳（衣～）

k　[1]江肛缸刚豇钢扛$_{又}$（共同用手或肩膀搬东西。又音 gɔ̃²）　[3]讲港□（勿□[dʑiɪʔ⁸]④～：没有着落）　[5]杠（～箱：抬嫁妆的大木箱）降（霜～）

kʰ　[1]康糠（细～）□（灶口地～：灶下坐着烧火的地方）　[5]囥（藏，放，装）

g　[2]吭（农地上两畦之间凹下去的部分）扛$_{1}$（共同用手或肩膀搬东西）□（镬～：羹匙）　[6]戆（傻，憨笨：～大）戆（～～鹅：鹅，儿童用于）扛$_{2}$（搁置于上）

ŋ　[2]昂

h　[1]炕（朗～：久雨初晴）

ɦ　[2]杭行航绗（用针缝衣被等使固定不移动，针脚较长）　[6]巷（词条未见。【脚夫】：扁担巷～多，背米挑担力气大）项

ø　[1]盎□（烦躁，恼火）鉠（～鲿鱼：黄鲿鱼）　[5]肮

uɔ̃

k　[1]光$_{1}$　[3]广　[5]桄（～棍：粗棍子）

kʰ　[1]框（四角～：四框栏儿，汉字偏旁）　[5]矿眶（眼～）

g　[2]狂

h　[1]荒慌　[3]晃

ɦ　[2]黄$_{1}$王皇惶（～恐：难为情）蟥（蚂～）隍（抬城～）篁（滩～）□（硬～：过得硬）　[6]旺（火烧得旺）旺（炫耀，自以为了不起）黄$_{2}$（～汗：汗）滉（液体晃动）

ø　[1]汪望$_{3}$（窥视：张记～记）枉（冤～）　[3]往黄$_{3}$（蟹～、蛋～）黄⑤（卵～：睾丸）　[5]枉曠（～亮：天空云散转亮）

yɔ̃

tɕ　[5]降

ũ

p　[1]搬　[5]半$_{1}$

pʰ　[1]潘盘$_{又}$⑥（全部货物折价一次出售。又读 bũ²）　[5]判半$_{2}$（～个、～日）

b　[2]盘盘（全部货物折价一次出售）蟠（～桃）盘（磉～：柱础）□（手～□[lu⁶]头：手腕子）　[6]拌伴（～手果；阿～：奶娘）

m　[2]瞒鞔（～白鞋：以白布覆缝于鞋帮上，做丧事用）馒鳗　[6]满懑（将孔、缝等用物填封）墁（泥～：建筑物中以木条为主干，木条之间有间隙，外涂石灰、纸

---

① 本字当为"重"，请参曹志耘、秋谷（2017）、盛益民、李旭平（2018）的讨论。

② 读阴平，声调特别。

③ 吴语一般为阴平，读阴去声调特别。

④ 本字当为"勿着港"。

⑤ 绍兴一带说"卵棚"，笔者怀疑宁波为"棚"的小称变韵，声调读阴上也是小称变调。

⑥ 周志锋（2008）认为当读阴去，本字为"判"。原书指出该词又可以读 b-声母，周志锋教授（私人交流）告知，"盘"与"判"当为两个不同的词。进一步的讨论请参周志锋（2012：92—3）

筋、泥沙的一层东西）

k　[1]官棺观（～音）倌（店～）冠（鸡～花） [3]管管①（箸夹～：面疙瘩）馆（戏～）鼓$_2$（鸡瞪～：鸡嗉囊） [5]罐冠（鸡～头：鸡冠子）灌

k^h　[1]宽 [3]款（词条未见。【呒数目账】：贷款事情和总渠来的弄，我～个）

h　[1]欢◇花$_2$（奶～：婴儿） [5]焕唤（呼叫动物）□（□[$ɦu^{24}$]～头：黄昏）

ɦ　[2]完（词条未见。【秤花】：萝卜卖完，～还只$_{才}$晓得）丸（乌贼卵～：雌性乌贼缠卵腺的干制品） [6]换缓

ø　[1]豌 [3]碗

əŋ

p　[1]畚$_1$（～斗：簸箕） [3]本□②（垩～：施肥） [5]奔（跑）

p^h　[1]喷

b　[2]盆坌（拨灰、土等） [6]笨

m　[2]门蚊□（～蚣：蜈蚣） [5]闷焖（密闭后用微火煮熟）扪$_{文}$ [6]问扪（盖住，捂住。又音 $məŋ^5$）

f　[1]纷分□（～□[$dɔ̃^2$]纸：临帖用纸） [3]粉 [5]粪（～箕：簸箕）

v　[2]坟文甮（“勿用”的合音，表示劝阻或禁止）纹（花～酒） [6]份□（地～：指门槛）

t　[1]灯登③（上面：山头～、楼～；面～：最上面）瞪$_1$（滞～：饭饱而滞胀）瞪（鸡～鼓：鸡嗉囊）敦$_1$（泥西疙～：犹豫不决）墩（蒲～：蒲团）炖$_2$④（油～：萝葡丝饼）□（器具柄脱卯或松动，持其柄垂直于地猛击，使柄入卯；把东西竖立起来直击使整齐或振落灰尘）□（刁～：赌气，任性不理人）□（□[$fɛ^5$]～：好，熟练） [3]等戥（掂份量）趸（～注：一并，表示合在一起）□（“搭依$_{跟你、给你}$”的合音字） [5]凳顿敦（动词，竖立，挺；形容词，直）炖$_1$（～茶：烧开水）瞪$_2$（～牢：吃得过多来不及消化）敦$_2$（格楞～：后缀成分，附着在少数单音节形容词的后面）

t^h　[1]吞□⑤（蛇～壳：蛇蜕皮） [3]氽（物体在水中漂浮）氽（油炸）□（脱落，掉；使脱落，卸掉）

d　[2]藤庉⑥（居住；在家休息）誊臀（～肌⁼：褥疮）腾囤（米～）豚（河～） [6]邓扽（用手伸进去摸）钝饨（馄～）屯□（以反语冷嘲挖苦）

n　[1]□（～头：笔势、姿势等的优美之处） [2]能能⑦（～使、～可：宁可） [6]嫩

l　[2]伦惀（想，估量）轮楞$_1$（瓦～草：瓦松）稜（菠～）倰（狭～～：形容窄而长的样子）囵（囫～）□（乌～□[$ʦ^həŋ^1$]：黎明前） [6]论楞$_2$（格～敦：后缀成分，附着在少数单音节形容词的后面）

ʦ　[1]增尊（形容人自以为是，自高自大，难以接近；形容小孩故作忸怩之态）尊

---

① 本字或为“粿”的小称变韵形式。

② 本字或为“粪”，声母保留重唇，声调读阴上为小称变调的残留。

③ 朱彰年等（1996：）写作“屋头顶、楼顶”，周志锋（2012：193）认为本字就是“顶”。吴语区表“上面”义的“顶”普遍读入开口呼，可能是为了与“顶部”义的“顶”做出区分。用“顶”表示{上}在浙江吴语和闽语中很常见。

④ 第 158 页读音记为 $dəŋ^{53}$，浊声母配阴平。其他皆为 t-声母，d-恐为印刷错误。

⑤ 本词与阴去表“脱落”的 $t^həŋ^5$，周志锋（2008）认为本字均为吐困切的“褪”。绍兴话表示蛇蜕皮的词也读阴去。

⑥ 周志锋（2012：193—4）指出，“庉”《集韵》虽释义为“居也”，但是文献中没有实例，本字当为“停”。

⑦ 本字当为“宁”，可参周志锋（2012：192）的讨论。

（量词）甑①（一种口大于底的陶器）［3］拶（用手挤压）［5］怎憎（嫌～）

tsʰ　［1］村□（乌□［ləŋ²］～：黎明前）［3］忖（想）忖②（作～：占卜吉凶、命运等）［5］寸衬

dz　［2］存　［6］赠

s　［1］孙生₂（～髮油）狲参（～燕店：旧时经营各种参货的商店）森（阴～～）牲（瘟～：骂人如遭瘟病的牲畜）□（回～：汽笛，英语 whistle 的音译）［3］损（词条未见。【落去】：风水再做～，损失𫠦好的嚅）［5］渗（因食物过冷、过酸等而使牙齿不舒服）

z　［2］层讱（形容厚的样子）［6］□（塌下，挺不起来；气势变弱；躲避；地基下沉）

k　［1］根跟跟（灶～：厨房）［5］更（词条未见。【年糕】：～～年年高，一年更比一年好）

kʰ　［1］吭（～～呛：形容咳嗽）［3］肯肯（节～：节气，节日）啃掯（～脑子卜：脑袋挨敲击）

g　［6］艮（笨而脾气倔）䟃③（一脚着地跳着行进）

h　［3］狠　［5］洵（用手捏鼻子，用气排出鼻涕）豨（～阳棚：颔下或大腿根肿起的淋巴结）涊（液体被物吸收并渗透）□④（训斥，责骂）

ɦ　［2］痕　［6］恨

ø　［1］恩

iŋ

p　［1］冰兵嫔⑤（～相：陪伴新郎新娘的男女青年）［3］饼丙并₁（～下饭：把两个或多个剩菜合并到一个碗里）□⑥（抗衡，相持；抑止呼吸）［5］柄（犁～）鬓

pʰ　［1］拼乒姘（～头）［3］品并₂（打～）［5］聘

b　［2］平屏瓶评苹坪（地～：大块场地）凭（文～）［6］病

m　［2］民名明明⑦（水～汤：浅水坑）鸣（自～钟）［6］命抿（～子：旧时妇女刷髮用的刷子）脗（合拢）

t　［1］丁叮汀（水～：暖气装置，外来词，steam 的音译）疔（生～疮）濎₁（上～下轻：形容上身重下身轻）盯（□［tɕʰiŋ⁵］～：眼睛直直地盯着看）［3］顶　［5］订（词条未见。【亲】：订～）濎₂（沉淀）

tʰ　［1］厅听（～张：听见）听（支付钱款）听（量词，英语 tin 的音译）桯（床～：棕绷框架的一边，可坐人的横木）□（玩麻将牌时仅差一着即赢的时候）［3］挺

d　［2］停蜓（蜻～）庭（天～）成₂⑧（收～：农作物收获的成绩）□（～溏：屋檐、山崖或树枝上所结的冰锥。又音 dʑiŋ²）［6］定锭

l　［1］拎　［2］淋菱翎（～子：暗示）零邻临（～着：轮到）嶙灵林（树～）凌（悬～：悬空）铃（撑～：空竹）鳞（鱼～）［6］另（词条未见。【格末】：渠如话如果勿肯，～

---

① “甑”《广韵》去声证韵子孕切，《集韵》解释为“炊器”。音义皆不符合。本字当为“樽”。

② 周志锋（2002：376）认为本字是“谶”。

③ 原文注：“广韵去声径韵苦定切：‘一足行。’宁波今读浊声母。”对应的说法绍兴柯桥音 kəŋ⁵。

④ 或者本字就是“训”，或者为拟声词。

⑤ 周志锋（2012：375）认为本字当为“傧”。

⑥ 本字就是“屏”，普通话就说“屏住呼吸”。

⑦ 正文第 10 页写作“水明汤”，“明”是否为本字存疑。

⑧ “成”读 d-声母，存疑。

阿拉再另外想办法）令（量词：一～纸头）领懔（寒～～）

tɕ [1]金今正$_1$（～月）抌（将小木片敲入卯榫缝隙，使松动的器物牢固，或用小木块等堵塞小洞孔）京真砧（～板）针筋（～骸：筋）腈（肉瘦）经蒸蒸（饭～①：放在大镬上的无底无盖的木桶，桶的底部放置饭伞，用于蒸饭）精惊（～蛰）晶（水～油包：以猪油白糖和多种果仁为馅的包子）津（甜～～）襟（连～）巾（围～）睛（眼～）斤（六～四两） [3]井②枕胗（被蚊子等叮过后皮肤上起的红色小疙瘩）整警景（是介光～：一定的时间）紧（气～）颈（大头～：甲状腺肿大的脖子）疹（风～块：由于过敏，局部皮肤出现的红色肿块） [5]浸正（垂直或符合标准方向；位置在中间；表示动作状态还要持续很长时间）进竟（～：真要是，表示一种假设）敬震镜③证襟（琵琶～）境（画～线）径（领～：方便，不复杂）□④（量词，用于房屋）□（～骟鸡：阉割过的鸡）

tɕʰ [1]青清称（～手：器物拿在手上大小等正合适）轻蜻亲（～眷、～家）蛏（～子）衾（孝～）□（副词，表示位置上紧挨着） [3]请顷 [5]揿秤趁庆（柳隆～：指挑拨是非，离间骨肉的人）清（冷～～：有点儿冷）□（～盯：眼睛直直地盯着看）

dʑ [2]秦仍（～规：仍旧）成$_1$ 成⑤（～糖：饴糖）芹城埕（酒～⑥：酒坛）情陈勤（～力：勤快）擎（双手托住小孩腋下将其举过头顶的动作）琴（胡～）尘（掸～）蕈（香～）程（章～）澄 □（～拢：液体变为固体）□（～溏：屋檐、山崖或树枝上所结的冰锥。又音 diŋ^2） [6]近劲阵剩铃（将门铃扣在门钮上）凚（因受寒或受惊吓而发抖）尽 □（～转：因一头受压一头翘起导致器物倾倒）□（～走：迷路，不识归途）□（～～走：形容走得快的样子）

ȵ [2]人宁银凝仁（桃～） [6]韧壬垽（积垢）认任$_1$（上～：就职）

ɕ [1]心升申伸身辛星眚（一种眼病，眼内生点）深新腥薪声汛（杨梅～里：杨梅成熟的一段时期）兴$_1$（绍～戏）鮏（鱼～：水产品，一般指各种鱼、虾、蟹、贝类等）□（有～/有～格⑦：有些） [3]醒（词条未见，举例常见）擤婶（阿～） [5]信性圣兴$_2$（～致）□（米饭烧熟后，盖紧锅盖再闷一会）

ʑ [2]绳晴寻 [6]静甚（～多莫少：很多）净净⑧（～根牙：智齿）循$_{又}$（～规蹈矩。又音 zʮøŋ^2）

ɦ [2]营刑行辰$_1$（时～）塍（田～：田埂）形（八分～过：比喻把握分寸，留有余地）型（台～：扮相）萤（火～头：萤火虫）赢（足输～） [6]引寅

ø [1]音（半婳观～：面貌漂亮但下肢有残疾的人）因（～掉：本来已经）因（占相

① 吴语多叫"饭甑"，后字声调存疑。

② 第 20 页"天井"词记为阴平 53，单字音表和正文其他词条中均注为阴上 35。朱彰年等（1996：27）"天井"条也记为 35，我们怀疑 53 为印刷错误。

③ 第 14 页"眼镜店"中标为阴平，可能是印刷错误。

④ 本字就是"进"，这种说法在汉语方言中常见。

⑤ 本字为"饧"。《广韵》平声清韵徐盈切："饴也。"

⑥ 第 153 页"酒埕"条记为 dziŋ，为印刷错误。

⑦ "连兼""麻辣辣""架""竖长阔短"等条举例中直接写作"有星"。

⑧ 本字当为"尽"，"尽根牙"的说法在吴语中非常普遍。

～：占便宜）阴荫膺（～架：脚手架）鹰（～洋）樱$_2$（～花）应$_1$（该～：本该）蝇（苍～）　[3]隐（火熄；没有声息，渐被遗忘）饮（～食店）饮①（牲畜喝水：牛～水；给植物浇水）影萦（收引线状物，旋绕成团）⿰纟急（缝被子）　[5]印映洇熨（～斗）应$_2$（～嘴：顶嘴）⿰扌急（比测容器大小，或以容器估量物之多少）溵（把瓜果、食品等放在冷水中使凉）

uəŋ

k　[3]滚　[5]棍（杠～：粗棍子）

k^h　[1]昆　[3]捆（词条未见。【打】：毛巾、手套格星这些东西要捆～捆买个）　[5]困（睡）

g　[6]□（～脓：溃脓）

h　[1]荤昏婚

ɦ　[2]浑馄魂（逐～：猫头鹰）　[6]混混（～草：一种水草）

ø　[1]温瘟薀（～藻：一种水藻）　[3]稳　[5]搵（蘸）

yəŋ

tɕ　[1]军君（～苙）皲（皮肤因受冻而燥裂：开～）　[3]炯　[5]桊（牛～：穿在牛鼻子上的小木棍或铁环）

$tɕ^h$　[5]菌豥（猪用嘴鼻拱）

dʑ　[2]裙

ɕ　[1]熏（词条未见。【香烘烘】：新娘子被头绒香熏过嚅，～个）熏（～鱼）　[5]训（谏～：教育训戒）

ɦ　[2]允云匀（调～）　[6]晕耘②闰（～月）运

ɥøŋ

ʦ　[1]肫　[3]准　[5]振（屈身下蹲后，纵身一跳）皴$_1$（皴鼻，皴眉）镇

$ʦ^h$　[1]春皴$_2$（～破：冬天皮肤因受寒干燥而开裂）椿（～澳$^{=}$：香椿树的嫩枝叶）蠢（田～：对种田人的贬称）　[3]蠢

s　[1]旬　[3]笋榫（～头）　[5]瞬

z　[2]纯人$_2$（～情）辰$_2$ 神唇（嘴～皮）楯（檐～：屋檐）鹑（鹌～）　[6]顺仞（两臂平伸的长度）任$_2$（当一～官）肾循（～规蹈矩。又音 ʑiŋ^2）

oŋ

p　[1]崩□（叮～担：货郎挑儿）

p^h　[3]捧　[5]碰$_3$③

b　[2]篷蓬埄（～尘：尘土）

m　[2]蒙　[6]懵④（～懂：糊涂，不明事理）

f　[1]风$_1$ 封枫蜂疯锋畚$_2$（拖～：拖把）峰（洪～）　[5]风$_2$（纵情嬉闹、玩耍）

v　[2]逢　[6]奉（词条未见，但“奉化”在行文中多见）缝风（龙～戒）

t　[1]东冬端$_2$（～午）□（助词，用在动词、形容词等的后面，表示客观存在或表示动作、状态的持续，近指。又音 tɔ̃^{1}）　[3]懂（～懂）　[5]冻栋

t^h　[1]通　[3]统　[5]痛

d　[2]铜同桐童瞳（～孔）烔（热～～：形容暖暖的）　[6]洞胴（～肛：直肠）动桶筒

n　[1]襛（穿得过多）齈（黄～鼻头：像黄色脓液一样的鼻涕）　[2]脓农（茶～）　[5]齉（形容因鼻塞而发音不清）

l　[1]弄$_1$（放入，伸入：手骨袖头子里～的）

---

①　朱彰年等（1996：170）读阴去调。吴语普遍读阴去调，书中记阴上，声调存疑。

②　吴语多读阳平，声调存疑。

③　“碰”该音单字音表下注释为：“～运道：碰运气”。词条未见，“碰着”条下注：“义项①也可以读成[p^hoŋ$^{44—44}$ zɥœʔ$^{12—22}$]”。

④　单字音表误排入 b-声母行。

[2]笼龙砻襱(～裤:旧时农民套在裤子外面的用土布做成的大裤子)聋咙(胡～:喉咙)胧(老木～懂:形容因年老而反应迟钝的样子)蠬(老木～蹱:形容因年老而行走不稳的样子)隆(柳～庆:指挑拨是非,离间骨肉的人) [6]弄₂(～堂;做,摆弄)拢①(～总:一共,总共)

ʦ [1]中宗宗②(赡养:～大人)盅棕钟终(黄～烂熟)衷□(～牲③:动物的总称,为詈语)□(钢～:铝)□(□[oŋ^{5}]～:懊丧,恼火) [3]肿④种(名词,种子)总 [5]众⑤(～家:大家的)种(动词,栽种,种植)粽纵(横～)中(看～意)

ʦ^{h} [1]葱充冲樬(～担:两头削尖的木扁担)囱(烟～)铳(打手～:手淫)铳⑥(火～:冬天取暖用的小铜炉)睆(打瞌～:打瞌睡)冲(七～八跌)□(在公共场合扒取钱物)□(犁～:犁的整体)□(□[p^{h}ɔ^{5}]～:过分兴奋、嬉闹,以致有些忘乎所以) [3]宠(得～) [5]蹱(走路身体往前倾,不稳欲跌)

ʣ [2]虫重(～孙)从 [6]颂重(～顿顿:形容份量沉重)讼(～师:律师)

s [1]松松宋(罗～帽)□(乌龙～:黎明前) [3]耸⑦(陡峭)搃(抖动;托,助一把力)◇叔(阿～:叔父) [5]送怂(暗弄～:暗中算计他人)

k [1]公工弓功(摆俏～)肛(胴～:直肠)红₂(苗～:覆盆子) [3]拱□(□[sɐʔ^{7}]～:游泳时头钻到水里) [5]贡供

k^{h} [1]空(天～)箜(□[ʨiã^{5}]～篮:针线篮) [3]孔恐(惶～:难为情) [5]空(～缺)控(牛～酺:牛笼嘴)

ɡ [6]共

h [1]烘(香～～)蕻₂(菜～、雪里～)轰□(蚂～:蚂蚁)□(～背:脊背向前弯曲) [3]哄 [5]蕻₁(天菜～:天菜的长茎)

ɦ [2]吽⑧(喧闹,沸沸扬扬)红₁ 洪◇镬(尺四～、尺六～、耳朵皮～)

ø [1]翁螉(～气:形容食物有臭味儿)蕹(～菜)蓊(芋艿～:芋艿的叶梗)□(岔～:岔开,错开) [3]蓊⑨ [5]瓮瓮□(～□[ʦoŋ^{1}]:懊丧,恼火)

yoŋ

ʨ [1]家

ʥ [2]穷(词条未见。【嫌憎】:莫去～人家穷,千年瓦爿后翻身,穷也鯩穷到底个)

ȵ [2]浓(词条未见。【淡】:墨欠磨浓,忒～嚅)绒侬⑩(老～:妻子;男～:丈夫,成年男人) [6]揖(人多互相推挤)

① "拢"词条中九见,八处表阳去,只有第146页"眼睛闭拢"条为阳平24,声调恐有误。

② 周志锋(2008)和周志锋(2012:185—7)认为本字当为"供"。

③ 周志锋(2008)认为本词当作"众生"。周志锋(2012:375)又有进一步的讨论。

④ 单字音表排在阳平,为手民之误。

⑤ 单字音表排在阳去,为手民之误。

⑥ 周志锋(2012:388)认为本字为"熜"。

⑦ 根据朱彰年等(1996:315)和周志锋(2012:183),本词当读阴去。因此"耸"未必是本字。

⑧ 周志锋(2008)认为本字为"哄"。

⑨ 单字音表为阴上,正文中只读阴平。由于朱彰年等(1996:93)"芋艿蓊虫"等皆记为阴上,所以我们怀疑阴平是误记。

⑩ 周志锋(2012:64)指出,宁波市区、镇海、北仑西部把妻子叫"老侬",北仑东部、慈溪、余姚叫"老人",鄞州、奉化两者皆说。潘悟云、陈忠敏(1998)认为本字是"侬"。"侬"表示{人}在浙江吴语中比较普遍。至于读音,北部吴语一等字"农脓"读入三等的现象比较普遍,如余杭话"农"音 ȵioŋ^{2}。

ɕ　[1]兄胸　[5]嗅(用鼻子闻;吻)

ɦ　[2]熊雄蓉(芙～花)　[6]用佣

ø　[1]拥(同情)壅(～田:把肥料培在植物根上)　[3]永甬泳(蛀～)蛹(蚕～)　[5]壅

ɐʔ

p　[7]八不(～倒翁)不(腻腥～刺:肮脏)百伯柏拨(拨动,使物移动)拨(动词,给;介词,表示“被”“让”“给”等)襞(硬衬)□(口渴)□(□[tɕia^{5}]～□[li^{6}]:很尖的嗓音;指嗓门尖利而爱吵闹者,多指女性)

pʰ　[7]泼拍①脈(用手撕物使裂开;分开,叉开)魄(脚～)□(量词,指一部分:活灵缺一～)□(呛～:烈性,指酒的味儿)

b　[8]白白(～相果:玩具)拔拔②(热～～:形容天气炎热)袯(～秋:一种宁波习俗)鼻$_{1}$钹(跶～:铜钹)烞(火～臭:衣物烤焦的气味儿)薄$_{又}$(烂～屙:稀屎。又音 boʔ^{8})□(量词,绺,撮:一～头发)□(量词,用于不成形的物体:一～淖泥)□(闲～□[dʑiɪʔ^{8}]:闲话;指闲话很多却毫无用处的人)□(大～:喻指百事不管,任人摆布之人)□(□[hã^{1}]～□[lã^{6}]□[tã^{3}]:一共,总共)

m　[8]麦末末(语气词)没(漫过,高过;满,整)茉(～莉)搣(用棍棒打)脉默袜沫(泡～)□③(今～:今天;昨～:昨天)□(□[hã^{1}]～□[lã^{6}]□[tã^{3}]:一共;总共)

f　[7]发发(以漂亮的言辞取笑他人)弗(不:～上～落)法发

v　[8]佛勿(不:清爽)物罚

t　[7]德得掇(两手端东西,一般不过胸)搭搭(介词,有“和、给、对、把”等义;连词,和、跟)搭④(副词,“都”,有强调语气的作用)嗒(品味儿)渧(～～渧)搨(～～动:形容内心不安,有时略带有愧疚感)埲(别～:别处)啄$_{又}$(禽类用嘴叩击,夹食。又音 toʔ^{7})答(紫～～)筜(被～:用来掸棉胎或被子的竹制掸子)瘩(疙～)□(～□[mɛ^{6}]:将要)□(扁～～:形容扁扁的)

tʰ　[7]塔秃忒(太:～胖。又音 tʰəu^{5})沓$_{1}$(形容做事拖沓;动词,拖延,拉下)脱塌搨(搽、抹)遢(邋～)鳎(鲇～:比目鱼)贴(老～蛋:混蛋,熟悉的同事、朋友之间的一种称呼)□(量词,处:一～地方)□(没～头:形容很满)

d　[8]踏沓(量词:一～纸头)突(凸,突出)特湒(～～滚:滚烫,火热)达(四通八～)荙(莙～)夺(拗嘴～理)跶(打滑～:地滑行走不稳,打滑)汏(□[sɐʔ^{55}]□[sɐʔ^{55}]～～:形容潮湿)燗(腐～～:形容乱糟糟;形容湿而黏糊)□(～馅子:豆馅儿久沸成糊并使之熬干)

n　[8]纳(煞～:泼辣,厉害)衲(尿布)倷(你们)哪$_{又}$(句末语气词。又读 na^{1})

l　[8]辣肋迾(遮拦,阻挡)捋(动词,用手握住条状物向一端滑动;拿线状物在另一物上滑动:～苎麻)邋腊蜡镴拉(阿～:咱们,我们)剌(危险八～:很危险)勒(介词,在:房子造～河边头)勒(助词,得:弄～介腻腥)勒(助词,了:撮～眼便宜货)啦$_{又}$(句末语气词)□(快速而利落)□(～□[sɐʔ^{55}]:垃圾)□(～子:船边;贴)□(～白:用平耙耙田,将田整

---

① 第222页“洋抄簿”下的“拍纸簿”注音为 pɐʔ,遗漏了送气符号。

② 周志锋(2012:388)认为本字当为“烞”。

③ 本字为“日”,具体请参汪维辉(2018)的讨论。

④ 可能是“都”的弱化形式。

平)□(硬～:指农副产品、海产品等鲜货新鲜、挺刮)

ʦ [7]摘扎扎①(～奶:断奶;～脐带:断脐带)卒咂(辨别味道)只则侧(动词,偏斜,倾斜,稍稍转向侧面;形容词,侧斜的)摘(指摘他人的言行)仄(板～:质地细密,质量好)扎(一把～)□②(抛掷,使分散落下;沙泥莫～来～去)□(硬～:①刚强,硬气;②牢固,结实)

ʦʰ [7]尺叉$_{2}$(～烧)赤拆琭(～齐:很整齐)测撮$_{1}$(拾,捡;在公共场合扒取钱物)擦皴(皴～:冬天皮肤因受寒干燥而开裂,p280)插簇$_{1}$(～刮新:非常新)檫(～树)促$_{又}$(快速,利落。又音 ʦʰoʔ^{7})察(私行～访)□③(～紫、～乌、～黑、～暗)□(老～:老练,老成)

ʣ [8]宅捽(用力拉,用力使斩断)杂$_{2}$(鸡～)

s [7]色眨④(眨眼睛)杀塞塞⑤(～饭:非常下饭)煞(泼辣,厉害)啬(～比比:吝啬)虱涩(～口)萨(菩～)栅(迾～:栅栏)□⑥(融化)□⑦(衣服洗前浸泡于水中)□(～～澾澾:形容潮湿)□(～□[koŋ^{35}]:游泳时头钻到水里)□(荫～:凉快,因太阳照不到而凉爽)□(□[tɕi^{35}]～觉:很短时间的睡眠)□(□[lɐʔ^{12}]～:垃圾)

z [8]石⑧趟(～时里:一时,一下子,表示很短的时间)贼铡闸(大～蟹)杂$_{1}$(～格楞敦:形容多种多样混杂的)趚(疾速窜行,溜走;匆忙地去一趟某处)炸⑨(油～桧:油条)□(～出:鼓出来;与众不同)□(热～:热情,客气,p362)

k [7]革夹疙(～瘩)眙(因困倦或生眼病感觉不适而眨动眼睛)格(量词,用于分层级的东西)格⑩(～貌、～貌介:这样,那样,是"介"的促声弱化形式)割割(制作棺材)蛤(～皮:蛤蜊)隔塥(～泥:水田表层下面的一层较硬的泥土)槅(～子:安装在窗户上的铁、木栅栏)瘑(～疮:疥疮)介$_{又}$(助词。又读 ka^{5})颊(面～巴:腮帮子)胛(肩～头)葛(晒瘪～藤喻指阴阳怪气,言行犹疑、迟缓、怪异的人)鸽(白～)嗝(发～:耳朵进水后发炎)膈(肋～肢下:腋下)□⑪(正对着)□(～头～脑:迎头,劈头盖脑)□⑫(～算:合算)□⑬(～出:液体满而外溢)

---

① 周志锋(2008)认为本字为"摘"。

② 本字当为"撒"。具体请参盛益民、李旭平(2018:87)的讨论。

③ 周志锋(2008)和周志锋(2012:189)认为本字为"漆"。象山方言"漆"只读 ʦʰəʔ^{7}。

④ 原文注:"眨"本字当作"睫",集韵入声洽韵色洽切:"目睫动貌"。

⑤ 本字当为"杀"。

⑥ 周志锋(2008)和周志锋(2012:189)认为本字为"释"。

⑦ 周志锋(2008)和周志锋(2012:189)认为本字为"湿"。

⑧ 第22页"地基石"条中"石"记为阴入,为印刷错误。

⑨ 本字是"煠"。《广韵》入声洽韵士洽切:"汤～。"

⑩ 原文注:"'格'应为'介',但总是读成促声弱化形式[kɐʔ^{5}]。'格貌介'、'格相貌介'的'介'有时也读成促声[kɐʔ^{5}]。"

⑪ 本词及"kɐʔ 头 kɐʔ 脑",周志锋(2008)认为本字当为"夹"。

⑫ 周志锋(2008)认为本字为"合"。"割棺材"条,周志锋(2008)认为也当作"合棺材"。又见周志锋(2012:176)的讨论。

⑬ 周志锋(2008)和周志锋(2012:190)认为本字为"溢"。不过语音上差得比较远。

□(～着：花费)□①(～舌头：口吃；指口吃的人)□(黏～～：黏乎乎的)□(时～：老是，一直)□(嘴～：鸟类的嘴)□(一～周：婴儿一周岁)

k^h　[7]客克刻(数量上不宽余；刻毒)咳克(～落：克扣，扣下)掐搭(量词，指拇指和食指合成的圈儿的大小)躄(～跌：摔倒)磕瞌(～晥：瞌睡)

g　[8]轧轧(结交：～朋友)

ŋ　[7]扤(摇动，晃动)　[8]额扤$_{又}$(～头：摇头，表示不满意)齾(弄缺；减去)

h　[7]黑瞎吓

ɦ　[8]合盒狭核(无～橘)

ø　[7]压阿(名词前缀)阿②(～里：哪里；～防：恐怕，可能)阿③(～拉：我们、咱们)押鸭轭(牛～)呃(打冷～：吸进冷风后膈肌痉挛)厄□④(～掉：食物霉变)□(秋～□[boʔ^8]：指立秋以后仍然十分炎热的天气)

iɐʔ

t^h　[7]帖贴

d　[8]叠碟$_1$ 蝶(蝴～)

l　[8]略掠(梳理：头发～～渠)

tɕ　[7]甲荚雀(～子斑：雀斑)着(～衣裳：穿衣服；～棋：下棋)脚⑤

$tɕ^h$　[7]恰鹊(丫～：喜鹊)

dʑ　[8]着(火～：着火)㩟⑥(～力：疲乏，累；费力，困难)

ȵ　[8]箬鲒(～鳎：比目鱼)捏(拳头～起)捏(扁～豆：扁豆)

ɕ　[7]削□(～冬冬：身体衰弱多病，也指器物不坚固)

ʑ　[8]嚼

ɦ　[8]药钥(～匙)

ø　[7]约(大～毛：大约)

uɐʔ

k　[7]骨刮掴(～耳光)聒(眼乌珠～瞎：骂人眼瞎，不长眼)括(挺～)

k^h　[7]阔(宽)

g　[8]□(～翼梢膀：扇动翅膀)环$_{又}$(～头：桶、箩筐等上面可插入扁担、棍棒的绳索。又音 guɛ^2)

h　[7]豁豁⑦(开裂)甩$_{又}$(甩动。又音 huɛ^5)

ɦ　[8]滑囫(～囵)活活(～猕：猴子)划(～帐)榾(果核)□([ts^ha^1]～：溜走)

ø　[7]挖挖(爬：爬山～岭)殟(～塞：心中烦闷，气不顺)䁪(眼睛睁开)頞(淹，溺；点头)□(～佬佬：形容饥饿的感觉)

oʔ

p　[7]北卜$_1$(～课：占卜)剥博(量词，指房屋柱子与柱子之间的距离)驳(用石块砌筑)波$_2$(宁～)

p^h　[7]朴魄扑扑(拍手)扑(屉尿～：虾蛄)䪁(婴儿长得肥墩墩，块头大)醭(醋酒等变质后表面漂浮的白色霉菌)蝮(犁

---

① 本字当为“吃”。《广韵》入声迄韵居乙切：“语难。”

② 本字当为“何”，由“何”的白读 ɦa 促化、阴调化而来。

③ 本字当为“我”，相关问题容专文讨论。

④ 周志锋(2008)认为本字为“餲”。

⑤ 第 10 页“水缸脚”中标音为阳入，为印刷错误。

⑥ 第 118 页“要侬㩟力嚯”、第 202 页“呕侬㩟力嚯”均注为[dʑiɪʔ^{12}]。朱彰年等(1996：412)注音为[dʑieʔ^2]，对应[dʑiɪʔ^{12}]。本字当为“着”。“着力”的说法在吴语中常见，也见于汉语史文献，如《西游记》88回：“虽然打几个转身，丢几般解数，终是有些着力。”

⑦ 曹志耘、秋谷主编(2017：36)认为吴语对应说法的本字是“㵟”。

镵～:蝮蛇)

b [8]薄薄(落～:失运)伏$_1$(身体向前靠在物体上,趴着)雹(～子:冰雹)箔(锡～)栿(地～:门槛)卜(萝～)膊(手～络头:手腕子)卜$_2$(吃脑子～:栗凿)□(秋□[ɐʔ⁷]～:指立秋以后仍然十分炎热的天气)□(□①[ɐʔ⁷]～气:食物或衣物的霉味儿)□②(脚～□[loʔ⁸]头:脚腕子)

m [7]摸(～牌) [8]木摸(寻找陌生的地方:～蟹、～暗子)墨摩$_2$(～托车)目(数～)模$_2$(好～好样:好端端的)陌(生头～脚:陌生)莫(甚多～少:很多)□(背～□[sɔ¹]:上当)

f [7]福幅复(～习)复(～写纸)覆(～盖困:趴着睡)蝠(蝙～)腹(遗～子)

v [8]服伏$_2$(～天)菔(老～干:萝卜条或萝卜块晒干后加盐制成的一种酱菜)

t [7]督启(～底:一直到底的地方)沰(量词,指稠黏的液体或有较多水分的堆状固体)啄$_1$(禽类用嘴叩击、夹食。又音tɐʔ⁷)豛(敲,戳击)豛(～鼓:一种有架的扁形小鼓)笃褶(衣料不够,另外缝一块上去)□(动词,用手直指人或物;用手指拨动算盘)□(竖立)□(～舌头:舌头较长,口齿不清)□(骨～:极陡;精神充足,气势很盛)

tʰ [7]托(摩～车)拓(大拇指与中指张开的长度)拓(落～:为人实在,通情理)

d [8]毒独读□(～头:指称只顾一方的人)

n [8]诺

l [7]搋(振动,摇动)睩$_1$(眼珠转动) [8]落六烙(～铁)络(用绳索等从下方套住)绿漉③(浸湿)乐骆录(记～簿:笔记本儿)陆(打水～:一种佛事活动)睩$_2$(大眼～索:形容眼睛大大的;弹眼～睛:因生气或愤怒而瞪着眼珠子)碌(骨～～:形容转动或滚动的样子)□(截:眼竿～渠眼掉)□(手膊～头:手腕子)□(昏头～蹱:①睡后起来,还在蒙眬中,步履不稳;②头脑迷糊,神思不清)

ʦ [7]桌桌④(碗～底:碗外面的底圈儿)竹足作作⑤(收～、纠$^=$～:收拾)斫(用刀斧砍伐)捉⑥(～漏:修治房屋漏雨处)啄$_2$(～木鸟)瘃(头上碰起的包)瘃(冻～:冻疮)粥撮$_2$(～药:抓中药)簭(腌制品及酒变质而散发出异味)烛(蜡～)浞(迹～:污渍,斑迹,多指留在布上洗不掉的)筑□(摘取,使松开:帽子～落)□(聚集)□(一包一～:形容拎的东西很多)

ʦʰ [7]触促(快速,利落。又音ʦʰɐʔ⁷)戳簇$_2$(七簇星:昴星)蹙(眉头管～拢:皱眉头)□(～□[ɦi²]:蚯蚓)□(谏谏～～:形容附耳低语的声音)□⑦(火～链:赤练蛇)

ʥ [8]续妯逐族戳(舂,捣:～芋艿皮;碰撞,推)浊塾(私～)绝(气门～煞:极为生气)俗(还～)□(～落羹:把吃剩的鱼肉蔬菜倒在一起烹成的菜肴)

s [7]束式$_1$(…的样子:阿姐～)戍叔刷速

---

① 周志锋(2012:389)认为本字为“䫋”,《集韵》没韵薄没切:“䫋䫋,臭败气。”

② 第326页“脚膊络头”标明“膊”为同音替代字,而第157页“手膊络头”则认为是本字,处理不一致。

③ 周志锋(2008)认为本字当作“落”。

④ 周志锋(2008)认为,本字当作“足”,北京方言正称“碗足儿”。

⑤ 本字当为“捉”。之后的“撮药”和表示“摘取,使松开”义的ʦoʔ⁷,本字也均为“捉”。

⑥ 原文注:“‘捉’本字当作‘娖’,广韵入声屋韵侧六切:‘娖,塞也’。”其实“捉”才是本字,具体请参盛益民(2018)的讨论。

⑦ 本字可能就是“赤”。

索欶(吸:～蛳螺)啥$_{\text{又}}$(什么:～东西。又音 so^{1}、səu^{1})雪雪①(～面:一种产妇吃的面条)粟(小米)说$_{1}$(～话:话)缩搽(动词,用手轻轻来回抚摩)睸(燥～:干)

z　[8]熟勺芍昨(～末、～日:昨天。又音 zɔ̃^{6})凿謦(go^{6}go^{6}～:形容不断地骂人)

k　[7]角各阁爊(食物置于锅中,用微火轻轻炒制)谷搁$_{1}$(～几:旧时置于中堂的一种长条形桌子)搁(～排凳②:旧式衣橱前放置的一种方凳)觉(～着:感觉到)国(外～红)

kʰ　[7]哭壳皵(东西干后与粘着处脱开,中间凸起)确(千真万～)□③(落～:强盗)

g　[8]搁$_{2}$(架,放;耽搁)个(量词;助词、语气词,相当于"的")□(～～郎:未经阉割的公鸡)

ŋ　[8]鳄鹤瓦$_{2}$(砚～爿:砚台)

h　[7]霍嗀(用力将喉咙中的东西吐出来;双手按某一较高的地方使身体用力往上一纵;吸附住)□(怯～:受惊;吓一大跳)

ɦ　[8]镬蜮(～虫:稻的蛀虫)学惑(疑心疑～)

ø　[7]屋恶(凶恶)阿$_{\text{又}}$(～讲:努力,使劲。又音 ɐʔ^{7})

yoʔ

tɕʰ　[7]吃$_{1}$ 屈(阿～死:讥骂不识货,不内行,不晓事理的人)

ȵ　[8]肉肉④(汏～:洗澡)玉挧(双手用力捏揉;将平展的东西揉作一团)育(阿～王寺)

iɪʔ

p　[7]笔毕毕(～发～准⑤:必定)熚(高温灼烤)碧滗(挡住浸泡在液体里的东西把液体倒出来)壁瘪鳖必(司～灵:滩簧锁)□(动词,仔细审视;手电筒照明)□⑥(～过:不过,表转折)

pʰ　[7]劈⑦(词条未见。【柴】:劈～)匹肶(女阴)撇(在液体上面刮掉或舀去极薄的一层)霹(～雳)辟(歪嘴～得:形容形状歪歪扭扭,不规则)

b　[8]别傡(依次紧挨着放)鼻$_{2}$(～翼:鼻翅儿)趧(追,赶)㷉(用火烘或高温使干)蹩(关节扭伤)□$_{\text{又}}$(动词,仔细审视;手电筒照明。又音 piɪʔ^{7})

m　[7]□(没有,"呒没"的合音)　[8]密搣(用手指搓捻使旋转)蜜篾□⑧(今～:今天;昨～:昨天)

t　[7]滴扚(动词,用两个手指甲掐起或截断)的(～角方:形容很方正)的(助词,表示存在或表示动作状态的持续,近指:肉,冰箱里有～)跌

tʰ　[7]铁铁(～防⑨:如果,万一)天$_{2}$(～亮:清晨,早晨)踢

d　[8]敌籴笛(暗～薄龙:形容光线暗)碟$_{2}$

---

① 周志锋(2008)认为本字当作"索",是。浙南地区"索而"的叫法较为普遍。

② 本字可能是"骨牌凳"。

③ 笔者怀疑本字是"寇",韵母读 oʔ 大概是受"落"同化的结果。

④ 本字当为"浴"。

⑤ 周志锋(2012:191)认为又可读 pɐʔ^{55},本字当为"百"。本词朱彰年等(1996:97)就记为"百发百中"。

⑥ 本字就是"不",为文读形式。

⑦ 单字音表误排入阳入。

⑧ 本字当为"日",请参汪维辉(2018)的讨论。

⑨ 原文注:"铁防"可能是"倘 tʰɔ̃^{35}"的缓读。

（搁～：高脚的碟子）

l [7]栗$_2$（地～糕：用荸荠粉做的凝冻状的点心） [8]立力列（用刀裁纸）列（量词：一～火车）律栗$_1$ 粒粒①（瓦～：碎瓦、碎砖等建筑垃圾的统称）捋（动词，让带水的东西放在盛器中自行滴干）疬（～串：颈部淋巴成串肿大的疾病）籭（用竹篾编成的晒物器具）历（皇～）雳（霹～）沥（竹～：竹子经烤后滴下的液体）

tɕ [7]急今$_2$（～□[miɪʔ^8]：今天）汁只（～勒：只不过）灼（烧，炙）迹脊（背～）接揭（～方巾：旧时结婚仪式上，新娘请出花轿后，由福气好的老妇用秤杆挑开新娘头上的龙凤绣花缎巾）结结（～珠②：蜘蛛）节渍（量词，剂，用于煎汤药）折羯（阉割）积织鏍（～子刀、沙～：割稻用的弯刀）洁（仔～：仔细）蜇（海～）级（留～）墼（炭～：一种圆柱形小煤块，常用作手炉燃料）绩（织～虫：纺织娘）蚍（蟚～：蟋蟀）秸（豆～秆）鹡（伤阴～）吉（黄道～日）鲒（黄～：海鱼，身体扁平，头小，鱼刺细软）职（撤～）□（用酱油浸）□③（量词，捆）□④（～下饭：用筷子夹取菜肴）□⑤（弗～：不知）

tɕʰ [7]切七赤谇（～～□[tsʰoʔ^7]□[tsʰoʔ^7]：形容附耳低语的声音）怯（～霍$^{=}$：受惊，吓一大跳）挈（用手提）散（指甲或竹木等表皮裂开成丝或翘起）瘠（～落：病后体弱，难以康复）漆戚（～～动：形容内心不安，放心不下的样子）撤缉⑥（～鞋底：纳鞋底）吃$_2$（～力）□（～落：因长时间没有好好清洗而变黑，洗不净）

dʑ [8]直及（～味：美味可口）侄值（～钿：痛爱儿女）渠（～拉：他们）极剧搿（动词，腋下夹物；抱；担保）掷（～色子）蛰（惊～）屐（木～）疾（残～）竭（务心～力：形容替人办事竭尽全力）舌$_2$（鞋～头：指使用鞋带的鞋，鞋帮中紧贴脚面的形似舌头的部分）㑊（要侬～力嚅：叫你受累了；劳驾你了）□（闲□[bɐʔ^8]～：闲话）□（～□[kɔ̃^{3}]⑦：到手，有着落）□（肉～～：形容体肥多肉的样子）

ȵ [8]热日$_1$ 镊业（肄～）孽（造～：可怜）

ɕ [7]湿吸些（～～、啥～：什么）息歇锡识疲（体弱乏力；不好：味道～）屑（锯～）惜（得人～：小孩惹人爱怜）饰（首～）式$_1$（狗爬～）设（呒～法：想不出办法）摄□（手足攀引，身体紧贴着爬上爬下）□（雨雪等因风吹而飘入）

ʑ [8]席舌$_1$ 食蚀（有些食物煮熟或晒干后体积缩小）

k [7]该（这）

ɦ [8]叶忕（～～动：形容心跳不正常或因惊慌而心悸）页拽（用力拉，平移；借钱：东借西～）翼（～梢：翅膀）亦□（正好～数：恰好，刚好）

ø [7]一乙閳（贴壁躲藏：～壁贼）噎擪（按而使吸水；轻按着擦洗）䅧（籽粒不饱满）

---

① 本字可能是“砾”。

② 周志锋(2008)认为本字当为“蜘蛛”。

③ 原文注：“本字为‘㮣’，集韵上声铣韵吉典切：‘《说文》：小束也。’宁波今读入声[iɪʔ]韵。”

④ 本字当为“挟”。

⑤ 周志锋(2008)和周志锋(2012:208)认为本字为“知”，与“只”读 tɕiɪʔ 是类似的现象。

⑥ 本字当为“刺”，《广韵》入声昔韵七迹切：“穿也。”具体请参盛益民、李旭平(2018:78)的讨论。

⑦ 本字当为“着港”。

yəʔ

tɕ　[7]菊厥(～起:失去知觉)橘噘(嘴巴～～:向人努嘴示意)决(疑惑勿～)

tɕʰ　[7]屈缺曲□(～格:好看,漂亮)

dʑ　[8]局掘蹶(牛羊等用脚顶人或触物)镯(～头:镯子)倔(强头～脑:形容倔强,执拗不从)[犭屈]①(半～观音:指称面貌漂亮但下肢有残疾的人)□(量词,段,截)

ɕ　[7]血嬬(漂亮。略有戏谑味儿)噱(逗引,哄骗,捉弄)

ɦ　[8]月浴越疫(时～病:霍乱)穴(太阳～)狱(越～)□(挥动:～旗、手～～)

ø　[7]郁(多)郁(～拔拔:形容天气闷热异常)攨(折叠:书莫～腐)哕(气郁积在心中)□②(肢体挫伤)

ɥœʔ

ts　[7]这啫(吮吸:～奶奶)㩡(用力使物转向)

tsʰ　[7]出出③(黑～～:黑黑的或暗暗的;暗～～)出(量词:一～戏)

s　[7]室(浴～)失(～撇:失算)说$_2$(自～自话:自作主张)刷(排～:板刷)十$_{又}$(年三～夜。又音 zɥœʔ^8)□④(收获后遗漏在田地中的零星块茎)

z　[8]十入(～梅)日$_2$(～晕、向～葵、黄道吉～)实着(动相补语,对应普通话"到":碰～、寻～)习(复～)

əl

ɦ　[2]儿$_2$(叭～狗:哈巴狗)尔而(木～觉知:形容反应迟钝,麻木不知觉)　[6]耳$_2$(木～)饵二$_2$

m̩

ɦ　[2]亩(头两～)拇姆(阿～:父亲的嫂嫂)姆$_{又}$(河～渡遗址。又音 mœɣ^2)

ø　[1]姆(～妈:妈妈)　[5]呒(没有:～用场)

n̩⑤

ɦ　[6]芋$_2$(～艿)

ŋ̍

ɦ　[2]儿$_1$ 鱼　[6]五耳尾$_{又}$(船尾巴:船尾。mi^6 的又读)午$_1$(端～)倨⑥(你)鱼⑦(鳗～)

ø　[1]嗯瘂(～籽:婴儿)

参考文献

曹志耘,秋谷裕幸(主编).婺州方言研究[M].北京:商务印书馆,2017.

---

① 周志锋(2008)认为本词与表示"段、截"的量词 dʑyəʔ 同,本字皆为"橛"。

② 周志锋(2012:390)认为本字为"攨"。

③ 周志锋(2012:387)认为本字当为"黢"。

④ "撮白失(取田间收获后的残剩物)"条写作"失"。

⑤ 成音节的鼻音 n̩ 只出现于 n-声母的"艿"之前,恐怕并非独立的音位。关于成音节鼻音的音位问题,可参盛益民(2017)。

⑥ 本字当为"尔"。

⑦ 仅见于本条,可能是印刷错误。

陈忠敏.宁波方言“虾猪鸡”类字声调变读及其原因——兼论汉语南方方言表小称义的两种语音形式[J].语言研究,1992(2).
潘悟云.“囡”所反映的吴语历史层次[J].语言研究,1995(1).
潘悟云,陈忠敏.释侬[J].*Journal of Chinese Linguistics*, 1998(23).
秋谷裕幸,汪维辉.吴语中表示“左”的本字[J].语文研究,2015(4).
盛益民.鼻音的成音节化与去成音节化——以吴语绍兴方言为例[J].语言研究 2017(4).
盛益民.“捉漏”补说[J].语言文字周报,2018(1774).
盛益民,李旭平.富阳方言研究[M].上海:复旦大学出版社,2018.
汤珍珠,陈忠敏、吴新贤.宁波方言词典[M].南京:江苏教育出版社,1997.
陶寰,盛益民.共同吴闽语词汇说略[J].待刊.
汪维辉.《中国语文》1990 年第 1 期读后[J].中国语文,1990(6).
汪维辉.宁波话“昨天”“今天”“明天”系列词探源[J].浙江大学学报(人文社科版),2018(5).
徐通锵.宁波方言的“鸭”类词和“儿化”的残迹——从残存现象看语言的发展[J].中国语文,1985(3).
徐通锵.历史语言学[M].北京:商务印书馆,2008[1991].
俞理明.从“教化”到“告花子”——汉语中的词义感染[J].古代汉语研究,2005(4).
郑张尚芳.由音韵地位比较来考定一些吴闽方言词的本字[M]//郑张尚芳.郑张尚芳语言学论文集.北京:中华书局,2012[2005].
周志锋.江苏教育版《宁波方言词典》词目用字问题[J].方言,2008(1).
周志锋.百年宁波方言研究综述[J].浙江学刊,2010(1).
周志锋.周志锋解说宁波话[M].北京:语文出版社,2012.
朱彰年,薛恭穆,汪维辉,周志锋.宁波方言词典[M].上海:汉语大词典出版社,1996.
朱彰年,周志锋,汪维辉.阿拉宁波话(修订本)[M].宁波:宁波出版社,2016.

图书在版编目(CIP)数据

东方语言学.第二十辑/上海师范大学语言研究所,东方语言学编辑部主编.—上海:上海教育出版社,2020.7
ISBN 978-7-5720-0247-2

Ⅰ.①东… Ⅱ.①上… Ⅲ.①语言学-文集 Ⅳ.①H0-53

中国版本图书馆CIP数据核字(2020)第133125号

责任编辑 朱宇清
封面题字 张维佳
封面设计 陆 弦

东方语言学第二十辑
上海师范大学语言研究所 东方语言学编辑部 主编

出版发行 上海教育出版社有限公司
官 网 www.seph.com.cn
地 址 上海市永福路123号
邮 编 200031
印 刷 上海昌鑫龙印务有限公司
开 本 787×1092 1/16 印张9.75 插页2
字 数 237千字
版 次 2020年8月第1版
印 次 2020年8月第1次印刷
书 号 ISBN 978-7-5720-0247-2/H·0009
定 价 68.00元